講談社文庫

家族が自殺に追い込まれるとき

鎌田 慧

講談社

絶望の淵に橋を架けよ

日本の自殺者は、とうとう年間三万人を超えた（厚生省人口動態統計によれば、一九九八年は三万一千七百三十四人）。前年が二万三千四百人だったから、八千人以上もふえたことになる。交通事故死は年間ほぼ一万人。それとくらべてみれば、異常さを理解できる。「交通戦争」の死者一万人でさえ、すでに異常である。

自殺者は、サラリーマン、とりわけ管理職にふえている。管理職はサラリーマン社会のいわば中間の到達点である。そこでさえすでに安住の地でないとしたならば、社会の多数にとっての幻想が剝がれ落ちたことを意味している。

サラリーマンが気楽な稼業ではなくなったのは、いまにはじまったことではないにしても、長年、会社のために貢献したはずの管理職が、過労死ばかりか、「過労自殺」に追いやられているのは、日本の企業社会の酷薄さをあらわしている。

過労死は、会社社会に精神的に縛りつけられた結果、脱出を夢みながらも肉体的に破滅したものだが、過労自殺は過労死に至るまえ、精神的錯乱によって自裁したものである。どっちにしても、過剰な仕事によって殺されたのはあきらかだが、仕事がけっして悪事ではない以上、個人のはたらきかたのつたなさとして、責任は本人に押しつけられがちである。

それはたとえば、学校でいじめられて自死した少年や少女の不幸が、本人の性格や家庭環境に原因をもとめられて蓋をされるのと似ている。軍隊的な「プラトーン」(小隊)の相互依存と相互支配からはみだしたものには、死が与えられる。それとおなじように、過労自殺にしてもいじめ自殺にしても、組織の欠陥の分析とその改革にむかうことはほとんどない。

フランスの社会学者である、エミール・デュルケームは、「人は社会から切り離されると自殺しやすくなるが、あまりに強く社会の中に統合されていると、おなじく自殺をはかるものである」(『自殺論』)という。日本の会社社会に特有な精神的統合から脱出するには、自己退職の選択しかない。が、それは会社社会からの脱落をも意味していて、即生活の放擲につながる。過労死がけっして会社への忠誠心によって引きおこされるものではなく、生活の現状維持という強迫感によって促進されるように、過労自殺はその強迫感に囚《とら》われた末の判断停止といえる。

自殺は自己の存在の抹殺であるだけに、究極の「人生の不幸」を示している。しかし、管理職や公務員は、いわば「安定」の指標であって、自殺とはほど遠い存在だったはずだ。ところが、収入と厚生施設と退職金にめぐまれ、経済苦のすくない管理職と公務員の世界に自殺が急増しているのをみると、過労自殺を、家庭の問題や男女の関係、アルコール依存症などの要因で語るには無理がある。やはり仕事と責任の過剰を受け容れさせられ、人間性よりも効率性にがんじがらめにされた、われわれ自身の意識に眼をむけるしかない。

これまでもっとも安定していたがために、学生の志望率がもっともたかかったサラリーマンや公務員の世界にさえ、荒廃の気配がただよってきたとしたなら、この日本の社会はなんと生きにくいものになってしまったことか。

殺人は社会の暗い裂け目である。自殺は時代に突き立てられた赤いピッケルである。そこから日本の現実を覗きこむことができる。

「すべて幸福な家庭はたがいに似かよっているが、不幸な家庭はそれぞれに不幸の趣きを異にしている」とは、トルストイの『アンナ・カレーニナ』の冒頭に置かれた、有名な一節である。自殺にも相異《こと》なる姿がある。

わたしはいじめによって自殺に追い込まれたいくつかの家庭を訪ねあるいたことがある。それらの家庭では、苦しみのあとにさまざまな闘いがはじまっていた。とおなじように、夫や息子や娘に突如にして世を去られた家庭にも、不幸を乗り越えるための困難な闘いがある。そこにはストレスを昂進剤として経済を発展させた日本の深淵ばかりではなく、その深淵に架橋するための手がかりがこめられている。

目次

単行本は一九九九年七月　小社刊

第一部　激しすぎる仕事　重すぎる責任

「恨むなら会社を恨め」　日立造船舞鶴工場

京都駅から山陰本線で西北へむかう。陰鬱な丹波高地を抜けると綾部である。そこから日本海へ突きあたるように北上した先が、舞鶴である。京都もひろいとはいえ、この地が忘れ去られたような地域になっているのには、海軍工廠《こうしょう》の町として長い間、秘密のベールに包まれていたことも作用している。その工場が、日立造船舞鶴工場の前身である。

設計課に勤める下中正さん（当時四十六歳）は、月曜日（一九九三年三月十五日）の朝、いつもとおなじ七時二十分ごろ、ふるい街並みのなかにある自宅を出ていった。出勤時間は八時。工場まではクルマで十分ほどでしかない。

十時を過ぎたころ、会社の同僚から妻の恵子さんに電話がかかってきた。

「課長が『下中君が倒れていないか、電話をかけてみてくれ』いうとるし、課長の代わりにかけました」

夫が出社していない？　不安が足下からはいあがってきた。市民病院にでも寄っとるんだろうか、と彼女はその不安を払い落した。正さんは胃潰瘍を患っていて、ときどき、薬をもらうためにだけ、病院にたち寄ることがあった。

昼が過ぎ、夕方となり、夜が訪れた。正さんは責任感が強いうえに、几帳面な性格だったから、それまで無断欠勤したことなどなかったし、行き先を告げないで不意に出かけたりもなかった。悪い予感に捉えられている自分に気がつくと、恵子さんはあわてて掻き消した。その日はついに、夫からの電話はなかった。

朝がくるのを待ちうけるようにして、恵子さんは親戚といっしょに「捜索願」をだしにいった。応対した警察官が驚いた表情でいった。「普通は二、三日、家族のひとたちが探してみてから、警察にやってくるのに」。しかし、恵子さんには待ちきれない強い予感があった。

舞鶴市から四十五キロほど離れた、福井県小浜《おばま》市の漁港のそばで、乗り捨てられた正さんの白い乗用車が発見されたのは、水曜日（三月十七日）の午前中である。タイヤがパンクしていた。脱いだ靴が海岸にキチンとそろえられてあった。漁師たちが船をだして、昼すぎ、海底に沈んでいた遺骸をみつけた。死亡時刻は、その日の未明と推定されている。午前一時ごろに入水《じゅすい》したようだ。

下中さんには、走行距離を記録する習慣があった。燃費を計算していたのだ。その記録をみると、ほぼ二日間で千五百キロも走っていたことが判明した。まるで、なにものかに追いかけられているかのように、必死に逃げまわった迷走だった。

クルマの運転席に、社用のノートが遺されていた。書き慣れた筆跡だが、やや乱れた走り書きである（カッコ内は引用者注）。

〈3月16日火曜日　独白
何でこんなことになってしまったのか！

昨年10月にGL（グループリーダー）交替があってから……それまで間島、下中、高橋のトリオで処理できた新型舵取機の開発がすべて自分一人にかかってきたこと、また、十分に練れていなかった試験方案に関し、試験方法の相談相手がいなかったこと、10月に入り、すぐ試験でバタバタして……。

これで内田ポンプのゴタゴタが出てきて、この対応に忙殺され、実機用の計画はまた十分練れないまま承認、提出に忙殺され、と悪循環もええとこ……。

自分の処理能力のなさに今更ながらあきれるやら、かなしいやら。

またASE（住友重機で建造する試験艦）がなかったらもうすこしましだったかも。

これも十分計画ができないままベタ遅れではあるが……。いずれにしても実機納期は迫る。試験機の問題点も駒田GLに大要は作って貰って、一応は対策表としてできているが、これで本当によいか、PJ（プロジェクト）会議はどうするか……。

ああ、もうどうしたら、〉

自死の直前まで、仕事の心配をしていた。家族のことではない、昇進のことでもない、ただ納期に間に合うかどうか、その心配だけが彼を追いつめていた。それまで、三人一組でやっていた仕事を、ひとりでやらされるようになっていた。納期が迫り、トラブルも発生していた。それらをすべてひとりで解決しなければならない。非力さを自嘲《じちょう》しているようだが、「ああ、もうどうしたら」は、追いつめられた末の悲鳴である。

しかし、下中さんは、入りたての新米ではない。六五年三月、府立綾部高校の機械科を卒業して、横浜の東洋電機に採用された。四年後、地元にある日立造船の工場に帰ってきた。それから、二十四年間、設計業務一筋のベテランである。だからこそ、船でもっとも重要な舵取り機の設計をひとりで任されていたのである。

彼の死亡のあと、おなじ仕事にあらたに三人もの設計技師が投入されたのをみれば、それがいかに激務だったかがわかる。三人分の仕事量をこなしていたのだった。

「だいたい、夜の十時ごろには帰っていたのですが、亡くなる前あたりは、十二時になっていました。土曜日でも」

と、妻の恵子さんがいう。会社はクルマで十分たらずだから、生活のすべてが仕事だった。

彼の仕事は、「詳細設計業務」とよばれているものである。基本設計図をもとに、実物製造のための詳細にわたる寸法、材質、形状、能力などを割りだして、図面を製作し部品指定までおこなう業務だった。

職業柄、几帳面な性格で、残業時間についても、月ごとに記録していた。それをノート型パソコンにいれていたようだが、そのパソコンが会社から返されてきたとき、亡くなる前の二年分ほどの記録が消えていた、と恵子さんはいう。

遺されているメモによれば、たとえば、九一年一月は、残業は八十三時間にも及んだのだが、残業として計上したのが五十六時間、不計上時間が二十七時間、不計上率三二・五パーセント、といったように、本人が計算している。

このころは、まだ自殺する二年も前のことであり、ひとり体制にされる十ヵ月前のことだった。前年の年間平均の不計上率は、四〇・一パーセントとある。ある月は、百三十九時間の残業、不計上率六七パーセントというのもあるから、その追いつめられ方は想像を絶する。

九三年にはいってから、基本給三十一万八千円にたいして、残業代は二十一万円を超えていた。亡くなる半年ほど前から、自宅に帰ってきて遅すぎる夕食を摂《と》っているとき、「これでは過労死する」とか「しんどい」とか、よくこぼすようになっていた。まだ、高校生だった娘の喜代美さんにたいしてさえ、「もう仕事がしんどくて」とか、「いまは忙しくてね」とか、洩らすようになっていた。それまでは、仕事について愚痴をいうことなどのない父親だった。

寝しなの酒もすすんでいた。それまでは、コップで一杯ていどだったのが、二杯、三杯とふえていた。夜の七時とか八時とか早目に帰ってきて、中学生の長男もまじえて、一家で食卓を囲むことなど、「何年もなかったですね」と恵子さんは悲しげな表情でため息をついた。

失踪する日の前日は日曜日だった。が、前々日の土曜日とおなじように出勤していた。帰ってきたのは、夜更《ふ》けの十二時すぎ。いつもと様子がひどくちがっていた。

恵子さんは、おかずを温めて食事の用意をととのえていた。正さんは喜代美さんが話しかけても硬い表情で反応しなかった。おかずをすこしだけつまんで、いつもよりはやいピッチでコップ酒を飲み干した。そばに妻と娘がすわっているにもかかわらず、なにも見えていないかのようだった。

「心臓が変になることがある」

「退職するには、三ヵ月前にいわなあかんしなあ」

半年ほど前から、そんなことをいいだしていた。それをきいて、恵子さんは、「国立病院へいって、カウンセリングでも受けたらどうですか」などとすすめたりした。が、「時間がない」と拒絶されただけだった。

あとでわかったことなのだが、前日の日曜日の深夜、ひとつの図面がようやく完成していたのだった。いま遺族宅には、会社からもらってきた、その最後の作品が保存されてあるのだが、日付は「3月12日」（九三年）となっている。二日前の「金曜日」の日付を書き入れて、彼は設計図を上司の机の上に置き、よろめくようにして家路をたどった。

こうして、土、日の休日出勤はなかったことになる。たしかにひとつが終った。といって、達成感よりも、これから襲いかかってくる膨大な量の仕事にたいする疲労感が、より深刻なものになっていた。

前の年から、正さんが担当していたのは、日立造船が建造する五隻と住友重機浦賀工場が建造する一隻（ＡＳＥ）の舵取り機の設計だった。ライバルメーカーの川崎重工が二千五百万円で売りだしている舵取り機の価格まで、コストを下げるのが至上命令とされていた。従来の仕様では、どうしても三千二百万円になってしまう。仕様、構造を変更しなければ、太刀打ちできない。

川崎重工と対抗するための新型舵取り機は、六月に実機納入しなければならなかった。しかし、開発期間が短かった。そればかりか、人員が削減されていたため、精神的な負担が大きかった。さらにそのうえ、遺書にもあったように、試験機の試運転でのトラブルが発生して、その対策にも忙殺されるようになった。相談相手もいない孤独感を想像できる。

やむなく開発期間は延期されていたが、これ以上の遅延は許されない。正さんは、土壇場にたたされていた。

わたしも取材にいったことがあるのだが、八〇年代なかば、日立造船因島《いんのしま》工場（広島県）の合理化では、三千三百人の労働者が、千二百人に削減された。舞鶴工場でも、そのあと、およそ千六十人の労働者が、五百三十一人にされている。

下中さんが自殺したあと、会社に呼ばれた恵子さんにむかって、上司たちは「人をいれて（増やして）くれとの要請はなかった」とか「休んでくれ、といったが、下中君はまじめだから休まなかった」と弁明した、という。

ある日曜日の夜、自宅でようやく取材に応じた恵子さんは、ときどき厳しい表情をみせたりしたが、穏やかな人柄で、誇張したり、感情的なものいいをするようなタイプの女性ではない。正さんが亡くなったあと、市内に職場をみつけて、ふたりの子どもを育ててきた。忙しい毎日を送っているようである。彼女によれば、正さんは増員を要請していた。その前に、部下の休める状態をつくるのが、上司の責任というものである。

　自殺に追い込まれる三月十四日までの三週間に、正さんが会社を休んだのは、わずか一日だけだった。とりわけ凄まじかったのは、三月上旬だった。日曜日の二月二十八日は、めずらしく夕方に仕事を切り上げたものの、午後六時二十一分東舞鶴発の夜行列車で、九州の有明工場（熊本県長洲町）へ出発した。早朝六時四十七分に長洲駅到着。そこからタクシーで工場へいき、午後の六時五十分まで、打ち合わせの会議をしていた。会議が終ると、そのまま、午後八時五十七分の夜行列車に駆けこんで、舞鶴にむかった。

　手帳をみせてもらったとき、わたしは「車泊」がふたつ続いているのに疑問を感じた。

「これはなんですか」と恵子さんにたずねて、ようやく事情を理解したのだが、二晩続けて夜行列車に泊まる強行軍を終えて、朝、舞鶴にもどってきた。ところが、家にも帰らずその足で工場に直行した。職場から出てまた職場に帰ったのである。まさに過労死にむかう行程だった。

　下中さんのホンダ・シビックは、小浜湾の海岸に乗り捨てられてあった。走行距離は千五百キロメートルに達していた。おそらく眠ることなく駆け通した挙げ句、タイヤが破れてクルマを降りた。そこが終着駅でもあった。

グローブ＝ボックスのなかに、ガソリンスタンドの「納品書」が三枚、遺されてあった。一枚目が、舞鶴市内のガソリンスタンドのもので、「三月十五日、二十九リッター、三千五百六十七円（消費税こみ）」である。

二枚目は、日本海沿岸を北上した福井市の手前、鯖江《さばえ》市のもので、三十五リッター、四千三百二十六円分を、給油している。翌十六日の午前七時五十八分とある。

三枚目は、そこから南下して敦賀湾の脇を通り抜けた上中《かみなか》町で、十五・八リッター、二千百十六円。おなじ十六日だが、時間は特定できない。そこから入水した小浜の海岸まではすぐである。

ガソリンスタンドの納品書から死の行程を推定すると、舞鶴から鯖江までのおよそ百四十キロと鯖江から小浜までの九十五キロを足した、二百三十五キロほどの走行範囲でしかない。しかし、走行距離の記録は千五百キロにも達している。しかも、二回目と三回目の給油の合間に、舞鶴の市民病院へ胃潰瘍の薬を取りにいった形跡がある。

だから、彼がこの限られた狭い地域のなかを、居たたまれない想いで、猛然と駆けまわっていた様子を想像できる。

家から遠く離れることなく、家を起点にして、いったりきたりしていたのは、つねに家族の元にもどることが念頭にあったことを示してはいないか。すでに決意が定まっていたなら、病院に寄って薬をもらうことはあるまい。

車中に遺されたノートの右のページの欄外には、「恵子へ」と題され、以下の文章が記《しる》されている。先に紹介した「独白」の文字よりは、はるかに乱れている。「独白」には、生きるための不安とそれを阻む混乱が刻まれていたが、このときはもう引き返せないところまできた、との想いがにじんでいる。

〈すまん！　申し訳けない！

どうしようもない事態になり、もうどう処理したらよいか訳が分からなくなり、こんなことになった。

おばあちゃんのことは、（老人ホームの）やすらぎ苑で預ってもらって、何とか仕事をみつけてやっていって下さい。

今のこの不安感ではもう生きていく気力がない。

本当に申し訳けない。

馬鹿な夫を持たせてごめん！

家族のことを考えるとひどいことをしていると思うが、自分の弱い心に負けている。頑張ろうとするがだめや！

恨むなら、俺と会社を恨めよ！　ああ残念無念〉

このあとに、「つづく」と書かれている。それがまだ言いたりない想いの量を示している。が、しかし、つぎのページには、もうなにも書かれていない。

子どもにあてた文章もある。

〈ごめん
勝手なお父さんで申し訳けない。きよみの大学進学は困難になると思うが、高校だけはなんとか続けて行けよ！
○○（長男）の高校は最低限行かんといかんと思う。
馬鹿なお父さんで、ごめん〉

寝たきり老人となっていた自分の母親と、途方にくれるであろう妻と、進学を控えている高二の娘と動揺期にある中一の息子。これらの家族を一挙に放りだして、勝手に自死するのは、無責任の極みといえる。その絆を断ち切るためにこそ、彼は二日間にもわたって、檻のなかのコマネズミのように、グルグル駆けまわっていたのだ。

「納期」から逃れるため自分を抹殺する、異常な選択である。それよりは会社を辞めてゼロから出直したほうが、家族にとってははるかに幸せなはずだ。とはいっても、会社社会からの脱柵を図るには、すでに会社の価値観に縛りつけられすぎている。

同僚のひとりは、下中さんが受けていた精神的な重圧について、つぎのようにいった。

「設計の技術職の仕事というのは、すごく内容が多いんですね。ポンプひとつでも、業者と折衝して、専門仕様書、いろんな機械とかポンプ類の注文書を書いてださなならん。それから新しいプロジェクトの新型の舵取り機の詳細図面も同時に書かなならん。すでに納入してある舵取り機の不具合とか、現在、製作中のものに不具合があれば、それにも対応せならん。一人でほんと何役もやるんです。詳細図面を書く、それだけに専念したらいいんじゃなくて、日常的な、ほかの作業も全部やりながら、いうような格好で」

下中さんが会社に現れないのを訝《いぶか》しんだ上司が、部下にかけさせた電話は、「倒れていないか」というものだった。彼が倒れても、だれも不思議と思わない状況だった。それでも、なんの対策も講じられなかった。見殺し、である。

夫が亡くなったあと、恵子さんは会社に呼ばれて出向いた。彼女の顔をみて、工場長が「下中君に負担がかかっていたと思う」といった。おばあさんを施設にいれるお世話をします、奥さんの就職の面倒もみます、子どもの就職も考えます、などとはじめのうちは低姿勢だった。それでも、「労災の申請はとても無理です。が、できるかぎりのことはします。本社へも相談にいきます」といったのが、予防線のようだった。

そのあとは、あたかも自殺に家庭の問題が伏在していたかのような口ぶりに変った。そして、それっきりとなった。

恵子さんは、新聞で知った「過労死110番」に電話をかけた。そこで紹介されたのが「京都労災職業病対策会議」だった。彼女が労働基準監督署にたいして「業務上災害認定」の申請書をだしたのは、夫の死から三年半たった、九六年九月である。

このとき、提出された精神科医の「見解」には、こう記されている。

《同僚の証言では「どれもこれも至急に仕上げなければならない仕事ばかりで自分の頭の中

で優先順位を付けられない程の混乱した状態になっていた」とか、「『あれをはやくしてくれ』と厳しく催促される仕事から受動的に着手している様子であった……」などと記載されている。

これらは思考の渋滞や集中力の低下を意味しており、また「……オロオロした感じであった」とも統合すると、職場においては、かなりの焦燥状態にあったと思われる。これらは、うつ病の思考抑制、気力低下に適合する所見である。(中略)死の直前(一九九三年三月十六日)に遺書を書いた時点での、下中正の精神状態は、強度の抑うつ気分、焦燥、罪責感を中心にする重度のうつ病状態にあったといえる。

またこのうつ状態は、うつ病に直結したものであり、死の直前一~三ヵ月間罹患していたうつ病の増悪の結果、重度のうつ状態に陥り、ものごとの理性的判断ができない心理状態、すなわち心神喪失状態となり、発作的、衝動的に自殺を決行したと結論づけられる。》(京都民医連中央病院精神科医・遠山照彦氏見解)

遠山医師の診断は、「反応性うつ病」というものだった。八四年二月の「労働省事務連絡」には、労災認定の要件として、つぎのように書かれている。七八年七月、駅のホームから投身自殺をはかった設計技師の負傷(両下肢切断)を、「業務上」として認めた理由である。

《「反応性うつ病などの心因性精神障害の取扱に付いて」

①技術上の困難性、納期確保の困難性が認められ、反応性うつ病の発病原因として十分な

強度の精神的負担があったと認められる。
②責任感が強い、几帳面などの精神障害に罹患しやすい性格特性が認められるが、正常人の通常の範囲を逸脱しているものではない。精神病の既往歴もない。
③業務以外に精神的負担が認められないこと。
④複数の専門医の審査によって心因性精神障害であることが明らかにされた。
⑤以上により、業務と疾病との相当因果関係が認められること。
⑥自殺企図は反応性うつ病の症状であり、事故発生時、心神喪失状態で故意が認められないこと。したがって請求人の自殺企図はうつ病に通常伴う症状が具現化した結果生じた事故と認められる。》

下中さんにたいする、もうひとりの精神科医の診断は、つぎのようなものだった。

《①下中正氏は、一九九三年三月十四日夜に、急速にうつ病に罹患した。そして、その疾患は自殺死の直前に至るまで、改善しないまま持続した。
②下中氏が自殺を企図した際には、明らかに心神喪失状態に陥っていた。
なお、下中氏の病前性格は、うつ病親和性の執着性気質ではなく、強迫的心性を特徴とする性格であった。そのため、下中氏が罹患したうつ病は、内因性とは思われず、長期間にわたり持続した過度の精神的負担に耐えかねて、反応性に起こったものと考える。》（大阪厚生年金病院神経精神科部長・手島愛雄氏見解）

下中さんの自殺は、業務に起因するものとして、「労災認定」の要件を十分に満している
はずである。しかし、九七年十二月二十五日、舞鶴労働基準監督署は、「不支給決定」を通
知してきた。とんでもないクリスマスプレゼントだった。

その後、弁護士が労働基準監督署にでかけ、署長に面接して聞きだした「不支給」の理由
とは、つぎのようなものだった。

《①平成四年十二月か平成五年一月に心因性精神障害（抑うつ気分を伴う神経障害）に罹患
したと認められる。

②相当の超勤があったことおよび業務に困難性があったことから業務からくる精神的負荷
があったことは認められるが、一貫して設計業務に従事してきたことでもあり新型舵取
機の設計業務が特段の困難性があり特段の精神的な負荷を与えたとまでいえない。

③性格的なことから、実母の介護問題でのストレス（妻に任せきりにしていることによ
るすまないという気分からのストレス）や長男の学校問題（成績が下がったこと）からく
るストレスが、慢性的に強い精神的負荷を与えていたと認められる。

④平成四年十月、間島の異動によって、公私にわたる相談相手方を失ったことが引きがね
となって発症した。従って業務以外からくる精神的負荷の方がより大きな負荷となって
の発症である。

⑤更に遺書の内容（死を客観的にみられていて、死後についての指示までしている）から
みて、心神喪失状態での自殺とも認められない。》

恵子さんは、「不服申し立ての審査請求」を提出した。妻にすまないと思ったり、子どもの成績を心配して死ぬなど、とにかく「不支給」にするためのこじつけでしかない。

　これほど酷い労働条件であっても、なにも問題がない、と国はいいくるめようとするのであろうか。

　下中さんの同僚は、こういう。

「遺書に、恨むなら俺と会社を恨め、と書いてありましたね。それがいまでもいちばん頭に残っています。二十年以上も会社にいたら、会社を恨めなど、なかなかいえません。そこまで書かざるをえなかった、というのは、相当なものだった、とぼくは思ったんです」

　恵子さんは、いま、こういう。

「主人の無念の想いを訴えたかった。主人とおなじような想いではたらいて、自殺とかありますね、そんな苦しみはもうなくしたい、と思うんです」

　九七年十二月、彼女は会社を相手どって、損害賠償請求の裁判もおこした。その決定がでるまで、まだまだ苦しみは消えそうもない。

だれのための労災保険か　川崎製鉄倉敷工場

その二、三日前から、渡辺純一さん（当時四十一歳）は、朝食を食べなくなっていた。たいがい七時ごろには起きだして新聞を読み、かならず食事をしたあと、カッターシャツにスラックス、それにブレザーコートを羽織ってでかけていたのだが、新聞も読まず朝食も摂《と》らず、会社から着てきた事務服をそのまま着こんで、そそくさとでかけるようになった。

「明日の夜、飲み会があるんで、五万用意しといてくれ」

生活費は滋美さんが、必要な分だけキャッシュカードでおろしてきた。

岡山県倉敷市鶴の浦にある川崎製鉄の社宅は、二手にわかれた広大な団地で、郵便局も設置されている。そこから、海に臨む水島製鉄所までクルマで十五分たらず。始業時間は九時だが、純一さんは八時には出勤していた。が、それは遅いほうで、六時から六時半というのもめずらしくなかった。

滋美さんが純一さんと知りあったのは、彼が浪人生、彼女が短大一年生のときだった。彼は岡山のコンピュータ専門学校を卒業して、川崎製鉄に入社した。彼女は短大を卒業して自動車会社に就職していた。それから二年ほど交際して結婚、彼女は退職した。彼はシステム課にいて、三交代制のコンピュータ・オペレーターだった。

結婚した翌年に、長男が誕生した。それを機会に昼勤のプログラマーに配置替えしてもらった。子どもといっしょにいる時間をつくりたかったからだ。家族思いだった純一さんは、ふたりの息子が長ずるにつれて、海水浴やスキーに連れていったり、ドッジボールやソフトボール大会の審判をひきうけたりしていた。家では音楽を聴いたりギターを弾いたり、趣味も幅ひろく、ピザを焼くのが得意で、できあがると近所に配って歩いた。

掛《かかり》長に昇格したのは、一九九一年一月。七〇年入社の同期では一番はやい。高卒の地方採用者としては、破格の昇進である。コンピュータに強く、仕事熱心だったのが評価された。おなじ高卒でも、本社採用と地方採用には、歴然とした差別がある。地方採用の純一さんの昇進には、本社採用者から猛然とした反対があった、という。

ある幹部が、「大卒が人間、女や現地採用者は家畜、として仕事をすすめればちょうどいい」といっていた、と会社から帰ってきた純一さんが、色をなして滋美さんにいったことがある。それだけに、自分の昇進がこれからの地元採用者の昇進につながる、との意識が彼には強かったようだ。

ところが、そのころになると、午前零時すぎの帰宅は、ごく普通のものになっていた。といっても、滋美さんの話では、三十代を過ぎたころからすでにじわじわ残業つづきで、十時、十一時帰宅というのはもう当たり前だった。定時は午前九時から午後五時半までだが、掛長昇進前すでに、午前零時帰宅はめずらしくなく、おなじ団地に住む交代勤務の二班(午後三時から十一時勤務)の労働者が帰ってきたあとに帰宅するなど、よくあることだった。

午前零時を過ぎても帰らなかったときなど、ごくたまに滋美さんが会社に電話することがある。すると、純一さんがでたり、同僚がでたりした。滋美さんはいつも食事の支度をして夫の帰りを待っていた。帰ってきた純一さんは風呂にはいってから食事にとりかかる。遅いときには午前二時ごろの帰宅になる、というのをきいて、それは常識はずれですね、とわたしが声をあげると、滋美さんは、「常識はずれという感覚は、わたしのなかにはありませんでした」と答えた。

職場は工程部条鋼工程課だった。条鋼は、鋼板に対置する鉄鋼用語で、おもに建築資材のことをいう。鉄筋用の丸い棒鋼(丸棒)と鉄骨、橋梁用の形鋼に分かれる。形鋼には、H形鋼、I形鋼などがあるが、このとき、主力製品となっていた「SHH形鋼」(スーパー・ハイスレンドH形鋼)の圧延機の調子が悪くて、納期に遅れがでていた。

SHH形鋼は、これまでの溶接によってつくられるH形鋼よりも、コストが安く、納期がはやいのを川鉄では売り物にしていた。が、長尺物で材質も薄いので、歪《ひず》みがでやすいという欠点をもっている。純一さんの仕事は、注文から納入までのプロセスの管理だったが、SHH形鋼の生産量とサイズが変化していた時期だった。

彼が昇進したため、前任者がよそへ異動してひとり人員が減少した。さらにベテランとの交替要員としてきた労働者がいまだ不馴れ、というひどい状況が重なっていた。

純一さんは、自分が掛長として昇進、昇給したのに、掛員の残業代の全額を支払ってやれないことを苦にしていた。川鉄では月に二十五時間までしか残業手当が認められていなかった。そのこともあって、掛員たちを残して自分だけ先に帰るわけにはいかなかった。

滋美さんにしてみれば、仕事などいい加減にして、たまには家庭で、と思わないでもなかったが、愚痴をいったからといって、夫の仕事がはやく終わるわけではないし、つらい思いをさせるだけ、と考え、ただ帰りをまっていた。

彼もその気持は十分に察していて、「もうすこししたら、はやく帰れるようになる。そうしたら温泉にでも行こう、もうすこしまっといてくれ」といい、本人自身もそれを楽しみにしている様子だった。

掛長になって一ヵ月ほどたったころ、神戸の本社に転勤していた元同僚が、水島に出張してきたことがあった。純一さんは時間をやりくりして、彼と一緒に玉島の街まで飲みにでかけた。それから二週間ほどして、たまたまそのときの話がでたとき、純一さんは突然、「十分に接待できなかったのは、おまえのせいだ」と怒鳴り声をあげ、いきなり滋美さんの頬を叩いた。そんなことをするような男ではなかった。

翌日、滋美さんがその話をもちだすと、彼は覚えがない、といいながら、「酒乱」になったのではないか、と不安そうな表情をみせた。たしかに、そのころから酒量はあがっていたとはいえ、帰ってきてから食前にウイスキーの水割りをなん杯か飲む程度でしかなかった。

このころ純一さんが書いた「レポート」には、こうある。

「掛長昇進後、約二ヵ月が経過した。掛長業務の習得、新年度の重点課題策定、ローテーション等目まぐるしく過ぎ去って行った。現状抱える問題・課題について思いを巡らしながらも足もとの業務に忙殺されてしまった感じである（これ程に負荷の大きいものとは思っていなかった）。

足もとの業務に忙殺されないためにも業務の効率化は必須条件であり、生産体質強化活動を着実に推進するためのベースの一つとして、着実に推進し、成果を挙げて行く決意である」

ルーティンワークで忙殺されていて、生産体制の強化という目標には到達していない、との反省である。問題点として、掛員たちの「残業、休日出勤等が多く、時間面でオーバーワーク気味」とも書かれている。「課題推進、改善活動などは仕事の範囲外、という考えが大勢を占めており、かつ、その実力も低い」ともあるが、人手がたりなくてアップアップしているのに、現場では高邁な目標や課題推進にまで到達できない、との焦りのようだ。

これらの文書を読むと、企業活動がどこか宗教がかっているのが理解できる。

寝汗がひどくなっていた。パジャマが汗でジットリしているのに気がついた滋美さんが、夜中に夫を起こして、下着とパジャマを着替えさせるのが日課になった。四月ごろになると、寝汗にくわえて微熱もでるようになった。川鉄病院にでむいて精密検査をしてもらったが、「異常なし」といわれて、本人も首を傾げていた。微熱と寝汗は、それからもずうっとつづいた。

五月末、部下が結婚した。お土産をもらって帰ってきた純一さんに、滋美さんが新婚旅行の行き先などをきいていると、彼は突如として怒りだし、「結婚祝いが十分できなかったのは、おまえのせいだ」と怒鳴った。

自分とちがう意見でも、すぐには反論しないようなおだやかな性格だっただけに、滋美さんはふと得体のしれない思いにとらわれていた。

六月になったころ、やはり深夜、会社から帰ってきた純一さんは、食事をしながら考えこんでいた。と、しんみりした口調で、

「人間の運命は、生まれたときからきまっとるんだろうか」

と、滋美さんに話しかけてきた。彼女は、

「そうかもしれんね」

軽い相槌をうった。

「おまえは課長とおなじことをいう」

いきなり怒鳴りつけると、水割りのグラスをテーブルに叩きつけた。粉々になったグラスを眺めながら、滋美さんは、夫の人格がまるで変わってしまったのを感じていた。

そのつぎの日曜日だった。純一さんは朝十時ごろ、起きだしてきた。これまでにない不機

嫌さだった。

「仕事が思うようにすすまん。死にたい気持だ。わしは馬車馬か」

だれにむかって、というのではない。それでも、ひとり言というよりは、はるかに大きな声だった。が、彼はすぐ気をとりなおしたように、「会社にいく」といいだした。滋美さんは、「今日ぐらい休んだら」といったのだが、振り切るようにして、でていった。

いつもとはちがう様子に、不安になった滋美さんが、会社のだれに電話しよう、などと思いめぐらしているうちに、彼はまもなく引き返してきた。

「さっきはどうかしていた。気が変になってたんだ」

それを聞いて、滋美さんはホッとする思いになった。ようやく、前むきな夫にもどったからである。昼食をすませると、彼はなにごともなかったかのように、また会社にでかけていった。

つぎの週の日曜日。午後に高校生の次男の演劇大会がある日だった。

朝起きると、彼は「仕事をすませてくる」といってたちあがり、玄関先まで歩きだした。と、「やめた。すこし横になる」といったあと、子ども部屋のベッドに横たわった。小雨になっていた。

昼過ぎから約束どおり、夫婦はクルマで岡山へでかけた。息子の演劇をみていても、純一さんは疲れきっているようで、口数がすくなかった。

その年（九一年）になってから、純一さんが会社を休んだのは、元旦とその日の二回だけだった。休んだといっても、その日は休日だったのだ。前の年は大晦日も出勤していた。

自殺する前夜は、はやく帰ってきた。十時をまわっていた。習慣的に目の前の時計を見上げた滋美さんは、「今日は、はやいなあ」と思った。七年前の夜のことだが、七年間、ずうっと繰り返し反復してきたイメージである。彼女は沈痛な、自分の内側をみるような表情で、こういう。

「はやく帰ってきましたから、仕事が順調に一段落したの、と聞きました。『まるで駄目だ。ぼちぼちやっていくしかないんだ』といってました。それから食事しながら晩酌をはじめて、テレビを眺めていました。けど、ただ疲れきったようにテーブルに肘をついて眺めているだけで、さかんに髪をかきあげていました。ですから、仕事のことを考えてるのかな、と思っていたんです。

だいたい、優しいひとですから、肩が凝っていないかとか、逆にわたしに尋ねるんですね。それで、いつもと変わりがないな、ただかなり考えごとをしているんだ、というふうに思っていたんですけど」

つぎの日、純一さんは、新聞も読まず、朝食も摂らず、会社から着てきた事務服を無造作に着こんで、足ばやにでかけていった。

「会社から電話がかかってきたのは、午後五時半ぐらいだったと思います」

——なんといってかかってきたんでしょう。

「二十五メートル上から飛び降りました、って、課長が電話してきました」

――そんなこと、いきなりいったんですか。

「二十五メートル上から飛び降りました。会社のものが迎えにいきます。条鋼課長のHです、ぐらいしか覚えていないんです。そんなんいわれてびっくりしまして、わたし、いたずら電話かと思って、水島警察署に電話したんです。『川鉄の本館のほうで、なにかありましたでしょうか』って。『いまそのことで出向いているんです』といわれて、やっぱり、ほんとかな、と思って」

六時ごろ、会社の人間が運転するクルマに乗せられて、川鉄病院に到着した。が、夫はまだ到着していなかった。かなりたってから、遺体が到着した。動転していたのでよく覚えていないのだが、病院には一時間ほどいたようだ。それから自宅に夫を連れて帰った。

このあとのことについて、滋美さんは、損害賠償を請求する裁判に提出した「陳述書」で、つぎのように訴えている。

《自宅に帰ってから、主人を布団に横たわらせてすこしして、会社の人が主人の荷物を運んできました。まるでいらない物のように、バタバタと運びこまれました。

なぜ、こんなときに急いで運ぶのか、不可解に思いました。

その中に平成二年の手帳はありましたが、平成三年の手帳はありませんでした。私は家庭で会社の手帳を見たことはありませんが、仕事をしている以上必要のものだと思います。まして主人はメモ魔とまで言われた人です。前年度の手帳があるのに、その年の手帳が無かっ

たのが不可解でした。》

通夜の席にきた会社の上司に、滋美さんは、こういった。

「主人は、毎日夜遅くまではたらき、また休みなしではたらかされていましたから、会社に殺されたと思っています」

《課長は「そこまでしてるとは思わなかった」といわれました。「主人は、過労死ではないのですか」とたずねましたが、「ひとりの考えでは何ともいえない」と言葉をにごされました。

上司課長として、何をされてたのでしょうか。

N工程部長にも、超過勤務の状態を話し、「自殺しましたの一言でかたづけられては、主人が大変さから逃げたと思われますので、そうではない事をきちんとしてください」と話しました。N部長は、「分かりました」と言われましたが、その後、返事は一切ありませんでした。

N部長の「分かりました」という言葉は、なんだったのでしょうか。最高教育まで受けた人の考えとは、部下の命を軽く扱うことなのでしょうか。》

夜遅くまではたらいていたのは事実だった。それなのに、「そこまでしてるとは思わなかった」と課長が言葉をにごすのをきいて、滋美さんには、これはうやむやにされるな、との不安があった。まもなくその予感は的中する。会社側は、《亡純一の長時間労働及び休日の出勤が会社の命令や事実上の強制によるものではなく、亡純一の意思、仕事のやり方によるものであることが明らかとなっている》（川崎製鉄「準備書面」）と主張するようになる。勝手にはたらいて、勝手に死んだ、とのいい分である。

彼女が口惜しい想いをしているのは、純一さんが「仕事の大変さ」から逃げだした、といわれることだった。自殺とは、弱い人間が大変さから逃げることだ、と考えられている。

「もしも本当に逃げていったのなら、わたしたちのことを置いていくはずはありません。自分も大変だけど、残された子どもやわたしがもっと大変なことをわからない夫ではない。ほんとうに逃げたのだったら、わたしたちを道連れにしていたはずです。それをしなかったのは、あとの家族のことを考える正常な判断がつかなくなるほどに、仕事で疲れきっていたんです」

滋美さんは、同意をもとめるように強い視線を送ってきた。わたしは、子どもにいじめ自殺された親のなん人かにお会いしたことがある。その親たちも、わが子は弱いから自殺したのではない、と力説していた。いじめによって判断力を奪われていた、というのだった。

十年ほど前、純一さんの同僚が自殺したことがあった。彼とおなじように、現地採用の社員だった。滋美さんは、それを思いだしていた。

「そのかたもおなじフロアですけれども、べつな部署でした。主人が仕事をしていると、そのひとが『渡辺さん、毎晩遅くまで仕事をしていて、気が狂いませんか？』といってきたそうです。帰ってきてさっそくそれをわたしに話したので、ドキッとしました。『お父さんはなんて答えたの？』と聞きましたら、『女房子どもがいるから、気が狂うわけにいかないんだ』っていったそうです。『そのひとも、毎日、遅くまで仕事をしてるんだ』といってました。でも、そのころはべつに心配もなかったですしね。

その話を聞いてしばらくした、休みの日でした。主人はまだ寝てました。関東のほうで川鉄社員が飛び降り自殺という記事をわたしが見つけて、すぐ主人にいいましたら、『この前、話をしてたひとなんだ』って、びっくりしてました」

システム課のおなじ掛りにいたSさんが、鉄道に飛び込んで自殺したのは、それからまもなくしてだった。純一さんはショックを受けていた。Sさんはすこし歳上の大卒の掛長だった。おなじ団地に住んでいた。休みもなく、よく午前零時まで仕事をしていた、というのは、団地のなかで妻たちの話題になっていた。

といって、まだそのころは「過労自殺」の考えかたはなかったので、そのままにされていた。それでも、妻たちのあいだでは、仕事が原因、ともっぱら噂されていたのだった。

滋美さんは、「陳述書」で、こうも訴えている。

《裁判中の一九九六年八月末にも、二人の川鉄職員の方が、自殺されました。この件に関し、会社がかなり口止めをしていると、川鉄ではたらいている家族の人から、連絡がありました。みんな人ごととは思えないのでしょう。この様に犠牲者が出ることが、家族、妻にとっては腹立たしさが入り交じるのでしょう。

私たちは、主人の失った命の裁判をしているのです。》

裁判に訴える、という気持の半分ほどは、純一さんが亡くなった日のうちにかたまっていた、と滋美さんはいう。通夜の席での課長は、「そこまで仕事をしてるとは思わなかった」と逃げ腰だった。だからそのあとにきた部長に、「主人が仕事から逃げたと思われるのはいやですから、きちっとしてください」というのが、彼女の要求だった。

部長は「わかりました」と答えた。調査なりなんなりしてくれるもの、と考えていたのだが、それっきりになってしまった。

まだ、「過労自殺」という言葉がなかった時期である。彼女には、「主人は殺された」との実感しかなかった。仕事が原因で人間としての正しい考え方、思考能力がなくなってしまった。だから、長時間労働の事実をあきらかにしたい。このまま闇に葬られたくない。それが逃げたと思わせない、夫の名誉回復につながる、と漠然と考えていたのだった。

一ヵ月ほどして、滋美さんは岡山市の裁判所に電話をかけた。もう内容ははっきり覚えていないのだが、長時間労働について話したようだ。女性の職員が「すぐに弁護士さんのところへいきなさい」と教えてくれた。それに力をえて、あっちこっちで聞いて、倉敷市の清水善朗弁護士の事務所にたどりついた。

純一さんが亡くなってから、三年たった九四年六月、労働基準監督署にたいする労災申請と岡山地裁倉敷支部に川鉄にたいする損害賠償請求、そのふたつの訴えを同時に提出した。どうしてふたつの訴えを同時に起こしたのか。わたしの質問にたいして、清水弁護士はこう答えた。

「自殺でも過労死としてはじめて認めた、東京の『電通事件』（広告代理店・電通の入社二年目の社員が長時間勤務の末に自殺した）を参考にしたからです。この事件でふたつの訴えを同時に進めた藤本正弁護士は、『労基署は信用できない』といっていました。なにがあったのかを会社側が隠すことはありうるし、労基署が会社の意を汲むことは多い。それならば、社内でどんなことがあったかを民事裁判であきらかにし、それを労災手続きのなかで使おうと考えたのです」

労基署の決定は、さらに三年後の九七年七月だった。「自殺は業務外の要因による」という、滋美さんにはまったく納得のいかないものだった。地裁の結審はその一ヵ月のち。判決は九八年二月だった。そこでは会社側の責任が認められた。滋美さんの勝訴だった。このあと彼女は、労災補償保険審査官にたいして、「不支給決定」の取り消しをもとめる、「審査請求」の手続きをとった。

そこでは、つぎのように主張されている。

《本件については、本年2月23日、岡山地方裁判所倉敷支部において被災者自殺を業務に起因するものと明快に断じた判決が出された。

裁判では、会社上司、部下などが労働実態について証言したが、これは公開の法廷におけるものであり、原処分庁の担当者の面前限りでの事情聴取と異なり、信憑性は格段に高い。

これらに、N医師の意見書及びO証人の証言等という医学的証拠を加え、申請人の証言も考慮した上で事実認定し、業務起因性を認めた判決が、原処分庁の杜撰な判断に比べようもなく高く重い価値を持ち、尊重されなければならないことは当然である。》

これには、「判決書」のコピーと勝訴を大々的に伝える、各紙の記事が添付されている。民事裁判と労災請求の「二正面作戦」は成功した。「保険審査官」は、裁判所の判断を無視するわけにはいかないはずだ。

岡山地裁倉敷支部の「判決書」には、つぎのように書かれている。

《一般私法上の雇用契約においては、使用者は労働者が提供する労務に関し指揮監督の権能を有しており、右権能に基づき労働者を所定の職場に配置し所定労働を課すものであるから、使用者としては指揮監督に付随する信義則上の義務として、労働者の安全を配慮すべき義務があり、本件では被告には雇い主として、その社員である純一に対し、同人の労働時間及び労働状況を把握し、同人が過剰な長時間労働によりその健康を害されないよう配慮すべき安全配慮義務を負っていたものというべきところ、純一は、前記のとおり、社会通念上許容される範囲をはるかに逸脱した長時間労働をしていたものである。》

そして、会社側の「債務不履行」について、つぎのように述べられている。

《更に純一の業務上の課題について相談を受けながら単なる指導に止まり、純一の業務上の負荷ないし長時間労働を減少させるための具体的方策を採らなかったこと、Hは午後七時から九時の間に帰るため、以後の純一の残業については把握する上司もなく放置されていたこと、純一の休日労働も同様に放置されていたこと、そもそも、使用者の労働時間管理は、使用者が労働時間の実態を把握することが第一歩であるところ、被告には職員の残業時間を把握するための体制がなく、各職員は私的なメモに各人の残業時間数を書いて自己申告し、その時間も実際の残業時間より相当少なく申告するのが被告水島製鉄所においては常態であり、I及びHの前記認識を考慮すると、被告も右事情を認識していたと認めるが相当であるのにこれを改善するための方策を何ら採っていなかったこと等に鑑《かんが》みれば、被告には純一の常軌を逸した長時間労働及び同人の健康状態の悪化を知りながら、その労働時間を軽減させるための具体的な措置を採らなかった債務不履行がある。》

労働者の健康を害する長時間労働を放置し、隠蔽していて、なんら具体的措置をとらない企業が裁かれたのである。

業務上の責任を回避したい会社側の論理とは、ほかの企業もたいがいそうなのだが、家庭内に問題があった、というものである。息子の進学問題とか、本人の飲酒などをあげつらっているだけである。

製品の納期の遅れがあった。それにたいする人手のすくなさと新人の不慣れさが、純一さんを自殺に追い込んだ。それが直接的な原因だった。が、会社側の主張は、ご多分にもれず、

《亡純一が掛長として個人的に抱えていた問題ではなく、会社全体として長期的に解決すべきテーマであり、亡純一に直接負荷がかかることはなかった》

などというもので、詭弁の謗《そし》りを免れない。自己弁護の論理とは、えてしてこうなりがちである。たとえば、夫は仕事によってうつ病になった、とする滋美さんのいい分にたいして、会社側はうつ病の遺伝性を否定できないとして、こう主張している。

《遺伝生物学的には母親側、父親側から十代も二十代もさかのぼって調査して、うつ病がいないことを証明しなければ、亡純一にうつ病の体質・素質がなかったとはいえない》

この驚くべき意見にたいして、弁護側は、「二十代さかのぼれば（調査対象者は）二百九万人を越える」と批判したあとで、こうつづけている。

《すべての人間がうつ病の素因を有する。しかし、すべての人間がうつ病になるわけではない。そこで、亡純一をうつ病に罹患させた原因が問題とされるのである》

裁判資料を読んで、わたしが心ひかれたのは、原告代理人（弁護士）の質問にたいする、同僚の証言だった。

《——平成三年四月頃から渡辺純一さんの顔色が変わったのですか。

同僚　はい。

——元々ヘビースモーカーだったのが、さらに平成三年四月頃にさらにタバコを吸うようになったのですか。

同僚　はい、ひっきりなしに吸うようになりました。

――貧乏ゆすりが激しくなったということがあったのですか。

同僚　以前から考え事をしている時にはしていました。

――平成三年四月頃にさらに貧乏ゆすりが激しくなったという印象がありましたか。

同僚　そんなに印象には残っていません。

――寝汗のことを平成三年の春頃に言っていましたか。

同僚　はい、夜に目が覚めると汗をびっしょりかいているということを言っていました。

――平成三年三月か四月頃に渡辺純一さんの仕事に変化が現れましたか。

同僚　物忘れがひどくなりました。当然覚えている内容をど忘れするようなこともありました。

――それまではそんなことはなかったのですか。

同僚　ありませんでした。

――疲れているのではと感じませんでしたか。

同僚　それは感じていましたし、渡辺純一さんにも「顔色が悪いので疲れているのではありませんか」と言ったこともあります。

――渡辺純一さんは仕事のできる人でしたか。

同僚　はい、大変頭の切れる人でした。

――渡辺純一さんは掛長になってから問題意識を常に持っていましたか。

同僚　掛長になる以前から持っていましたし、私と二人で形鋼グループのあるべき姿について話し合ったこともあります。渡辺純一さんは仕事にある理想像をもっていましたし、仕事の進め方も完璧でした。》

この同僚は、亡くなる直前の純一さんの姿を目撃している。

純一さんは、五時すぎ、部屋を出て廊下を歩いていった。いまから思えば、それは屋上にむかっていく蹌踉《そうろう》とした姿だった。うつむいて歩いていた。すれちがった彼とは、目を合わさなかった。一メートル六十七センチ、七十キロの身体が、とてもちいさくみえた、という。

過労死の問題を考えるときに重要なのは、清水弁護士も指摘するように、労基署が労災を認めたがらないことである。そのために、泣き寝入りする遺族が多い。

労災保険の矛盾について批判しつづけているのは、井上浩さんである。

井上さんは埼玉県の労基署署長を長らくつとめ、『労働Gメン』『労働基準監督官』などの著書をもつ。労働省内部からの告発者でもある。いまは、労災と職業病の駆け込み寺である「全国労働安全衛生センター連絡会議」の議長をつとめている。

《よく問題になる過労死でも、過重な業務が三日間や四日間継続したくらいで倒れたような弱い労働者は労災認定されず、十日間も継続して倒れたような強い労働者の場合には確実に労災認定される。認定基準（昭和六十二年基発第六二〇号）が過重な業務の一週間継続を基準としているからである。

このように、現在の認定基準（公務員も同じ）によると強い労働者は確実に救済されるが、逆に弱い労働者は確実に救済されない。これは労災保険法の目的である被災者の「迅速かつ公正な保護」（第一条）という点から見て問題である。法の目的から考えておかしい弱者切り捨てが生ずるのは、認定基準を設定している労働省の考え方に問題があるからである。（中略）労災補償についても通常因果関係（相当因果関係）だけに傾斜することなく、個人差を尊重した特別因果関係も肯定していくようにすべきであろう。このことは、労働省の通達を変更するだけで可能なことなのである。》

これは、『朝日新聞』の「論壇」（九四年四月十五日）に、井上さんが寄稿した文章の一節である。労災保険は、死亡事故や著しい重大災害の場合は認定（支給決定）がでやすいが、それ以外はなかなか業務上災害として認められない。それで、「個人差を尊重した特別因果関係の肯定を」との主張になる。労基署が支払いを渋っているあいだに、労災保険の流動資産はふえつづける。

ほとんど知られていない事実だが、九六年現在で、その金額は六兆六千億円にものぼっている。貴重な資料なので、次ページに一覧表を掲載するが、たとえば、九六年（平成八年）に企業から保険料として徴収する金額は、一兆五千八百九十一億円（予定）にも達している。

労働保険特別会計の損益および資産（単位：億円）

		年度	平成元	7（予定）	8（予定）
損益	損失	保険給付費	7,413	8,202	8,935
		労働福祉事業経費	1,834	2,474	2,787
		業務取扱費	373	466	507
		徴収勘定へ繰入	659	1,317	1,172
		次年度繰越支払備金	4,802	1,950	2,133
		次年度繰越未経過保険料	538	572	568
	利益	徴収勘定より受入	13,898	15,683	15,891
		一般会計より受入	13	13	13
		利子収入	569	2,357	2,522
		前年度繰越支払備金	5,807	2,051	1,950
		前年度繰越未経過保険料	441	565	572
	本年度利益および損失		5,179	5,892	4,620
資産等	資産	流動資産	17,491	53,891	58,233
		現金預金	16,843	53,315	57,613
		未収金	644	575	620
		固定資産	4,065	7,232	7,714
		土地	236	654	681
		建物	299	436	470
		工作物	160	283	317
		機械器具	122	183	200
		労働福祉事業団出資金	3,246	5,652	5,992
	負債・資本	支払備金	4,802	1,950	2,133
		未経過保険料	538	572	568
		未収金償却引当金	177	321	346
		繰越利益	10,860	52,388	58,280
	合計		21,556	61,123	65,947

参議院予算委員会調査作成書より

これにたいして、年金や保険給付に使われるのが、八千九百三十五億円である。残りの資産で土地を買ったり、ビルを建てたり、外郭団体の「労働福祉事業団」に出資（年間五千九百九十二億円）したりしている。

つまり、わかりやすくいえば、給付費の「予算」にあわせ、その範囲内で労災を認定している、といってもけっして過言ではない。これほどの資産があるなら、ひとりでも多くの遺族に、もっと積極的に還元すべきであろう。

リストラの進行によって、雇用保険の支給がふえているので、サラリーマンはさいきん、この保険を気にするようになってきた。それでも、ほとんどのひとたちは、いまだ労災保険には無関心のままである。というのも、この保険は、業務上で負傷したり、死亡したりしないかぎり、自分には関係ないからである。

過労自殺の認定について、井上浩さんは、こういう。

「過労自殺の場合、認定が難しいのは、業務災害の範囲について労働省の見解が非常に厳しいからです。ところが、肝心の定義はない。労災保険法、国家公務員災害補償法、地方公務員災害補償法、そのいずれにも、業務災害とはなにか、という定義はまったく書かれていない。これらを管轄している労働省の考え方ひとつで、労災かどうかが決められるのです」

民間企業にはたらくひとたちには「労災保険」が適用され、公務員の場合は、「公務災害補償」が適用される。公務災害の認定も厳しいが、労災認定よりはまだ緩やかだ。それだけ、加入者が圧倒的に多い、労災保険のほうが厳しいということを意味している。

公務災害は、一般職の場合は人事院が認定する。裁判官や自衛官などはそれぞれの官庁が独自に認定する。警察官や教師などは比較的認められやすい。公務員も民間労働者も、おなじ勤労者のはずなのだが、支給開始の認定では、はるかに公務員のほうがめぐまれている。

それが「官民格差」の名残りのようだ。

井上さんが指摘する労災保険の問題点を整理すると、つぎのようになる。

一、相当因果関係の矛盾

これは加害者の刑事責任や民事責任を限定するものである。たとえば、上司に死ねといわれて、部下が本当に死んだとしても、それを殺人罪で罰せられるのではたまらない。それで加害者の責任を限定するようになった。

戦前にあった「災害補償責任保険」は、災害補償を実施した事業主にたいして、国が保険金を支給するというものだった。

ところが、戦後の労災保険は、事業主がもらうのではなく、労働者へ直接支給する、という制度になった。その基本には労働基準法の災害補償規定がある。そこには罰則があるので、事業主の災害補償責任を限定するために、「相当因果関係」という曖昧な考えかたをそのまま残してしまった。それが「強者のほうが救済される」といわれる歴史的背景である。

二、「過重」の基準の厳しさ

認定基準が、「平均的」な体力の労働者に置かれている。このため、「平均以下」のひとは救われないことになる。たとえば、腰痛の認定基準は、二十キロ以上の重量物を、一日の労働時間の二分の一、三十キロのものを三分の一あつかって腰が痛くなった場合とされているが、女性でもおなじあつかいになっている。

病気は本来、個人的なものであるはずだが、労災保険は個人の体力のちがいを尊重していない。人間尊重の精神が盛りこまれていない。

労働省は、各個人を基準にすると、申請者の全員に払わなければならなくなる、と弁明しているが、経済企画庁の計算では、二千人や三千人に支払ったとしても、赤字にはならない、とされている。平均的な過重を基準にするのではなく、業務内容と生活とを対比して決定する方法もありうる。

三、労災保険の負担者は国民である

労災保険の加入者は企業である。企業が負担金を支払っているのだが、実際の負担者は国民である。というのも、企業は製造原価、販売原価に保険掛金をふくめているから、負担しているのは消費者、ということになる。

だから、消費者にここまでは救うべきだ、と決定する権利があるのだが、奇妙なことに、すべてを労働省が勝手に決め、勝手に運用している。

四、労災保険金の横流し

労災保険料は、被労災者への給付につかうべきものである。ところが、目的税化していて、労災とは関係のない、勤労者財産形成制度（財形）などの補助金につかわれている。労働省の全予算のなかで、一般会計予算からでているのは、全体のわずか九パーセント、あとは労災保険と雇用保険から出資されている。

監督署の電気代、車代、ガソリン代、庁舎の建設などまで、労災保険でまかなわれている。

五、悪徳企業の尻拭い

倒産させて逃げた会社の未払い賃金や退職金なども労災保険料で立て替えている。その金額は、九六年で、九十一億円にも達している。これは返ってこないことが多い。七五年に労災法二三条を改正して、労働条件に関するものなら、なんでもつかえることにした。しかし、労働者の未払い賃金まで、労災のための保険金から支払うべきものではない。

六、「労働福祉事業団」の怪

この特殊法人は、職員が一万四千人、労災病院が三十九ヵ所もある。看護専門学校十三ヵ所、産業保険センター二十四ヵ所など、労働省からの主要な天下り先のひとつで、理事長は元事務次官、理事は元本省局長、それ以外に大蔵省からも天下っている。

労災保険は、労働者の災害補償のための保険である。負傷した労働者や一家の大黒柱に突然死なれた遺族など、労働者の生活を安定させるための生活資金のはずである。ところが、生活補償のための支給は冷酷なまでに制限し、それによって生まれた膨大な繰り越し利益を長期預金に組みこみ、大蔵省の資金運用部に預託し、この不況期においても、流動資産はふえるばかりだ。本末転倒である。

労働基準監督署は、「不支給」の決定ばかりださず、遺族の訴えにたいして虚心に耳を貸すべきだ。

たとえば、渡辺純一さんの場合、労災保険の給付を決定すべきはずの倉敷労働基準監督署は、長時間労働は認めながらも、自殺との因果関係については判断せず、「業務外」の決定をだしている。しかし、その七ヵ月後、岡山地裁倉敷支部は、長時間労働とそれによる健康状態の悪化を知りながら、安全配慮の義務を怠った（債務不履行）として、川崎製鉄に損害賠償支払いを命じている（九八年二月に会社側が、つづいて三月に原告側も控訴）。

半年のあいだに二千時間の残業をしていても、その状況と死とを結びつけない労基署の鈍感さは、現実を認めたくないため、というよりも、ただ保険金を支給したくない強欲な体質そのものというしかない。請求額を半分に削ったとはいえ、まだ裁判所のほうが常識的だった、といえる。

市職員を追い詰めた「無関心」の壁　静岡県 下田市役所

「お父さん、待っててね、いますぐ帰るから」

鈴木彩子《あやこ》さんは、心の中で夫に呼びかけながら、アクセルを踏みつづけていた。伊豆半島・下田の山寺にむかう曲がりくねった山道を登りながら、小型乗用車のハンドルを握りしめ、彼女は祈るような気持だった。

昼すこし前、彩子さんの勤め先の保育所に、市役所に勤める夫の泰賢《たいけん》さん（当時五十歳）から、電話がかかってきていた。

「役所のちかくの医院で点滴をうけたけど、具合がよくならないから、家に帰るよ」

その前日も、泰賢さんは出勤はしたものの、職場で気分が悪くなっていた。病院で点滴をうけたあと、やはり、午後から自宅に帰った。夜になって、彼はあらたまった表情で、「お前にだけは、いっておかないと」と前置きしてから、いいにくそうに切りだした。

「病院へ診断書をもらいにいったんだが、医者に『なんでもないのに、もう一週間延ばせというなら、社会的に復帰できないような病名になる』といわれたんだ」

二週間前、泰賢さんは心臓発作と呼吸困難に陥って、救急車でその病院に担ぎ込まれていた。一週間ほど、自宅で静養していたのだが、職場に復帰する自信がなかったので、「もう一週間の静養を必要とする」との診断書を発行してほしい、と医者に依頼していた。なんとか診断書はもらったのだが、きちんと病名を書いてもらえなかった。夜になって起きだしてきた泰賢さんが、突然そういいだした。

彩子さんはどう答えていいかわからず、思わず泣きだしてしまった。泰賢さんは、寝つかれないでいた。隣りに横になって手を握ると、握り返してきて、まもなく寝入ったようだった。

朝になって顔をあわすと、泰賢さんは「ゆうべはごめん」と謝ってきた。彼女はまた泣きだしそうになった。

「どうしたらいいのかわからない。お父さんのことが心配で、心配で」

「心配ばかりかけて、ごめん」

肩に手をかけて、彩子さんの顔を覗きこんだ。

その朝、「今日も先に帰っているかもしれない」といって、彼はいつものように彩子さんのクルマに同乗しないで、バイクにまたがった。彼女のクルマを先導するようにバイクで先をいく泰賢さんの後ろ姿は、やつれて寂しそうにみえた。さいきんになって、体重は十キロほど減っていた。彼はなんどもなんどもふりかえって、運転席の彩子さんの顔をたしかめるようにして走っていった。

「先に帰る」という泰賢さんの電話を保育所でうけた彩子さんは、気がかりだった。昼をすぎてから、こんどはこっちから自宅に電話をかけてみた。本人がでて、「お昼用にそばを買ってきたし、いまは落ち着いているから心配ない」と、元気そうな声だった。

じつは彼女は、それ以前に、新聞で「過労死110番」が開設されるという、ちいさな記事をみつけて電話をかけていた。弁護士が彼女の相談に応じて医者を紹介してくれた。その医者は電話で泰賢さんの様子をきいて、即座に、「それは完全な過労状態ですよ」と断言した。


泰賢さんからの電話のすぐあと、おなじ市役所にいる彼の友人から、「庁内で会ったんだけど、ちょっと様子がおかしかったよ。大丈夫か」との電話があった。

彩子さんは、前にきいたことがある、友人の夫が自殺未遂を図ったときのいきさつを急に思いだして、不安に襲われていた。それですぐに、紹介されていたKクリニックに電話をかけて場所と道順を確認した。「どうせ精神科へいったって、自律神経失調症といわれるだけさ」と、泰賢さんは乗り気でなかったのだ。

明日はどんなに本人が嫌がったにしても、かならず医者へつれていこう、彼女はそう決心していた。

気がせいていた。はやく自宅に帰りたいと焦っていたのだが、受け持ちの園児の相談会があったし、そのあと職員会での報告もあった。それでも、心配でたまらず、途中で帰宅させてもらうことにした。アクセルを踏みつづけながら、不安に押しつぶされそうだった。

「お父さん、待っててね、いますぐ帰るから」

彩子さんはなん度も心のなかで叫んでは、家路を急いだ。山あいを駆け抜ける道路をさらに山側に曲がって、急な坂道を登る。と、ちいさな山門がみえてくる。そこが自宅である。門の下の空き地にクルマを乗り捨て、坂道を駆け登った。自宅療養中のときなど、泰賢さんは彼女の帰りを待ちわびていて、門のあたりに立ったりしていたのだが、その日は姿がみえなかった。

「お父さん、どこ、帰ってきたわよ」

本堂の右手、庫裏《くり》につづく玄関から声をかけた。靴をぬぐのももどかしい想いで、部屋にあがった。静まり返っていて、ひとの気配がなかった。裏にまわってみた。軒先にぶらさがっている大きな人影があった。

夫の身体は重くて、ひとりでは降ろせない。隣りの家に電話をかけた。が、留守だった。

「とにかく降ろさなくちゃ」。倉庫に駆けこんで、鉈《なた》をとりだしてきた。紐を叩き切ると、どうとばかり崩れ落ちた。ささえきれず、いっしょに倒れた。

まだ身体は温かかった。心臓マッサージや人工呼吸をしたのを、おぼえている。保育所では子どもをあつかうので、人命救助の訓練をうけていた。「こんなのウソにきまっている。もうじき目が覚める」と自分にいいきかせていた。涙はでなかった。

救急車はきたが、なんの手当てもしなかった。それから市長と助役がやってきた。市役所は消防署の隣りだったから、連絡がいったのだ。警察官がやってきたのは、そのあとすこししてからだった。

「理由はわかりますか」と警官にきかれたとき、「はい、過労死です」と即答したのだけは、妙にはっきりおぼえている。そのあとのことは、ほとんど記憶していない。ただ、ボーッとしていただけだった。

死亡時刻は、一九九二年六月二十三日、午後五時三十分ごろと推定されている。彩子さんが家にたどりついたのは、その十分ほどあとの五時四十分だった。

遺書が三通残されてある。市販されている四百字詰め原稿用紙に、横書きされている。一字一字、丁寧に書かれていて、几帳面な性格が偲ばれる。日付はない。彩子さんと大学一年生の長女、中一の長男あてが、一通である。

〈彩子 色々ご迷惑、ご心配ばかりかけ、ごめんなさい。ありがとう!

本当につかれました。自信がなくなり不安ばかりです。勝手を許して下さい。

○○(長女)も○○(長男)も、もう少しです。お母さんの言うことをよく聞いて、立派な大人になって下さい。

老後の楽しい夢を考えていましたが、いっしょに出来ず残念です。二人で松の木になりたかったです。

忙し過ぎて、子供たちと相手が出来なく、申し訳なく思います。(以下、プライバシーを

考慮して略)〉

泰賢さんは、下田市役所の商工観光課の課長補佐だった。上司の課長にあてた遺書が、一通あった。

〈ご迷惑ばかり、おかけ致します。いづれにしても、つかれ自信が無くなりました。未処理事項ばかりです。別紙にメモしたので、大へんですが、よろしく、お願いいたします。

課員の皆さんにもご心配いただき、本当にありがたく存じます。

先輩、同僚、友人たちにもよろしく、お伝え下さい。

さようなら

市長、助役、収入役様たちにも、よろしくお伝え下さい。

以後、よろしくお願い申し上げます〉

この手紙のあとに、彼の命取りとなった「レスキュー大会」(後述)の残務整理や観光施設整備事業に関するメモが、原稿用紙で二枚分添えられている。末尾に、〈◎機構改革、絶対必要です!!〉と書かれている。当時の課長は、二ヵ月前に赴任したばかりの、一年後輩だった。

もう一通は、彼のお寺の「責任役員」である、他寺の住職あてである。これは寺院のあとを託した手紙で、〈僧籍にありながら、こんなことになり、残念です。くれぐれも、寺族、息子をよろしくお願い申し上げます〉とある。後ろ髪をひかれるように、さまざまな配慮をしたあとの決行だった。

下田市役所の幹部職員の自殺は、どうしたことか、新聞記事にはならなかった。ペリー上陸や唐人お吉など、幕末の歴史に鮮やかな足跡を遺している下田市は、五月から六月にかけて、「黒船祭」「レスキュー大会」「あじさい祭」などのイベントに浮かれていた。その華やかな祭りの陰で、ひとりの担当者が、過労の挙げ句、自殺に追い込まれた事実など、なんの波紋もひろげることなく、消えた。

まだ、自殺は過労死と認められていないころだった。それでも、彩子さんには、「夫の死は仕事以外にない」との確信があった。とはいっても、地方公務員災害補償基金の県支部にたいして「公務災害認定請求」をだすまでに、丸四年かかっている。

ちいさな町に住んでいれば、さまざまなしがらみがある。それを振り切るための時間だった。それでも、翌年、「却下」となった。

二ヵ月あと、その決定を不服とする「審査請求」をおこない、九八年三月十日、ようやく公務災害として認められた。自殺からほぼ六年たっての名誉回復だった。

鈴木泰賢さんは、下田市の山の中にある「随源院」の住職でもあった。地元の高校を卒業したあと、僧侶を養成する大学にはむかわず、市役所に就職したのは、檀家が三十七、八軒ほどの小寺で収入がすくなく、そのうえ、父親が病弱だったからである。

その父親も、彼が二十四歳のときに病死した。跡をつぐためには、住職の修行をしなければならない。市役所は退職した。小田原のお寺で二年ほど修行して、帰ってきた。それからまた市役所にはいりなおした。だから、同期の職員にくらべて昇進が遅れていた。が、彼がそれになんの不満も感じていなかったのは、本人にはお寺を預かるプライドがあったからだ。それに詩を書いたりしていて、詩集をだすのがささやかな夢だった。

下田は地区ごとにお寺があるため、檀家が細分化されていて、ひとつの寺だけでは暮らしがたちゆかない。それで住職たちはあっちこっちのお寺を兼務するか、市職員などを兼業せざるをえない。歴代の助役や収入役ですら、住職兼務だったのだから、泰賢さんの例が、めずらしいというものではなかった。

「随源院」の場合もその例に漏れず、葬式は年に一回、二回あればいいほう、というような状態だった。葬式がなければ、「年忌」などの行事もない。お寺は完全な副業に逆転していた。

それでも、写真でみる泰賢さんの風貌は、まぎれもなく住職のもので、柔和である。ゆったりした体格はおおらかな人格を髣髴《ほうふつ》させる。子煩悩で、家族に大声を挙げることはなかった。弓道と詩作が趣味だったこともあってか、友人たちには、剛毅潔癖、豪放磊落などの人物評がある。

それでいて、下手なギャグをとばすユーモアの持ち主で、それが写真の表情にも出ている。泰賢さんは、職場ばかりか地域でもひとを集めるのが好きだった。町内で祭り太鼓を購入したり、鯉のぼりを各家庭から集めて一斉にあげる、などの計画を練ったりしていた。

彩子さんとの出会いは、職場の文学サークルだった。彼は詩や小説を書き、彼女は童話を書いていた。ふたりではたらき、ふたりの子どもを育てながら、「遺書」にもあったように、偕老同穴、連理《れんり》の枝になろう、などといいかわしていたようである。

市役所に復職したあと、泰賢さんは税務、水道、市民、建設、企画財政などの課をまわり、八八年秋から、商工観光課にうつった。四年前に係長になっていたから、役職は観光係長だった。下田市は、「観光立市」を目指していて、いまも黒壁に平瓦を並べ、その継ぎ目に白の漆喰《しっくい》が斜めに交差する「なまこ壁」の土蔵づくりや民家が、往時の港町の風情をかもしだしている。

下田市の最大行事は、五月中旬の三日間、全市をあげて取り組まれる「黒船祭」である。これは一八五四年、ペリー提督ひきいる米艦隊が来航して「下田条約」を締結、二年後、米国初代総領事としてハリスが赴任、下田が日本開国の地になったことを記念する祭りである。ハリスには、侍女にされた「唐人お吉」の悲憤がついてまわる。

それはともかく、その年で五十三回を迎えるほど年中行事として定着、毎年二十万人の人出をみている。

駐日米国大使も臨席し、米軍海兵隊や自衛隊のパレード、下田条約の調印式の再現などのメインイベントのほか、ジャズフェスティバル、花火大会、花魁《おいらん》お練り道中、ミスコンなどなんでもござれの祭りで、そのとき町中が黒船祭一色となる。商店街や各種の記念館も黒船と開国モードとなり、囲碁大会や将棋大会までひらかれる。

祭りの「執行会」会長は市長だが、裏方の中心は商工観光課である。このため、この課は別名「残酷課」とよばれるほどに、超過勤務が常態となっていた。

商工観光課は、課長を除けば、六人の人員である。泰賢さんは、この課ですでに三年をすごしていた。それでも、どうしたことか異動の対象にならなかった。たいがい、おなじ課に三年もいれば異動になる。いっしょに異動してきた課長と部下は、ほかの課にうつっていった。彼が取り残されたのは、つぎにまだ大きなイベントが待っていたからだった。

そのため、朝は誰よりもはやく、七時半には出勤し、帰りは部屋の電気を消して鍵を閉め、最後に帰るのが日課だった。

「泰賢さん、また戸締まりか」

と宿直の人にあきれられる毎日だった。一時間前に出勤して、庁舎の電気を点《つ》け、ワープロのスイッチをいれる。みんなが出勤してくる前に、書類をつくっている。彩子さんが、朝、役所まで送っていって見届けている事実である。夜も迎えにいく。

泰賢さんの仕事がなかなか終わらないため、彼女は仕事の手伝いをしたり、自分の仕事のワープロを打ったりして、そばに坐って待っている。

十時を過ぎると、実家にいる子どもや彼女の母親が心配するので、彼女はいったんは帰る。十二時前に泰賢さんが帰れそうなら、また市役所に迎えにくる。長女は大学にはいって家をでていたし、長男は実家から学校へ通っていた。十二時を過ぎると、彼女は先にお寺に帰っていて、彼はタクシーで帰宅する。そんな生活だった。

それでも、黒船祭は、五十三回目になっていたので、経験は蓄積されている。ところが、翌六月に予定されていたのが、二日から六日間にわたって開催される「レスキュー'92」だった。これは藤沢市(神奈川県)との間で誘致合戦をした結果、下田市に決定されたもので、日本でもはじめての試みだった。だからマニュアルはない。準備からなにから手さぐりの状態で、しかも世界二十一ヵ国、千五百人の参加が予定されていた。

レスキュー'92は、「ライフ・セービング世界大会」とも呼ばれ、ワールド・ライフ・セービングに加盟している各国が、二年おきに大会をひらく。

この競技は、水難事故の防止や救助活動にあたるライフ・セーバーが、遭難者にみたてたマネキンを抱えて泳いだりして、救助技術やスピードや耐久力を競うものである。実行委員会の委員長には、日本ライフ・セービング協会の専務理事が収まっている。ところが、副委員長は泰賢さんである。一介の市職員が、世界大会の副委員長に就任するなど、想像を絶する事態である。

「(大役を務めることで)やっかみが大変だったでしょう」

と、わたしは彩子さんにたずねた。国際大会の役員を務めるなど、いわば、地方公務員の晴れ舞台でもある。一生に一度あるかないかの大役を務めることは、大変であるとはいえ、できればだれもが自分でやりたいと願うのではないか——と、わたしは考えていた。

彩子さんの口からは意外な言葉が返ってきた。

「いいえ、皆さん、無関心でした」

この大事業は、市がおこなう事業というよりは、イベント会社のT社がとりしきることになっていた。だから市長は商工観光課に任せ、商工観光課は、係長とはいえベテランの泰賢さんに任せっきりにしていた。だれでも自分の仕事がふえるのはいやがる。それでなくとも、課にはほかの仕事が山積みされてあった。

ところが、「事務局」が置かれていたイベント会社は、東京のマンションの一室に数人の人間がいるだけで、電話もFAXと兼用という規模である。その態勢で世界大会の実施にむけて走りだした。市役所では、そのための人員はふやされなかった。語学のできる複数のスタッフがいなければ、二十一ヵ国からの参加者への対応などできるはずがない。はじめての国内での世界大会だったから、どこかにやりかたを問いあわせるわけにもいかない。競技用語も道具の名前もさっぱり知られていない競技である。泰賢さんともうひとりの部下は、英語すらできなかった。そんな状況で切り盛りしろというのは、どだい無理な要求というものだった。

ひとりの人間がきりきり舞いをしている。が、まわりは「そんなに忙しいわけはない」「仕事の能力が低いのではないか」との眼でしかみない。まして疲れてくると、判断力が落ちる。それで余計に無能力にみられる。過労死を生みだす、周囲のひとびとの無関心の構造である。

上司の証言にも、ワープロの前でボンヤリしていた、というのがある。泰賢さんは会議中に居眠りしたり、ソファで崩れるように寝ていたことがしばしばだった。仕事中に市役所のかかりつけの産業医のもとに通って点滴をうけていた。死は時間の問題だった。それでも、職場には、それを防ごうとするものはいなかった。

彩子さんは、地方公務員災害補償基金の静岡県支部審査会で、つぎのように証言した（九七年十二月十三日）。

《一緒に観光課に来た三人のうち、自分だけきつい課に取り残されて、しかもそれまでやったことのないレスキュー大会を担当しなければならないということでショックだったと思います。

この人事異動のことでは、課長に昇格できず、一級下の○○さんが先に昇格したことがストレスになったのではないかなどという見方もあるようですが、それは違うと思います。夫はお寺の修行のために一度役所を退職していることもあって、一級下の人に先を越されるのは当然のことでしたし、○○さんでよかったとも言っていましたから、そのことはストレスではなかったはずです。ただ、大変な事業がある中に自分一人だけが残されたことのストレスがあったのだと思います。

そのころからますます忙しくなり、お弁当もその日の都合で、いつどこでだれと食べるようになるかわからなくなったので、つくらなくてもよいからと言う。また食べる暇がなくて持ち帰るときもありました。

四月になって、長女の大学入学と長男の学生服姿を一緒に記念写真を撮る予定だったのに、どうしても写真に写りたくないといやがるので、父親抜きの写真になりました。こんなことは初めてだったので、どうしたのか不思議だったのですが、その当時にはもう疲れから精神的に少し普通と違う状態が起きていたのかもしれません。

五月になると、土・日・祭日と休みなく仕事に出かけ、体重は一月より七キロもやせ、不眠を訴えるようになりました。私は連休を休むように頼みましたが、忙しくて休めないと、一日だけしか休みませんでした。夜遅くも自宅で黒船予算の計算をしていたり、私が「超勤がたくさんついたら背広を買おうね」と冗談を言うと、真顔で、「黒船の予算は枠が決まっているので、自分と課長の本当の勤務時間をつけると部下の分がなくなるから、実際よりは少なくつけている」と答えました。冗談を冗談と受け取る精神的な余裕もなくなっていたのかと思います。》

泰賢さんは、高校の同期会の幹事役を引き受けたり、厄年の御祓《おはら》いを準備したり、世話焼きが好きだった。かといって「おれがおれが」とでしゃばることのできないタイプだった。ひとの悪口には加わらず、愚痴もいわない、温厚な性格だった。しかし、さすがに、仕事が「黒船」から「レスキュー」へと切れ目なく移行するようになると、帰ってきてから、彩子さんにむかって愚痴るようになっていた。

「通常の仕事で手いっぱいなのに、黒船とレスキューは観光課の人間だけではできないよ。イベント用の人員をべつに組んでやるべきなんだ」と訴え、帰宅しても、布団に倒れこむようにして寝るだけになった。首が痛い、身体がだるい、疲れた、どこかに座るとすぐに居眠りする。そのくせ布団にはいると眠れなくなっている。「市役所を辞めたい」といいはじめたのは、そのころである。

《六月七日にはレスキュー世界大会の打ち上げに最後までいられず、気分が悪く帰りたいと、九時過ぎに電話があり、市役所に行くと、いすから立ち上がれないほど疲れ果てていました。本人は気分が悪くて打ち上げ会場から途中で市役所に戻っていたようです。レスキュー世界大会の良い評価を人が話していたと言っても、もうそのときは喜びも感じられず、苦笑いだけしかありませんでした。

八日の朝は片づけがあるからと支度をして起きてきましたが、食事も食べられず、「きょうは休んで、よくなったら出る。課長には電話するから」と言いました。しばらくして私の職場に、「息ができない、胸が苦しい」と電話があったため、走って消防署へ行き、自宅まで救急車に同乗して帰りました。家に着くと冷汗を流し、ハアハアと息苦しそうに私に倒れかかってくる夫を救急車に乗せ、二十分ほどの隣町の国立湊病院へ運びました。車の中でも、「病院はまだか」とたびたび苦しそうに聞きました。腕を握ると脈が速く呼吸も荒かったのです。

病院では内科に運ばれましたが、寝かされたままますぐ診てもらえず、見かねた看護婦さんが催促してくれましたが、そのときには息も楽になり、話を聞いた後、女の人がびっくりしたり悲しかったりしたときに起こすヒステリーみたいなもので、もう治まったから何でもないから帰れと言われました。でも、またなると困るからと心配する夫とお願いして、一週間入院させてもらうようにしました。

仕事の合い間に付き添いましたが、窓の外のスズメにえさをやると、ふだんなら一緒にやるような夫が、ながめて喜ぶはずが、「看護婦にしかられるからいけない、やめよう」など と細かいことを気にするようになりました。また仕事をやめたいと言うので、「そんなにいやならやめよう」と言うとうれしそうでした。》

彩子さんが、「公務災害」の認定を請求したのは、泰賢さんの死後四年たってからだ。そのとき、調査を担当した係官は、彼女につぎのように質問している。

「旦那さんは亡くなる前までに、死にたいといったというのはあるんだけれども、これ今から考えてもいいんだけど、死にたいといったとき、真剣に思えた？」

それまで係官は、彼女の言い分にたいしてきわめて同情的に話をきいていたのだが、質問がややぞんざいな口調に変わって、自殺が以前からの計画だったように誘導した。彼女は身を固くして、否定した。

「死にたいとはいいませんでした。一度もいったことはありません。仕事をやめたいってことはなん度もいいましたけど、死にたいなんていう言葉をいうと、私がそのときにおかしいと思いますから、一度もいいませんでした」

うっかり油断していると、計画的な自殺だった、だから「公務災害」には該当しない、との結論にひきずりこまれてしまう。結局、このときは、明白な遺書があったなどを理由に、請求は「却下」されてしまうのだが。

六月七日、レスキュー'92世界大会は、バブル経済の崩壊の影響もあって、十三ヵ国、千人の参加と当初の予想を下まわって、とにかく無事に終了した。閉会式のあとで、会場のロビーの隅のソファで、泰賢さんが疲れきってまどろんでいたのが目撃されている。閉会式のあとには、彼は彩子さんの母親に、「おばあちゃん。やっとぼくは安心した」「やっと、すんだ」と、いつにない甘えた口調で話しかけた。

死後の調査の結果、わかっただけでも、四月の残業は百二十三時間、五月が百七十六時間だった。五月三日の憲法記念日を除いて、この二ヵ月間の土、日は休んでいなかった。夜遅く帰宅しても、「街灯がつかない」などの苦情の電話がかかってくるし、海水浴場での営業をめぐって発生するトラブルの対応などにも追われていた。

そのころになると、泰賢さんは、「ニワトリ小屋のニワトリがうるさくて眠れない、なんとかしてくれ」といいだすようになっていた。ふだんは可愛がっていたニワトリである。

「息ができない、胸が苦しい」

と訴えて、病院に救急車ではこばれたのは、ニワトリがうるさい、といった日の昼過ぎ、つまり、閉会式のつぎの日だった。入院、それからあと一週間の自宅療養をしていたのだが、医者はそれ以上の療養休暇を認めなかった。「診断書」の期限が切れたため、泰賢さんは無理して出勤、ついに自殺に至ったのである。

死後三日ほどして、下田市職員組合は、池谷淳《きよし》市長にたいして、沢登《さわと》英信委員長の名前で、人員要求などの「要望書」を提出した。そこでは、泰賢さんの死について、「様々な原因が考えられますが、仕事がその大きな原因であった事は否定できないと思います」と書かれている。

泰賢さんの最大の不幸は、異動してきたあらたな上司と部下が、彼の仕事のハードさ加減を理解できないまま、彼に仕事を任せっきりだったことにある。いわば燃えつきるのを「黙殺」していた、といえる。死亡後、商工観光課は二名の増員となり、九八年四月からは「観光産業課」と改組された。しかし、あとの祭りである。

庁内に設置されていた「労働安全衛生委員会」は、

「縊死に至ったのは、身体的な慢性疲労を一つの要因として、うつ的気分、心身症的症状を発症していたことは推定され、精神的過労も一因と思われる」

との結論をだしている。が、これは症状というものであって、原因ではない。「公務上」との責任を回避した結論でしかなかった。

結局、市役所側は、泰賢さんの死を、「再びこのような不幸な事件がおきないよう業務量と人員、仕事のやり方、職場環境の改善及び職員の心身の健康管理を重視し、これを推進していかなければならないと思います」と結論づけた。ひとりの職員の自殺は、死者とその遺族を見捨て、生者の利益に還元されて終わった。

これは「いじめ自殺」のあとの学校の対応によく似ている。責任の所在をあきらかにしないかぎり、真の解決とはならない。

泰賢さんの直接の上司だった人物は、いまこういう。

「おかげで暇な部署も忙しい部署も、それなりに業務は平均化されてきています。とかく硬直しがちな役所の雰囲気を変えたのも、やはり鈴木さんの業績だったのだ、と最近は思えるようになりました」

人柱だった、ということだろうか。

死の直後、「仕事が大きな原因」と労組の機関紙に書いたのは、沢登委員長だった。彼は泰賢さんの時間外労働の資料を集め、公務災害認定をもとめる彩子さんの「審査請求人代理人」として証言した。それが、九八年三月の「公務上認定」に大きく関わっている。彼はいま、下田市民文化会館館長の要職にあるのだが、つぎのようにいう。

「労働安全衛生委員会で調べたときより、公務災害の認定申請後のほうが、市役所内の空気が重くなって、まるで箝口令を敷いたようになってしまった。そのあと、彩子さんへの中傷めいたことが聞こえてくるようになってしまったのは、あきらかに市長と（市長）公室長の態度が大きく関わっています。

ぼくは市長にいったことがあります。『公務災害として遺族を救うシステムがあるのだから、市長は積極的に認めてほしい。認めることが〝救済〟なんです。市長の責任で認めるようにできませんか』と。

市長は、市の顧問弁護士と藤田公室長に相談したらしい。弁護士は、『それを認めてしまうと、遺族がこんご賠償を求めてくれば支払わざるを得なくなる』という説明をしたようです。藤田さんもおなじく、市としては認定してほしくないと考えたのではないでしょうか。それで市長は判断停止、役所内の空気が硬直化してしまったんです」

沢登さんは、審査会での「陳述」で、

《市当局者の言い分は、遺書が書かれていること、泰賢氏の中学生の息子が父の遺体と向き合ったとき涙ひとつ流さなかったのはおかしい、家庭に問題があるとか、彩子さんの実母が、彩子さんをどうしてくれるんだと遺体に向かって絶叫したとか、だから家族からのけ者にされていたんだと、まことしやかに発言をしております。》

と証言した。それだけでなく、「下田市労働安全衛生委員会」の結論は、けっして委員会で協議されたものではなかった、と暴露している。

泰賢さんの急死のあと、彩子さんのショックは強く、テレビをみても意味をつかめず、ご飯をたべても味がわからないような状態がつづいていた。ふと気がつくと、プラットホームの上で、はいってくる電車とすれすれのところに立っていたりした。母親の茫然自失のあいだ、中一の長男はじっと耐えていた。ときどき、悲しみを紛らすべく、あてもなく自転車で走りまわってくるようだった。口さがない噂もきこえてきた。

気を取り直してから、「過労死」で訴えなくては、との彩子さんの気持がたかまった。といって、市制を敷いているとはいえ、なにしろ人口わずか三万のちいさな町である。苗字よりも屋号が通用するような、みんな子どものころからの顔みしり。そのなかで役所の職員が世話役として、担当以外でも、地区のひとからたのまれたことをやってくれたり、冠婚葬祭の手続きでも便宜を図ってくれたりする。

市長も子どものころからの知りあいで、風呂を借りたりした関係にあった。助役は縁戚関係にある。上役や議員に知り合いがいれば、生活上の問題ははやく解決するし、逆らえばそれだけ不便になる。

なにかの用事で市役所へいく。するとみんな一斉にこっちを見るような、見ていないような、奇妙な気分にさせられる。そんな中途半端な五年がすぎた。

じつをいうと、三年たったころから、労災を申請しなくては、と思いはじめるようになっていたのだ。意を決して「全国過労死を考える家族の会」の馬淵郁子さんに電話をかけた。

「なん年たっていますか」

「五年です」

「そうでしょう。たいがいのひとは泣いて電話をかけてくるのに、あなたは泣いていないので、相当時間がたっているとわかりました。いままでなにをしてたんですか」

とどやされた。それでやっと立ち上がる踏ん切りがついた。息子もお母さんの気がすむなら、ぼくはいいよ、といってくれた。彩子さんは、審査会で、つぎのように陳述した。

《私はお金が欲しいのではありません。過労死でなければ、子煩悩で愛妻家だった夫が、私たちを残して逝くはずがありません。仕事のために亡くなった夫と子供たちの将来のために、彼の名誉を取り戻したいだけなのです。

自分のふるさとや職場のために力いっぱい働いて、仕事に押しつぶされて亡くなったのに、本人が証言できないのをよいことに、狭い町の中、自分の生活を守るためとはいえ、ともに苦労してきたはずの人たちでさえ、主人のために証言したがらないばかりか、身に覚えのない中傷を流され、家族を冒瀆されました。父親の突然の死にショックを受け、泣くこともできず物も言えなくなった息子の態度に対してまで、冷静過ぎて愛情がないなどとうわさを流す始末です。真実が力によって変えられてしまう、こんなことが許されてよいのでしょうか。どうか家族から幸せを奪った過労死を闇に葬ることのないようにお願いします。》

いま、彩子さんはこういう。

「認められたからよかったけど、もしも認められなかったなら、ここに住んでいられない状態になると思っていました。それも覚悟してました。自分としては、過労死しか原因は考えられないんです。主人がなぜ死ななければならなかったか。それしか頭にありませんでしたから」

随源院の居間の壁一面に、さまざまな写真がパネルになって掲げられている。亡くなった先代の住職やその妻、彩子さんの両親、さらにその親の写真。夫婦で旅行したときやふたりの子どもとの家族写真などが、ところせましと飾られている。それがいまは亡き主人《あるじ》の家族思いと子煩悩を示している。

亡くなる二年ほど前、彩子さんが保育所の仕事に行き詰まって、泰賢さんにやめたい、と愚痴ったことがあった。と、泰賢さんは、トンネルを越えて、こっち側にくればもう仕事のことは考えるな、トンネルのむこう側にいったときから仕事のことを考えはじめればいいんだ、とアドバイスしてくれた。彼女の職場はトンネルのむこうにあったのだ。それでなんとか切り抜けることができた。

だから、そのように沈着な泰賢さんが、どうして仕事に追いつめられ、家族を置いて自殺してしまったのか、彩子さんにはどうしても理解できない。

世間ばかりか職場のひとたちでさえ、家族の問題で死んだんだ、とささやいている。仕事で亡くなったとは考えていない。だから真実をつたえたい、それが遺されたわたしの仕事だ、と彼女は考えるようになっていた。

自死を決行する前に、泰賢さんは原稿用紙二枚にわたる残務整理のメモを残していた。役所のことを思ってのことだった。が、それが仇になって、「公務災害」の認定を却下された。支払う側、というよりは支払わない側の理屈とは、つぎのようなものだった。

《本人の遺書を見ると、仕事に関するメモを残すなど内容的にしっかりしたものであることから、追い詰められて精神錯乱状態になり衝動的に自殺したものとは考えられず、むしろ自殺しようという意志をもって自殺したものと考えられる》

これが「却下」の論理である。ああいえばこういう、とにかく、保険金を支払わないようにするだけだ。これにたいして、精神鑑定医である、佐倉志保子医師の「意見書」にはこう書かれている。

《一　まず、結論的に述べれば、鈴木泰賢氏は、死亡直前の時期、公務に起因して疲弊鬱病に罹患しており、右疲弊鬱病の症状としての自責感、自己処罰行動の表れとして、縊死・自殺を遂げたものと推認されます。

二　疲弊鬱病とは、広義では反応性鬱病に含まれ、極度の過労などに基づく身体的、精神的疲労による鬱病です》

《なお、遺書が比較的しっかりした内容であることは、以上の判断と矛盾しません。

疲弊鬱病の症状により自殺を決意した場合、その決心をすることにより、本人はすっきりスカッとしたような印象を第三者に与えます。症状が回復したかのような印象すら与え、そこで自殺を決行してしまう、ということが往々にして起こります。

鬱病患者が、一旦自殺を決意すると、その自殺という目的に向かい、強固な意志を持って自殺を遂行しようとします。ですから自殺の方法としては確実に死ねる方法を選びますし、自殺という目的に向かっている範囲内では、むしろ合理的に思考、行動をしており、そのため、書かれる遺書などもしっかりした内容となるのです。しかし、あくまで鬱病の症状としての自殺念慮の結果として自殺を決意した上での行動である以上、その思考、行動は決して健全、健康なものではないのです。こうした鬱病の症状の実態を見誤ってはなりません。

以上のとおり、鈴木泰賢氏の自殺は、疲弊性鬱病の症状としての自殺念慮の結果であり、職務に起因するものであると考えます》

黒船祭は、下田市最大の祭りである。このとき、市役所は完全な祭りを迎える態勢にシフトする。そのため、翌月に控えていたレスキュー'92の準備は中断されてしまった。作業は大幅に立ち遅れていた。「副委員長」の「要職」にあるはずの泰賢さんでさえ、黒船祭の仕事に忙殺されていたほどだから、内心焦りが強かったはずだ。

泰賢さんは「日本最初の世界大会だから、成功させなければ」と、友人たちに語っていた。市が英語のできるスタッフをつけないなどは、とんでもない無責任、というものである。語学も大きな精神的負担になっていた。大イベントの開催がせまっていたにもかかわらず、バックアップ態勢は脆弱にすぎた。

だからこそ、あいだにイベント屋をいれていた、というのが、市当局のいいかたである。彩子さんの「反論補充書」には、市の姿勢がつぎのように指摘されている。

《レスキュー世界大会に関する上層部の感覚は、立候補したにもかかわらず、極めて受け身で、放っておいても何とかなるとの認識であり（商工観光課長以上の上層部は、レスキュー世界大会は実行委員会方式であり、下田市は場所の提供と予算額の補助金の支払いをすれば良いとの認識であり、他人事に近い感覚であったが、現実的にはT社からいろいろな要求がきていたこと等の問題があった）責任感と孤立感は募る一方であった》

《黒船祭終了後、レスキュー世界大会に向けて準備が始まるも、黒船祭と異なり被災者と○○が中心となり、他の職員は夏期対策等と平行して準備を手助けしたため、商工観光課一丸となってとはほど遠い状態であった。

　実際にも、レスキュー世界大会が開催される直前の最も忙しい時期において、商工観光課の○○課長は五月二十五日から二十八日まで四日間出張しており、○○係長も五月三十、三十一日と出張を行っているのである。被災者は相談、援助を求める相手もない状態で業務を遂行していたのである》

　一方では、黒船が無事に去ったという解放感、が、その一方では、さらにまた新手の「黒船」の帆柱が水平線のむこうにみえていた。それでも市の幹部たちは、泰賢さんにまかせたきり、泰平の眠りについていた。

　鈴木泰賢さんの肉体的、精神的状況はどん底だった。しばしば職場で倒れた。それでも、みんな無関心だった。泰賢さんを殺した敵とは、この、ひとびとの無関心だった。市の職員でもある彩子さんは、孤立を恐れずひとりで起《た》ち上がり、ようやく夫の恨みを晴らしたのだった。

「夫を家族のもとに取り返したい」 サンコー岡谷工場

飯島盛《もり》さん（当時三十歳）が、自宅の車庫で縊死を遂げて（一九八五年一月十一日）から、もう十四年がすぎていた。

専業主婦だった千恵子さんは、個人医院に勤めながら看護学校へかよい、「准看護婦」の資格を取得して、ふたりの子どもを育ててきた。当時、三歳と一歳だった長男と長女は、ついにこの春（九九年）、大学受験と高校受験を迎えるまでになった。

夫の自殺を、業務上によるもの、と認定しなかった大町労働基準監督署（長野県）の決定について、その取り消しをもとめていた訴えにたいして、三月十二日、長野地方裁判所で判決がだされる。飯田市の市営住宅で、千恵子さんは、雪解けとともに訪れようとしている、この十四年にわたる永い女のたたかいの結果をまっている。

千恵子さんが盛さんと結婚したのは、たがいに二十三歳のときだった。彼女が一日だけ早生まれで、ふたりは、岡谷市に本社があった（現在は塩尻市）「サンコー」で知りあった。

同期入社で、彼女は経理部、工業高校出の彼はプレス部門に配属された。

盛さんは、明るい性格でカラオケがうまく、釣りや山菜採りを得意としていて、職場ではいつも話の輪の中心にいるような人物だった。ふたりの職場は工場と事務所とべつべつになっていたので、顔をあわす機会はなかったが、あるひとの紹介でデートするようになり、まもなく結婚へとむかっていった。

千恵子さんは、高校を卒業するとき、名古屋の会社に就職がきまっていた。ところが、サンコーに勤めていた親戚のMさんと、総務部の女子社員とが結婚することになった。それを機に退職する女子社員のいわば穴埋めとして、Mさんの紹介によって、千恵子さんが採用されたのだった。

Mさんはプレス職場の係長だった。猛烈社員の多い、いわゆる団塊の世代の典型のような努力家で、中卒ながら製造部長にまで昇進する。プレス部門が新設された南安曇郡の堀金工場に移ってからは、その工場の中心人物となっていた。

しかも彼は盛さんの入社以来の上司であり、ふたりの仲人でもあった。上司、仲人、親戚。日本的な、地縁、血縁的な人間関係が、盛さんの過労自殺の伏線になる。

といって、盛さんはその人間関係に疲れたわけではなかった。いわばMさんの「子飼い」の部下として、上司との関係が濃密にすぎたために、ほかの社員のように逃げだすわけにはいかなかったのだ。

五年ほどサンコーに勤めたあと退職したAさんは、当時のプレス部門の仕事ぶりについて、大町労基署の係官にたいして、つぎのように陳述している。

《残業は、私のような新人でも、入社の日に即残業をし、月七十時間から百二十時間もしたこともあり、時には徹夜になることもありました。また一昼夜と六時間の三十時間ぶっ通しで働いたこともありました。責任的立場にあった盛さんは私以上に残業したことは間違いありません。また私でも寝る時間がないくらいで、夜飲んだりのつき合いも余りできないほどでしたから、盛さんはもっと大変だったと思います》

《盛さんが亡くなる前は私が一目見ても大変疲れているようで、工場の中を下を向いて歩いていましたし、夕方になると特に疲れている様子でした。私と話をした時は、「たまには家に帰って飯を食べたい」「家でゆっくり寝たい」とか、「子供と遊びたい」「家族に会いたい」ということをいっていました》

サンコーの本社があった岡谷市の周辺は、諏訪湖に面した工業地帯である。かつてこのあたりは、繊維工場がひろく分布していて、そこへ納入する機械工場が多かった。その伝統を受けて精密機械産業が発達し、「東洋のスイス」とも自称している。いまはセイコーエプソン、オリンパス、三協精機など、コンピュータ、光学関連の企業が多い。

サンコーは、一九五〇年に田村鉄工所として設立された。精密プレス金型《かながた》や工具の製作、精密プレス加工などによって拡大してきた田村家の同族会社である。八三年、サンコーは堀金村に造成された工業団地の一郭に、自動化を中心にした大型精密プレス工場を開設した。

それまでのビデオディスクやプリンター部品の製造・組み立てから、さらにフロッピーディスクの部品製造、ユニット組み立てへと、ハイテク時代に対応するシフトを敷いた。八四年には株式の店頭公開をはたし、現在は二部上場を目標にしている。

千恵子さんによれば、二十五年前、彼女が入社したとき、従業員は二百人ほどで、この地域ではそこそこの中小企業にすぎなかった。ところがいまは七百五十人ほどまでに急成長、プレス業界での大手企業となった。

といっても、その成長は、信じがたいほどの過重労働によって切り拓かれたものだった。Aさんとおなじように退職したBさんは、つぎのように陳述している。

《盛さんが働いていたころ、確かにプレス係の人達は、毎日のように量産に追われ、朝から夜まで機械が止まっている時がないくらいで、朝八時十五分から深夜一時あるいは二時ごろまで量産、次の日は夕方の四時ごろから深夜までというものすごい過密な作業に追われていたことは間違いないはずです。私の金型製造の部署でも、一ヵ月平均四十から六十時間残業をやるようにという指示が上司から出ているくらいでした。

盛さんが亡くなった後、会社より二時間以上残業をしないようにとの指示が出されました。

プレス課が大変だと思うのは、騒音がすごいことです。私が金型からプレスに行くとすごい音で声が聞こえなくなります。プレスの人は皆耳栓をしていました。

このようなところで、盛さんのように毎日遅くまで作業をすれば、誰でも体調をくずし、

ノイローゼになったりすると思います》

やはり退職したCさんは、盛さんの死の直前の様子について、こう語っている。

《終盤のころは盛さんも疲れている様子で、朝から目が赤く、涙目になっていました。話しかけても上の空で、人の顔は見るけれども、返事をしないでそのまま立ち去るということが何度もありました。それで私は盛さんは疲れているなと感じました。いろいろいっぱいですから、考えることが多過ぎたと思います。機械の数だけ製品をつくっているわけですし、それに試作もあったりすれば頭の中がごちゃごちゃだったと思います。

昼休みは、プレス機械の間のイスに座って足を高く上げ、帽子で顔を隠して腕組みをして寝ていましたが熟睡はしていませんでした。

何日かははっきりと思い出せませんが、年が改まった、たぶん盛さんの亡くなる三日位前だったと思いますが、昼間、誰かが「盛さんがトイレで吐いてるぞ」というので、私が行くと盛さんはまだトイレの流しのところで気分悪そうにしていました》

いま三十代なかばのDさんは、こういう。彼は三年目に退社している。

《飯島さんが亡くなった時、皆で『会社が殺したのも同然だ』と話していました。

盛さんのように毎日遅くまで作業をすれば、誰でもおかしくなると思います。盛さんの責任感と仕事量、職場の雰囲気が自殺に追い込んだのだと思います。

私が、サンコーを退職した理由ですが、毎日、夜遅くまで残業をし、帰宅すると家では寝るだけで、自分の時間がほとんどもてず、この先いつまでこんな生活を続けていくのかと思うといやになったからです。また、上司や先輩は自分以上に遅くまで働いており、その姿がそのままこの先この職場に自分がいた場合の自分の姿に思えました。給料も、残業をして時間外手当を含めなければ将来家庭をもってもやっていけないのではないかとの不安もありました。

現在は転職して本当に良かったと思っています》

これらは、会社に批判的なひとたちの意見ばかりを集めたわけではない。労基署での元従業員の証言の一部だが、このような過酷な労働環境についての証言があってもなお、労基署は盛さんの自殺を業務上に起因するものとは認めなかった。著しく正義を欠く決定というしかない。

千恵子さんの訴訟代理人である松村文夫弁護士によれば、はじめのころ、労基署は労災認定にたいして前向きだった、という。めったに労災認定をしない労基署にあって、ここの署長はつねづね「(労災とは認めない) 基準がないといけない」と語っていたほどで、飯島さんのケースについて、「業務外」と決定するための理由が見当たらなかったようだ。

しかし、この好意的だった署長が、突然、交代させられてしまう。通常、署長は二年の任期なのに、異例にも一年で転勤させられたのだった。

「たぶん、労働省の上部が『業務外』を押しつけたんでしょう」

とは松村弁護士の推測である。

あとで詳しく述べることになるが、署長が交代させられた大町労基署は、みずから依頼した精神科医の鑑定が、労災の対象となる「心因性うつ病」との結論になったのをみて、こんどはべつの精神科医に依頼して、心因性うつ病を否定させている。一対一の結論になったので、こんどはダメ押しとばかり、さらにまたべつの精神科医に鑑定を依頼した。それもまた「心因性うつ病」と判断されたのだが、それでも強引に「業務外」で押し切っている。はじめから労災と認めたくなかっただけ、としか考えられない決定だった。

千恵子さんは、行政訴訟を起こすことに手を束《つか》ねていた。夫の死が自殺だったからである。ようやく「過労死110番」の存在を知って駆けこんだときは、時効すれすれの二ヵ月前、夫の死からすでに四年十ヵ月がたっていた。

最初に労災申請してから、決定が下されるまでに要した期間は、五年二ヵ月に及んだ。それも「業務外」という結論だった。県の保険審査官へ審査請求して、五ヵ月後に棄却。さらに中央の労働保険審査会に再審査の請求をだして、裁決まで三年一ヵ月。これまた請求棄却だった。この間に費やされた時間は、じつに八年八ヵ月に達した。

堀金工場には、ちかくの若ものたちが、入れ代わりたち代わり入社しては、退社していった。研修期間も与えられていない新人たちを、自分の仕事をしながら教育するのが盛さんの任務だった。新人に与えてもできない仕事や不良品発生の後始末もまた、彼がやっていた。

プレスは、大ざっぱにいえば、鉄板を型のうえに置いて打ち抜く作業である。門型の三百トンプレスなどで、大きな鉄板を打ち抜く第一次加工から、ロボットを並べて、自動的に精密部品を生産していくものまである。それらの型のサイズをだすのが、金型である。

試作品をつくるために、もっとも重要なのがこの金型である。まず金型をつくってから、試作に取りかかる。つぎに部品の試作品を量産するのを「量産試作」という。盛さんが自殺に追い込まれたのは、この量産試作が集中して押し寄せていた時期だった。何万個もの部品を本格生産するには、寸法が狂わないように金型を調整しなければならない。一ミリの百分の一の精度が要求される。金型をウエス（ボロ布）で拭くと、ホコリやカスがつくために誤差がでる。だから「手で拭け」といわれるほどだった。

そのころ、サンコーではビデオデッキの生産が主力で、モデルチェンジが頻繁だった。すると、金型を据え替えるための「段取り」が忙しくなる。納期も厳しい。納期に間にあわないと、受注先が生産にはいれないからだ。寸法に狂いを発生させず、しかも納期は守らなければいけない。監督責任者の神経は消耗する。

しかもプレスする騒音や振動、それにエアーハンマーの鈍くて重い音が加わる。体育館のような広大な工場であっても、耳栓ぐらいで防げるような騒音ではない。

盛さんの亡くなる一ヵ月前、Eさんは、岡谷工場でつくった金型をクルマに積んで、堀金工場へ出向いた。盛さんに、「試《し》打《う》ちをするから機械をあけておいてくれ」と声をかけてあった。盛さんは後輩だった。

堀金工場に着いてみると、盛さんの様子がすこしおかしかった。工具や冶具のあつかいが乱雑だった。金型は丁寧にあつかわなければ、微妙な誤差を発生させるのだが、どこか投げやりだった。盛さんの岡谷時代の仕事ぶりを知っているだけに、Eさんは不思議な気持にさせられた。「気持が荒れているんだな」と感じたのだが、いま思えば、そのころからうつ病になっていたようなのだ。

田島清二さんは、盛さんよりひとつ歳下だった。それでも中卒で入社していたから、社員としては先輩格である。堀金工場が完成する前に、彼は退社して自分でプレス工場をはじめていた。そんな田島さんと盛さんは、しばらくぶりに再会する。盛さんが死亡する一ヵ月前の日曜日だった。

家族連れで近所のスーパーへ買い物にいくと、めずらしく飯島さん一家もやってきた。それでその夜、ひさしぶりに酒を酌み交わす約束をして、スナックで落ち合った。たがいに、昔の思い出話に興じていたのだが、盛さんは突然、「おれは疲れたよ」とため息をついた。

「どうしたんだよ」

水をむけると、

「辞めてえよ」

といったきり、コップに額《ひたい》を押しつけるようにして、黙ってしまった。辞めたい、といいながらも、上司や会社の悪口をいうわけではない。それからはなにを聞いても、盛さんは「うーん」と生返事をするだけだった。

田島さんは、いま、こういう。

「堀金工場の土台をつくったのは、盛だからね。社長は、『死ぬ気でがんばれ』などと檄をとばしていた。でも、おれはいい加減だから、『ふざけんじゃない』と思って辞めたけど、盛はその檄に忠実にがんばったんだ」

そのころ、盛さんは班長に昇格していた。仲人のMさんの後押しがあったのだが、班長になると残業手当がつかなくなるので、本人は嫌がっていた。それまでは、サービス残業として削られていたにしても、基本給が十七万五千円だったのにたいして、残業代が十一万円ほどにもなっていた。

そのほかに、千恵子さんの「内職代」という名目で、毎月六万円以上が振り込まれた。この実際には内職などしていない妻の名義で、残業代の一部を支払うやり方は、彼にだけ適用された方便ではなかった。

労組との協定（三六協定）では、三ヵ月間で二百四十時間の残業まで認められていた。それより多いときには「妻の内職」に切り換えられ、その一部が支給されていたのだが、その枠を越えて切り捨てられた残業時間は、計算できない。

会社を辞めたい、といいだしたのは、田島さんと会うよりもはやい時期からのことだった。景気は順調だったので、就職先はいくらでもあった。まして、彼はプレス作業全般ができるベテランだった。

松本市の職安に顔をだしてみたこともあった。叔父の伊藤勲さんとふたりで仕事をはじめようか、などと本気で考えていた。叔父もサンコーの下請けでプレスの仕事をしていた。

「仕事が終わって家に帰るとき、叔父さんの家の前を通るんだけど、いつも電気が消えているから顔もだせない」

と、千恵子さんに弁解したりした。

そのころ、三歳だった長男が、「お父さん、会社に泊まりにいくの？」というほどの勤務状態だった。七夕のときには、千恵子さんは「お父さんがはやく家に帰ってきますように」「お父さんの残業がすくなくなりますように」などと、子どもの気持を代弁して短冊に書いた。

夫婦でプレス工場をやろうか、と話しあったこともある。盛さんの実家にはまだひろい土地があった。そうはいうものの、千恵子さんの親戚であって、仲人までやってくれたMさんが、盛さんを当てにしていることを考えると、辞めるわけにはいかなかった。

「中卒から夜間高校に通って、ガムシャラにやってきた。ただひたすら、昼も夜もとにかくはたらく。そんな労働観のひとです」というのが、Mさんにたいする千恵子さんの論評である。そういいながらも、親戚であるだけにどこかためらう表情をみせた。

それでも、夫に死なれて、千恵子さんは労災申請に踏み切った。支援の運動がはじまるようになった。集会の席上で、主任弁護士の林豊太郎さんが脳内出血で倒れて急死（九二年十月）したあと、それまで口を閉《とざ》していたMさんも、弁護団に協力的になった。証人として実際のところを証言するようになったのだ。

以下は松村弁護士にたいするMさんの陳述である。

《私は、昭和五十八年操業以来、株式会社サンコー堀金工場の製造部長をしていました。準備段階にいた工場長が退職してしまい、その後任のI工場長は、岡谷工場長と兼務で、しかも、営業畑出身のために、準備段階から操業開始後も、私が責任者という立場にありました。そのために、私は使命感に燃えていました。

堀金工場は、岡谷工場のプレス部門を移転させたものです。その理由は、機械を大型化し、ベルトコンベアなど付帯設備のスペースがなくなったこともありますが、騒音・振動がひどく付近の住宅から苦情が集中し、特に夜間の操業がしにくくなったことによります。ですから堀金工場は、岡谷工場に比べても、機械が大型化したために、騒音はすごいものです。しかしながら堀金工場は、工場団地内にあるために、付近からの苦情はありません。

堀金工場はプレス専門でありながら、プレス部門の役職者がいないために、私が兼務したものの、飯島君が、役職者でないものの、係長的責任を負っていました。

飯島君は、奥さんが私の親戚になり、仲人にもなった関係にあること、また、私と同じ岡谷工場から移ったこともあり、さらに、性格が良く、頼んでもイヤな顔を一つもせず、責任感も強いことから、ついつい飯島君を頼りにしていました。

飯島君と同格にK君がおりましたが、子供さんが病気にかかって休んだこともあり、また、松本工場から移ったこともあり、つい飯島君に頼みがちになりました。

ですから、堀金工場に移るにあたっては、どんな機種、新しいコンピュータ機にもすぐ対応できるように、飯島君に特別に研修をしてきてもらいました》

機械を据えつけ、運転を調整する。工場を起《た》ち上げるのは大事業なのだが、肝心の労働者は、岡谷、松本工場からの寄せ集め集団である。それでいて、全社をあげての業績アップが至上命題だった。仕事量がふえた。それでも、それをやりきるのがMさんの任務であり、その片腕が盛さんだった。

午前八時十五分から午後五時五分までの通常勤務のほかに、午後四時から午前零時三十分までの「後番」、この二交替制度がはじめられた。後番に人手がたりなければ、朝出勤したものがそのままはたらきつづける。盛さんが深夜まで残って、後番にいる新米たちの面倒をみざるをえなくなった。機械の修理や金型の寸法だしができるのは、彼をふくめて二、三人しかいなかった。

当時の盛さんの仕事ぶりについて、Mさんはつぎのように語っている。

《当時私は、単身赴任しており、休日以外は、朝起きて夜寝るまでほとんどの時間を工場で過し、それ以外に余暇を楽しむ余裕がありませんでした。

連日残業が、しかも深夜にわたるまでありました。私は、借りていたアパートに寝に帰るだけでした。私のように単身赴任者はそれでも良かったでしょうが、盛君のように家庭のある者はたまらなかったと今では思います。

私もはりきって仕事をしていましたが、連日の長時間でしかも追い回される仕事のために、いささか疲れていたことは確かです。

おそらく盛君も若かったとは言え疲れていたと思います。しかし、仕事はこなさなければならず、盛君を励ましながら、頑張っていたわけです。

盛君は、私に対して、不平不満を述べたり、あるいは、弱音をもらしたりしたことはありません。おそらく、私には言いにくかったのかもしれません。

昭和六十年一月には、量産試作が集中していました。これほど集中したことはありませんでした。F七六〇というのは、シャープのコピー機の紙送り装置です。これだけ多くの工程と種類の部品が一つでも欠けると組み立てができなくなりますので、納期も迫っており、大変でした。

通常の生産（量産）もつまっているうえに量産試作が集中しましたので、これをこなすのは大変でした。

そこで岡谷工場などに人員を派遣してくれるよう要請し、一部送ってもらいましたが、十分ではなく、結局は堀金工場内でこなさなければなりませんでした。

F七六〇の部品も遅れがちで、一部の金型の製作を岡谷工場に依頼しなければなりませんでした。F七六〇は、一月十七日夕方には組立てして発送しなければなりません。十三日日曜日、十五日祭日となっており、休日も返上して間に合わせなければなりませんでした。

前日の夜十二時過ぎ（十一日早朝）まで二人で働き、打ち合わせをして、見通しがつきそ

うなので励ましあって別れました》

盛さんが自殺を決行したのは、その「励ましあって別れ」たすぐあと、朝六時ごろだった。

報せを聞いて駆けつけてきたMさんは、千恵子さんにむかって、「もうおれはこんな会社にいたくない」と嘆いた。やがて工場長に出世する、と自他ともに認めていたのだが、それから三年ほどして退社した。いまは、自分でちいさな工場を経営している。電話口にでた彼は、弱々しい口調でこう答えた。

「わたし自身、非常にせつない思いをしたんです。マスコミにはいろいろ書かれるし、テレビカメラがドカドカわたしの工場にまではいってきました。だから、わたしはいったんです。『第二の犠牲者がでるぞ、やめてくれ』って。あの事件以来、心労がひどいんです。どうか取材は勘弁してください、お願いします」

盛さんが亡くなる一ヵ月ほど前、岡谷工場から堀金工場へ応援にいったある人物の提案で、同期入社のなん人かで、盛さんを励ます会をひらいたことがあった。盛さんがはたらきすぎで顔色が悪く、精神的にもかなりまいっているようなので、友人たちが心配してのことだった。穂高温泉峡にある「かにパーク」が会場だった。

父親の荘治さん（当時六十一歳）は激励してくれる友人たちにお礼をいうつもりででかけていった。が、肝心の盛さんは残業から脱けだせず、かなり遅れてやってきた。荘治さんははらはらして待っていた。荘治さんは昭和電工の大町工場に、三十九年も勤めていた経験があるので、すこしくらいの残業や労働強化に驚くようなことはない。といっても、サンコーの場合は度が過ぎていた。

その年も押し詰まったころ、同居している息子の帰りがいつもあまりにも遅いので、荘治さんが怒りだして、妻の恵美子さんといっしょに大町労基署へ乗り込んだことがあった。ところが、いざ労基署に到着してみると、恵美子さんが「Mさんに迷惑がかかるから」とさかんにいいだした。

不審そうな表情をみせた係官に、「うるさくてねむれない、どこかでいい耳栓を売ってないか」と荘治さんは話題を替え、業者を紹介してもらった。ほしくもない耳栓を買って、すごすごと自宅に帰ってきた。恵美子さんはやがてガンで他界するのだが、「あのとき、訴えていればよかった」と死の間際まで悔やんでいたという。

盛さんが遺体で発見されたとき、荘治さんは、会社から駆けつけてきたMさんの胸倉をつかんで、「この姿をみろ、おまえのせいだ」と殴りかかった。そのあと、彼は救急車ではこばれた盛さんを追って病院までいったのだが、待合室で出会ったMさんを、こんどは本当に殴りつけた。

たしかに監督責任者とはいえ、Mさんが人員確保の権限をもっていたわけではない。増員や応援を本社に要請していたのだが、十分なものではなかった、とMさんは弁明している。文字どおり寝食を忘れるようにして会社のためにはたらきながらも、結局は会社を去ることになったのだから、彼もまた犠牲者のひとり、といえるかもしれない。

亡くなる前の日の朝（一月十日）、千恵子さんは寝坊した。起きだしたときには七時になっていた。目覚まし時計をかけていたのだが、無意識のうちに止めていたようだった。半纏《はんてん》を羽織った盛さんが、炬燵《こたつ》に足をつっこんで新聞をひろげていた。がっくり肩を落とした姿が、やけにちいさくみえた。

「ああ、ごめん、ごめん。すぐご飯の仕度するね」

千恵子さんがあわてて声をかけると、盛さんが、

「いいから、とにかく座れよ」

というので、素直にその横に座った。

ふっと新聞に目をやると、「急に『会社がつらい』」という新聞の見出しが目に飛び込んできた。『読売新聞』の連載記事で、「しあわせ仮面」。東京・港区の日ノ出埠頭から、乗用車で東京湾に飛び込んだ、四十四歳になる化粧品会社の営業部長とその妻の話だった。まだこのころは「過労自殺」の言葉はない。

盛さんはいかにも疲れきった様子だった。千恵子さんは、

「お父さん、こんなふうにならんでよ」と、わざと明るくいった。「とにかく、いまお父さんは疲れているんだから。わたしが会社に電話してあげる」。

前に一度、仮病をつかって休んだことがあった。彼女はそれを思いだしていた。千恵子さ

んにしてみれば、元気をとりもどせるものなら一週間でも十日でも休んでほしかった。そういうと、盛さんは「三年間はどうしてもやめられないな」と、くぐもった声で反応した。そのうち、子どもたちが起きだしてきた。千恵子さんは朝食の用意をした。盛さんは、それに箸をつけることなく、味付けのりを一枚だけ口にくわえ、這うがごとき風情ででかけていった。

千恵子さんは、その日は一日じゅう心配だった。昼休みに会社へいって、ちょっと顔でもみてこようかしら、などと考えたりしたが、子どもがはいる保育所の入所説明会があったりして、結局いけずじまいに終わった。元気をつけさせるために、明日は好物の弁当でもつくってあげよう、と盛さんの疲れた表情を想い起こしながら、買い物をすませた。

その日、盛さんが帰ってきたのは、深夜の二時十五分すぎだった。いつもならその時間になれば、彼女は子どもといっしょに眠っているのだが、朝のこともあったので、心配して起きていた。

「仕事に目鼻がついたよ」と盛さんは明るい表情になっていた。「ああ、元にもどったんだ」と彼女は、ホッとした。眠りに落ちていく途中で、隣りに寝ている盛さんが、ため息をついたり、なにかもぞもぞやっているのが感じられた。

それより四、五日前のことだったが、夜中に寝室の唐紙が、ガタ、ガタとまるで地震のように音をたてて揺れたことがあった。驚いてとび起きた千恵子さんが、「お父さんどうしたの」と声をかけた。盛さんは、「いやな夢を見たんだよ、機械が割れるような」と答えた。彼が唐紙を蹴ったか揺《ゆす》ったかしたようだった。とにかく凄い音だった。目を覚ました盛さんは、気分が悪そうだった。

そのあと、盛さんがめずらしくはやく帰ってきたことがあった。夜十時ごろだった。

「どうしたの」

不審に思った千恵子さんがたずねた。盛さんは、前年の秋ごろから「頭が痛い」「胃が痛い」と体調不良を訴えていたからだった。

「夜食にラーメン食べたら吐いたんだ。いやになっちゃったから、帰ってきた」

浮かぬ表情だった。

試作品がうまくあがらない、とよくこぼしていた。年末には、「この分では正月も小正月も休めないかもしれない」とため息をついていた。暮れの三十一日も午前中だけだったが、内職の部品を手配するため会社にでかけていった。子どもをつれて実家へ帰っているあいだ、妻に内職をやらせたい、という社員がいて、その家へ部品を届けたのだ。

正月三箇日は千恵子さんの実家にいくのが恒例である。盛さんは億劫《おっくう》そうにしていた。いかにも具合が悪そうだったので、千恵子さんは「お父さん、休んでいたほうがいいよ」と声をかけて、彼女と子どもだけででかけた。

四日の夕方、千恵子さんが飯田市の実家から、南安曇郡穂高町の自宅に帰ってきた。別棟に住んでいる盛さんの両親と食卓についていると、工場にいる盛さんから電話がかかってきた。家族が帰っているのをたしかめると、彼は残業を切り上げてきた。正月をひとりでゆっくり過ごしたせいか、元気そうになっていた。

翌日、松本市の病院に入院している彼の姉の見舞いに無理矢理つれていった。彼はでかけるのをいやがって、機嫌が悪かった。いまから思えば、外にでることにとても消極的になっていたのだった。

一月十一日の朝、千恵子さんが目を覚ますと、隣に寝ているはずの盛さんの姿がなかった。あれっ、おかしいな。「お父さん」と声にだして家のなかをぐるっとひとまわりしてみたが、返事はなかった。

前の夜は二時すぎの帰宅だった。それでも、仕事の見通しがついたといって、元気そうになっていた。以前にも朝食前に、ちかくにあるサンコーの外注先へ、部品を届けにいっていたことがあった。それで、千恵子さんは、今日もそうかな、と考えていた。

七時半になっても帰ってこなかった。そのまま会社へいったのかもしれない。会社に電話をかけた。

「主人、そっちへいってます？」

電話口にでた人事課の社員の返事は、意外なものだった。

「クルマはまだないよ」

それでも、この際だから、と上司のMさんを呼んでもらった。Mさんとは親戚だから、ついでにちょっと相談してみよう。まださほど深刻な気持ではなかった。

「このごろ、お父さん、疲れているみたいなんですけど」

と話しはじめたとたん、庭側のガラス戸のサッシを激しくたたく音がした。振り返ってみると義父のひきつった顔があった。

「盛が首を吊っている」

部屋から飛びだした。庭に建てられてある、耕耘機や田植え機などをいれた車庫の鉄骨の梁から、夫がぶら下がっていた。ロープの白さが、いまでも目に焼きついている。クルマのトランクに、去年の稲刈りのころからいれられてあったロープだった。会社からもってきた、と盛さんがいっていたのだが、なぜ積んでいるのかは聞いてみたことがなかった。

「一月十一日、午前三時ごろ、突然、交換台に切羽詰ったような声で、『もう駄目だ』『助けてくれ』との電話がはいりました。わたしは、一瞬、誰かが事故を起こしたものと思い、『どなたですか』とたずねたら、電話は切れてしまいました。

そのため、そのときには、電話をかけたひとが誰かということは、すぐにはわかりませんでした。まわりの物音からして、公衆電話だと思います」

サンコー岡谷工場で警備員をしていたFさんが、林豊太郎弁護士に語った証言である。その日の朝、「自殺した」と聞いて、あの電話は盛さんだった、と直感した、という。残業しているときなど、ときどき盛さんが警備室に顔をだしていたので、声には聞き覚えがあった。

厚生年金の遺族年金は、自殺の場合でもはいることを知らなかった。千恵子さんは初七日がすぎてから、すぐはたらきはじめた。子どもをふたり抱えていたし、住宅ローンもあった。工場のパートではたらきはじめたのだが、手に職をつけなければやっていけない、と強く考えるようになった。トイレ掃除をしていると、顔を覗かれたりした。若い掃除婦などめずらしいからだ。

実家のある飯田市に帰って、看護学校に入学した。若い娘たちは、病院に住み込んだりしながら通ってきていた。が、三十歳すぎの子持ちではそうもいかない。パートしながらの通学だった。六歳上の女性もいて、励まされた。

そんな生活をつづけて二年目。いまも勤めている泌尿器科の医院が開業することになり、看護婦を募集しているのを、学校から紹介された。同僚の看護婦とお昼をいっしょに食べてから学校へいき、五時ちょっと前、病院へ帰ってくる。診療のあと片づけ、洗い物や掃除をする。医院をでるのは六時半ごろ、それから家事が待っている。

子どもたちの面倒は、彼女の母親がみてくれた。看護学校の勉強は、深夜の一時、二時までかかった。途中で二年ほど、福祉施設ではたらいたりして、また医院にもどった。「職場がよかった。院長の理解もあったし、まわりのひとに恵まれまして」というのは、けっしてお世辞ではないようだ。

看護婦が三人、事務員がひとりの医院である。先輩看護婦の鳴海和子さんは、こういう。

「ここで飯島さんがはたらきはじめたのは、彼女がまだ看護学校の生徒のときでした。そのころは、旦那さんがなぜ亡くなったのかは聞いていません。女手ひとつで、子どもふたりを育てなければならないのだから、学校にはいって手に職をつけたいんだろうな、とは思っていました。それから三、四年してからですね、『お父さんは自殺したの』と打ち明けられたのは。『過労死110番というのがあって、このままではお父さんは浮かばれないんで、相談しました』といったのです。『そうだったの、じゃ、わたしもできる範囲で協力させてもらうわ』となりました」

院長も看護婦も協力した。鳴海さんの高校生の娘まで、街頭に立って署名運動に加わった。千恵子さんが大町労基署にいくときは、休みを配慮するとか、職場の休憩室に子どもを寝かせるとか、院長夫人が外へ遊びにつれていくとか、職場ぐるみの協力態勢だった。

千恵子さんは、「姫だるま」と仇名されていた。ころころしていて、体重が六十二キロほど。小柄だから、後ろからみるとダルマのようだった。

ところが、労災申請のため、岡谷市内にある弁護士事務所へ打ち合わせに通うようになると、みるみる痩せはじめた。書類をつくったり、元同僚の聞き書きをつくったり。飯田市と岡谷市、工場のある堀金村をクルマで走りまわるので、睡眠時間はどんどん減っていった。五時十五分に病院がひけると、軽自動車で保育所へ子どもを迎えにいき、それから弁護士事務所にむけて走りだす。子ども用の毛布を、いつもクルマに積んでいた。打ち合わせが十一時すぎまでかかることもある。十五キロも痩せて、まるで別人のように変わってしまった。患者に注射を打ったりしていると、「あの太った看護婦さんはやめたんかい」と聞かれたりする。千恵子さんは笑いをこらえながら、こう答える。

「あのひとは出産して、いまはお乳をやりに家に帰っています」

千恵子さんの労災申請は、すでに述べたように、大町労基署で「業務外」と決定されたあと、審査請求、再審査請求ともに棄却された。三連敗だった。それでも、彼女はがっかりした表情をみせていない。

といっても、九八年十月、労働審査会での再審査請求が棄却とされたときは、さすがに鳴海さんに「疲れた」とひとこと漏らした。鳴海さんが「カンパしよう」といっても、笑顔で断る。その芯の強さが、この十四年のたたかいをささえてきた。

それにしても労働省の冷酷ぶりは筆舌に尽くしがたい。松村文夫弁護士は憤然という。

「九二年の段階で、労働省が依頼した精神科医の意見書が『業務上』になっている、というのが労基署との交渉でわかっていました。もうひとつ意見書を取る、といってましたが、それが『業務外』の意見だった。そのあとの三つ目の意見書が『業務上』なんです。それなのに、決定は業務外にされた。労基署は自分で依頼した専門医の二対一という結果をなぜ無視するのか。いったい、なんのための意見書なのか、わかりません」

「業務外」にした精神科医の意見で驚かされるのは、彼女の旧姓の「松嶋」の「シマ」が「嶋」で、夫の飯島が「島」であることに、屁理屈をつけていることだった。「嶋」のほうが

「島」よりも格式が高い。だから、夫は妻に窮屈だった。それが、夫の自殺に関係がある。こんな代物の意見書に依拠した労働省の「決定書」は、夫婦仲を問題にしていて、「業務以外の要因である私的事情」が自殺の原因である、とする強弁だった。

しかし、「業務上」とした精神科医の「意見書」には、こう書かれてあったのだ。

《交感神経緊張の強いストレスのもとで、多彩な自律神経症状が初期の段階から出現し、慢性化している。食欲不振、吐き気、睡眠障害、多夢（職場の夢のように現実感の強いものが、過労時の夢の特徴である）、疲労感、倦怠感、日中の眠気などである。妻が、最近身体が冷たかったというのも、血液の循環がわるくなった自律神経症状である。このような自律神経症状は、怪我をしたときの痛みと違って、激烈ではない。しかし、慢性化、重層化することによって、耐えがたいものになる。頑張る気力、「何とかふんばろう」などの気力を著しくなえさせるものである。

本人は正月休みに、自覚症状は一時軽減したかに見えたが、それは、表面的なものであって、休み明けの負担で途端に、食欲不振など自律神経症状が発現し、睡眠障害もひどく、そのような心身の機能が低下した状態、ここに鬱気分、悲観的思考、絶望感などが支配し、それを否定するだけの気力もなく、発作的に自殺の道を受け入れたのである》

九九年三月十二日に判決がだされることになっていた裁判は、労基署長の決定の取り消しをもとめる「行政訴訟」である。この種の裁判では、全国ではじめての判決だった。

子どもの成長期にかかっていたので、会社にたいする損害賠償請求の民事裁判は見送っていた。それで、「時効」の十年がすぎてしまった。それに、親戚の上司を追及しなければならないので、ためらいもあった。会社に責任があるかどうかはっきりさせなくとも、被災した労働者の遺族の生活をとにかく保障しよう、というのが労災保険の精神のはずである。本来なら労災認定されて当然の事例である。

千恵子さんには、「仕事によって夫が死んだ」ということをあきらかにさせないかぎり、夫を見殺しにしたままだ、という強い想いがあった。

「法廷の場で、夫を会社からわたしたち家族のもとに取り返したい」

それが、裁判にかけた願いだった。

九九年三月十二日、長野地裁がだした判決は、千恵子さんの訴えを全面的に認めるものとなった。《本件自殺は、結局、業務に内在ないし通常随伴する危険性が現実化したものとして業務との間に相当因果関係が肯認される》と、業務による死亡と認められたのである。

「結論」で、裁判官はこう書いている。

《原告に対し遺族補償給付を支給しないとした本件処分は、業務起因性の存否に関する判断を誤った違法があるから、取消しを免れない》

労働省側はこれについて反論もできず、三月二十六日に控訴を断念、判決は確定した。

第二部 「脱不況」の名のもとに

民営化の歪みをまともに受けて　ＮＴＴ札幌営業所

電電公社がＮＴＴに変わって、もう十四年になる。この間の利用者にたいするサービスの低下は眼をおおうばかりである。たとえば、「１０４」の電話案内の料金が、公衆電話の場合、無料から三十円、そして百円へと値上げされたのがその一例だが、それはかりではない。利用率が低いとの理由で、街角やいろいろな施設から公衆電話が撤去され、利用したいとき電話ボックスを探してウロウロすることが多くなった。

ほかにもある。わたしは、旅先から出版社へファクシミリ（ＦＡＸ）を送ることがよくあるのだが、ＮＴＴの営業所を利用した場合の料金は、ホテルから送るのとさほど変わらない。場合によってはホテルのほうがはるかに安かったりする。

さらに問題なのは、テレホンカードである。公衆電話へのイタズラのせいか、電話をかけたあと、度数が残っているのに使えないカードになってしまっていて、それを取り替えてもらおうにも、近くにあった営業所がなくなっているので、苦情をいうこともできない。それでどうにもならないカードが三枚も手許に残っている。

かつて、全国に千七百あった街の電話局は、いま九十支店になった、という。ついでにいえば、自宅のすぐそばにあった営業所もどこかへ統合され、その跡の電話ボックスも、気がつくといつのまにか撤去されている。

公衆電話が置かれている割合は、独立採算制の影響で地域の営業所によってバラバラのようだが、独居老人や身体障害者など、とりわけ電話が必需品のひとたちを思えば、その不便さが心配になる。これらは、ごく身近で、ささやかな例にすぎないが、通信は、交通とおなじように、あるいは交通などよりもはるかにひとびとの生活に密着した、重要な公共事業であるはずだ。

国鉄が分割・民営化によってJRとなり、職員が大量に解雇されたり、国労所属の運転士が慣れない売店での作業に追いやられるなど、労働者の差別事件が問題にされてきた。それにくらべて、電電公社の民営化にあたっては、解雇など社会的な問題として取り沙汰されるような事件はなかった。

ところが、さいきんになって、自殺者が大量に発生していることがあきらかになった。一九九八年十月一日の衆議院逓信委員会で、NTTの三浦惺《あきら》常務取締役・人事労働部長は、前年度に十七名の自殺者が発生し、このうち、単身赴任者二名がふくまれている、と証言した。その原因とみられているのが、分割・再編にむけての人員削減、異業種配転などの合理化である。

NTTの合理化は、配置転換にともなう単身赴任とパート化によってすすめられている。

単身赴任者は、九八年三月現在で五千九百人、社員全体の四パーセントに相当する。また、104のオペレータ九千人にたいして、転籍するか退職するかを迫り、番号案内そのものは九八年度末までにグループ会社に委託された。なん十年もオペレーターだった女性たちが、販売や営業部門にまわされ、慣れない仕事に悩まされている。

民営化当時、三十一万三千六百人だった社員は、早期退職勧奨などによって、九八年三月現在で十四万五千四百人に削減され、これまでに七万一千四百人ものひとたちが出向させられた。九九年七月からは、「改正NTT法」によって、NTTは長距離通信一社と地域通信二社に分割され、「持株会社」によってコントロールされる。これからさらに大幅なリストラがすすめられそうだ。

九七年のNTT本体での自殺者十七人について、NTT広報部では、「弊社だけが突出して多いという認識はありません。世間一般の発生率より低いと受けとめています」という。グループ会社での自殺については、「法人格が異なる会社のことなので、コメントは差し控えさせていただきたい。環境づくりなどの対応を指導する立場にもありません」という。ついこのあいだまではおなじ会社だったのに、別会社に分離したからといって、木で鼻をくくったような態度はいかにも冷たい。

NTTグループ、KDDなどの情報労連の「電通共済生協」は、死亡者にたいして共済金を給付する組織だが、九七年一年だけでも、自殺者にたいするものが四十六件にものぼっている。また、NTTのなかで、マンモス労組・全電通にくらべて、はるかに少数派である

在職死亡（自殺）実態調査

性別	年齢	事業所	職　種	役職	死亡日	状　況
男性	36	名古屋支店	人材開発	主査	'97・9	'97年3月現職に配転。明るい性格で同僚からも慕われ交友関係も広い。責任感強い。'97年11月の集約直前で忙しかった。夜12時になることもあった模様
男性	42	ＴＥ北海道	マルチメディア事業本部	担当課長代理	'97・11	千歳の航空関連システム担当。過労からうつ症状で家族が心配していた矢先の出来事。健康管理下にあった
男性	42	Ｆ東海支店	建築構造設計コンサル	主査	'97・11	Ｆ東海建築設計センター→NTT東海不動産(子会社3年)→現職半年。研究熱心、仕事はよくできる。8月頃まで夜10時頃の帰宅や、土日の出勤も多かった。その後、出社拒否たまにあり。10年前からうつ状態
男性	46	中国益田支店	販売	課長	'97・12	単身赴任。休み取れず地元へ帰れない悩みを持っていたらしい
男性	45	北海道苫小牧支店	総務	課長	'98・1	情案全面委託（2月)、113広域集約等のＢＰ、対外折衝、人間関係で前年末から疲労困憊。年始早々支店内の6階天井の配管にマイクコードをかけて首を吊った
男性	35	ＴＥ北海道	マルチメディア事業本部	担当課長代理	'98・2	同僚の自殺で心配していた矢先の出来事。社外のシステム構築の仕事に追われうつ状態になり、健康管理下にあった。企業通信サービスは、とにかく忙しく朝出勤後お茶を飲む時間もない
男性	45	Ｆ山口営業所	電力サービス担当	主任	'98・4	日曜日午後2時、奥さんに散歩に行くと言って出て午後5時、山口支店地下1階空調室で首吊り。月曜日8時40分掃除の人が発見。うつ病の状態。1年前に主任になり、残って仕事をしていた。夜眠れない、体がきついと訴えていた
男性	48	中国NW支社	労務厚生	課長	'98・5	単身赴任。5月の連休に帰省、その翌日に首を吊った
男性	43	東京Ｆ本社	ＦＭサービス担当	主査	'98・6	部下の変死（3日前）で、連日警察に事情を聞かれ、部下の葬式が終わった日に自宅で自殺。「仕事のできるさっぱりした人」といわれている。誰もがショック
男性	47	九州法人営業本部	システムＳＥ		'98・7	うつ病で治療中。仕事にはまり込み考え込むので、仕事は軽減し出来るだけ負担のかからないようにしていた
男性	43	鹿児島支店			'98・8	
女性	34	鹿児島支店	営業推進		'97・8	'97年情案から配転。億単位の仕事を任されていて悩んでいたとのこと。几帳面で責任感強い人だった。子供3人。上の子小学生、下4歳。自宅で首を吊った

1998年9月　通信労組中央本部安全・健康対策部の調査より。事業所の「TE」はテレコムエンジニアリング、「F」はファシリティーズ、「NW」はネットワークを表わす

「通信産業労組」(通信労組)の調査によれば、九八年一月から九月までのグループ全体での自殺者は、七人になっている。これ以外にも十一月中旬には、山口県で、単身赴任中の社員がクルマに排気ガスを引きこんで自殺をはかっている。通行人に発見されたので、危うく一命をとりとめた。これらはあくまでも、判明した範囲内だけのものである。

前ページの表は、通信労組中央本部安全・健康対策部が九八年九月にまとめた「在職死亡（自殺）実態調査」である。

この表のなかで、「TE北海道」とあるのは、企業通信サービスや保守業務を担当する子会社「テレコムエンジニアリング」のことである。その社員の一人で、九八年二月に亡くなった三十五歳の男性は、自宅マンションからの飛び降り自殺だった。この男性の当時の状況については、「同僚の自殺で心配していた矢先の出来事」との記述がある。

ここで指摘されている同僚の自殺者とは、表にも記載されている、九七年十一月二十三日に飛び降り自殺した長浜一宏さん（当時四十二歳）である。ふたりとも担当課長代理だった。しかも三ヵ月のあいだに、おなじ「マルチメディア事業本部」から、ふたりの自殺者をだしたとすれば、それはけっして尋常とはいえない。

通信労組の岩崎俊中央執行委員長によれば、この表には記述されていないが、「大阪で電話案内の女性オペレーター二人が自殺した」との話もある。女性といえば、この表にもあるように、九七年八月にNTT鹿児島支店で、三人の子どもを抱えていた三十四歳のオペレーターが自宅で首を吊って死亡した、と発表されている。やはり不慣れな営業にまわされて、仕事に行き詰まっていたようだ。

このように、過労や不慣れな仕事、あるいは急激な技術革新とリストラが、自殺を多発させている。国鉄の分割・民営化の際には、二百人ちかくの労働者が自殺に追い込まれたが、これは依拠していた組織（国鉄と国労）が解体されようとしていた不安と、職場での職制からの、憎悪むきだしのいじめ（不当労働行為）が、おもな原因だった。

NTTでも民営化のあと、いよいよ九九年から分割がはじまり、リストラと配置転換がさらに拡大されようとしている。しかも、ひとりひとりの不安にたいして、だれも適切なケアができないとすれば、国鉄解体時のように自殺者がさらにふえる懸念がある。


長浜一宏さんは、函館の工業高校を卒業して電電公社に就職、札幌に赴任した。機械いじりと山登りが好きな青年だった。どこか内気でひとづきあいはうまいほうではなかったが、ひと懐っこいところがあって、仲間が酒を飲む席には黙ってついてくる、そんなタイプの人物だった。

最初に配属されたのは、「加入電信宅内課」。十五、六人ほどの部署だった。そのころ全盛だったテレックスの取り付けや修理の仕事で、会社まわりがほとんどだった。

当時の先輩によれば、「高校でたての明るいアンちゃん」。話題の中心は山の話で、職場の仲間を誘ってはよく山登りにいっていた。北海道の山のたいがいは踏破していたようだった。人数がすくないこともあって、職場は家庭的だった。そのころは、労働組合の全電通もまだしっかりしていた。

結婚したのは二十五歳のときで、妻の多恵子さんは、ひとつ歳上である。彼女がすでに結婚していた女友だちとひさしぶりに会って、札幌・すすきののスナックに行ったとき、先輩といっしょに来ていた一宏さんとおなじエレベーターに乗りあわせた。

と、たまたまはいった先がおなじ店で、満員だったため相席になった。それが縁だった。電話番号を教えたりしたのも彼女のほうだった、というから彼の引っこみ思案《じあん》な性格がわかろうというものである。

そのころ、一宏さんが勤務していたのは、札幌データ電信施設所で、「施設部整備課」だった。最初に配属された加入電信宅内課は、民営化される前にすでに廃止になっていた。ツー・トン、ツー・トンの電信の時代からデータの時代に移りつつあった。

電電公社がNTTに変わったあとは、札幌高度通信センターの「宅内サービス係」となった。テレックスがファクシミリに移行するようになると、こんどは「千歳《ちとせ》営業所」へ転勤、FAX設置とそのメンテナンス作業にあたるようになった。農協を中心に、FAX機が何百台となく売れた時代だった。

多恵子さんの話によれば、千歳営業所では、取り付け作業以外にもいろんな仕事をやらされていて、いやな思いをしていた。ある面では、いじめられていたことがあったかも知れない、という。職場の同僚たちから、札幌にいたというけどたいした仕事ができないじゃないか、といわれたとグチをこぼしていたことがあった。

一宏さんが転勤や職場での人間関係に悩んでいたころ、亡くなる八年前のことだが、多恵子さんは急に頭痛に襲われて寝込んだ。「動脈瘤破裂」だった。その日はたまたま一宏さんが夕方六時に帰宅していたので、すぐ病院に担ぎこむことができた。おかげで一命はとりとめた。長女が小学三年生、長男はまだ三歳だった。その後遺症のためか、多恵子さんはいまでも、左目と左足が不自由になったままである。記憶力もすこし弱くなっているようだ。

千歳営業所に四年ほど勤めて、一宏さんは札幌に転勤した。FAXやパソコンの需要がふえると、あらたな電話回線が必要になる。その「線路」工事のため、電信柱に登ったりしなければならない。もともと彼の出身は「宅内業務」で、ビルなど建物のなかでの仕事が中心だったから、電柱のうえでの仕事などやったことはない。それに、人手がすくないため、教えてくれるひともいない。

一宏さんは高所恐怖症だった。山登りが大好きとはいえ、細い電柱によじ登り、身体を宙に浮かせて作業するなど、恐怖でしかなかった。「心臓がドキドキする」と多恵子さんによくこぼしていた、という。精神的に動揺するようになっていた。

「落ち着かなくなって、うちに帰ってきても、ウロウロ歩くんですよ。『落ち着いて座っていられない』といって。精神的におかしくなってきたんです。『なにやってんの、ちょっと座ってなさい』というと、『いや、座っていられない』とかいって、もう精神的にまいっていたんです」

そのころ、会社をやめたい、といったりしていた。多恵子さんによれば、亡くなる三年ほど前からだった、という。NTT札幌病院で診断を受けたあと、個人病院の神経科に一ヵ月以上入院した。しかし退院しても、またおなじ職場に復帰している。

NTT社員のAさんは、こういう。

「長浜さんは、九七年八月に、テレコムエンジニアリングに『業務切り出し』になりました。切り出しというのは、社員ごと別会社化してしまうことです。行った先がまた忙しかった。通信機器のメンテナンス作業を中心にいろんなビルをまわるのです。故障も多く、非常に忙しい。朝からずうっと客まわりをしているような状態です」

多恵子さんの証言。

「結局、仕事の内容がすっかり変わってしまったということなんですよね。いままでみたいに機械相手にやっている仕事じゃなくて、対人関係というか、お客さんと話して、どこをどういうふうにつけますかとかって。そういう面でもけっこう精神的に負担があったみたいなんです」

忙しいのは、技術が複雑化してきたことも要因になっている。NTTの保守、メンテナンス作業は、ビルと外部を結ぶPBX（構内交換機）のメンテナンスが中心である。デジタル化されたうえに、パソコン、FAX、社内LANがぶらさがっていて、複雑化している。社内LANの回線のメンテナンスもけっこう忙しい。

技術者たちは、通常の勤務をしながら複雑なシステムを勉強するために「研修所」に通ったりするのだが、長浜さんは、「うつ病」を発症していたため、「置いてけぼり」を喰っていたようだ。多恵子さんの表現では、「余されていた」となる。要するに、「余計者」である。

ここでの「置いてけぼり」とは、うつ病などになった社員が、朝からじいっと机に座っているだけで、周囲の同僚たちも、自分の仕事が忙しいのでかまっている暇がない、いわゆる「放置」の状態である。

長浜さんは、いったんうつ病から解放され、元気になっていた、という。しかし、元気になったことが自殺につながった、と前出のAさんは、つづけてこう語った。

「うつ状態は、治りはじめて、あらためて自分の立場に気づかされるものなんです。『みんなとおなじ仕事をしたい』と。しかし、そう思ったにしても、通信機器のマルチメディア化や多様化がすすんで、ついていける状態ではなくなっている。それに気づいて自殺したんじゃないでしょうか」

九七年十一月二十二日、一宏さんは翌日の「勤労感謝の日」を前にして、小学校五年生の長男に学校を休ませ、函館の実家へ帰省した。両親は市営住宅に住んでいて健在である。日付が変わった午前一時ごろ、一宏さんは市営住宅の五階通路、両親の部屋からすこし離れた手摺りを乗り越えて、地上へ飛びおりた。死因は「脳挫傷」。遺書はなかった。多恵子さんは、こういう。

「下でバタバタ騒ぎはじめたから、おじいちゃんとおばあちゃんが、『どうしたんだろう』

と起きだして行ったら、もう警察がきたあとで、遺体をもっていっちゃったんですよね。それで一宏ではないかな、と思って、警察へ行ったら、やっぱりそうだったんだそうです」

長男は寝ていたため、父親の無残な遺体とは遭遇していない。

函館へ出発する前、いつもと変わった様子はなかった。「ちょっと函館にいってくるわ。○○（息子）といっしょに帰りたい」と一宏さんがいうので、多恵子さんはなんの余念もなく送りだした。両親はふたりとも七十歳になっていた。彼はひとり息子だった。

「そしたっけ（そうしたら）、ばあさんから、『一宏が死んじゃったわぁ』との電話がきて、霊柩車ではこばれてきたんです。あっという間にお葬式も終わって。バタバタッと」

——まさか、と……。

「こんなことになるとは思わなかったです。結構落ち着いてきてましたからね、退院してからは。ただ飲み薬をすこし減らしたんですよね。朝、昼、晩飲まなきゃいけないのを、朝と晩だけにしたとか」

——身体にひびくから？

「どうかわからないけども。そういう面もあったんだと思うんですけど」

入院する前、室内をウロウロ歩きはじめたころ、一宏さんが「おれはもう会社やめたい。やめて、なんの仕事したらいいと思う？　タクシーの運転手ぐらいかな、それしかないかな」などといいだしたことがあった。本気でやめる気でいたようだ。それをきいて、彼女はこういった。

「あんた、やめてどうするのよ。NTTという大きな会社にいれば、生活はなんとかやっていけると思うけど、NTTやめて自分で仕事はじめるとなったら、こっちに負担かかるでしょう。まず住むところから考えなくっちゃ。社宅を出て引っ越しするっていったって、バカ高いお金かかるんだから」

もちろん、自殺されるなどとは、多恵子さんでなくとも想像できない。まして、九七年といえば、北海道は不景気のまっ最中で、再就職するにも行き場はない。十一月下旬、札幌は本格的な冬にはいる。

このとき、「札幌国際スキー場」付近の山頂では、四十五センチの積雪が記録されている。折しも、道内最大の銀行である「北海道拓殖銀行」が破綻、各地の支店には長蛇の列ができて、預金者による取り付け騒ぎが起きていた。

長浜さんが自死した日の朝刊には、山一証券「自主再建断念」の大見出しが一面に躍っている。冬将軍と経済破綻が、いっしょに来たのだった。

「自分がいまやってる仕事に自信がもてないわけですよ。機械いじりだったら自信あったんだろうけど、電柱に登るのも怖いし、仕事の内容が変わってしまって、友だち関係も変わってしまった。そういうところで、けっこう負担になっちゃったんだと思うんです。子どもはいるし、お母ちゃん（多恵子さん）は身体障害者ではたらけないし」

と、彼女は嘆いた。死の直前、一宏さんは、夜、眠れないようになっていた。彼女が目を覚ましたとき、たいがい彼は目をあけている。「オイ、寝るなよ」と声をかけてくることもあった。

煙草の量がふえた。つけさしの煙草がまだ灰皿の縁にあるのに、またあたらしい煙草に火をつけている。テレビをみていてもボーッと眺めているだけ。毎日が心ここにあらずという状態で、子どもとの会話さえなくなっていた。そうかといって、会社をやめさせるなど、ふつうの主婦に思いつくものではない。

夫に先立たれたあと、遺族が家賃一万円台の社宅に住める限度は、あと二年である。長女は高校二年になったが、長男はまだ小学校五年、引っ越しすれば、さらに転校の問題までがのしかかってくる。


長浜さんが自殺してから二ヵ月たって、あたかもあと追いしたかのように、マンションの自宅で飛び降り自殺した三十五歳の男性がいる。長浜さんとおなじ時期に、おなじ職場に東京から帰ってきていた。彼はデータ通信の子会社で、通信ソフト関係の会社へ単身赴任で出向していた。

東京では、ユーザーのシステム構築に追われていた、という。「NTTからきているのに、こんな仕事もできないのか」などとなじられて、うつ病を発症するようになっていた。長時間労働といじめによって心身ともに蝕《むしば》まれ、出身地の札幌にもどされたのだが、回復できなかった。

前出のAさんがこういう。

「これから新しい会社ができる、というのに、みんな不安な気持でいます。自分がどういう会社に出向させられるのか、どんな仕事にまわされるのか、まったくわからない。これまでも、四十～五十代の技術屋たちが、営業・販売にまわされていますからね。プライドが傷つけられているんです。これからますます遠隔地通勤や単身赴任がふえる。人間関係がバラバラになって、これまでのように、助け合って仕事をするのが難しくなっています。職場の人数が減らされ、組織も縦割りになって、人間関係が失われている。みんなが頼りにするものが、なにもなくなっているんです」

こうした社員たちの不安について、NTTの広報部では、

「社内に健康管理施設が五十ヵ所あります。それぞれ精神衛生専門医をおいています。ほかに、気楽に相談できるように各地にカウンセラー相談室を開設していて、いま二十七ヵ所になっています。カウンセラーが認めた場合は、本人の了解を得て、職場環境の改善要請や上司への連絡、専門医の紹介をおこないます」

会社としても対策は講じている、という。これにたいして、Aさんは、

「たしかにカウンセラー機関はありますが、たとえ本人が相談したにしても、会社がそれをバックアップしているとはいえません。相談しっぱなしの状態で、職場が改善されるような態勢ではないし、職場のほうでもカバーできるような環境ではありません」

と批判している。

全電通本部にも、この問題についての見解をもとめたが、「多忙のため回答できない」、ま

たNTT健康管理センターは、「その内容の取材には応じられない」とのことだった。

一〇九ページの表にもあらわれているように、自殺者には、課長、課長代理、主任などの役職者が目につく。これは極端な配置転換のために、長年培った技術や技能が役に立たず、部下の掌握に苦悩している、中間管理職の悲劇を物語っているようだ。

さらにこれから、中間管理職の苦悩は深まる。九九年暮れのボーナスから、業績によって「査定」されるようになるのだ。Aランクと査定されるひとが一〇パーセント、Bランクが二〇パーセントと決められ、残りの七〇パーセントのひとたちは、ボーナスが上がらないことになる。この業績を測るための方法が、九八年十月から全職場に導入された、「業績目標設定表」（チャレンジシート）である。

これは、管理職が部下に自己申告させる。「課題・目標」「自分の役割」「主要目標」などを書かせ、さらに、上期と下期に分けて、本人に自己採点させる。自己管理は、自分で自分の首を絞める残酷な方法だが、それればかりでは終わらない。もちろん、「上司のコメント」もつけられる。

課長は上司から課員全員の「チャレンジシート」を提出するように命じられ、判定を下すために頭を悩ませることになる。部下を「Aランク」「Bランク」と、あたかも通信簿のように格付けしなければならないのだが、その枠にはいるパーセンテージは決められているし、課員の仕事はたいがいグループ作業で、担当が電話の保守、販売などにわかれている。だれが優れ、だれが劣っていると選別するのは難しい。

さらに、年に三回、ランクづけのため、部下と面談しなければならない。「がんばります」などといって部下は無理な目標を自分で設定するかもしれない。それが「目標管理」のメリットなのだが、同時に、部下にとっては切り捨てられないための方便にもなる。管理者はいままでよりも部下にたいする権力を握ることになるが、下級管理者として部下とうまくやっていかなければ、こんどは自分が上司から査定によって切られることになる。ストレスによる支配がはじまっている。

自殺者の表のなかで、「F」とあるのは、「NTTファシリティーズ」のことである。これも分社された子会社のひとつである。子会社は独立採算制だから、少人数体制で成績を上げようとする。自殺した「ファシリティーズ東海」の四十二歳の主査は、土日の出勤が多かった、という。

最初に書いたように、地域の電話局は集約され、公衆電話の故障が放置されたままで不便になり、利用者へのサービスは著しく低下しているのだが、その内部では社員の異動と管理が厳しくなっている。民営化のあと、とにかくサービスよりも営利追求が中心になっているのである。

通信労組の岩崎委員長は、こういう。

「あるとき、NTTの幹部が『生首は飛ばさない』といったことがあります。が、それは『解雇はしないが、やめる条件をつくる』という意味だったのです。単身赴任者だけではなく、104のオペレーターの処遇をみてもわかるように、あきらかにやめさせるためのものです。定年まであと二年の五十八歳のオペレーターをマルチメディア部門に移すなどは、嫌がらせ以外のなに物でもない。コンピュータの前に座らせ、『そんなこともできないのか』といわれれば、やめざるをえないでしょう」

民営化以降、うつ病が多い、と岩崎委員長は強調した。NTT病院の看護婦の話では、出勤の行き帰りに看護婦と会話して気持を落ち着かせている社員がなん人かいた、という。民営化以後、NTTが採ってきた、ムリな業種間異動、単身赴任、あるいは長時間通勤をせざるをえない異動などによって、積もりに積もってきた社員たちの疲労と不安が、ここにきて自殺者の激増となってあらわれてきた、といえる。

国鉄民営化のあと、電車の故障や遅れが目につくようになったが、NTTも九八年十月二十八日、関西地方の専用線が使えなくなって、銀行、空港、企業などに被害をもたらしている。これは大阪市内のNTT東淀川ビル内の中継局の設備の故障によるもので、一万九千回線が使用不可能になった。

「情報流通産業」を目指すばかりに、本来の設備保守がおろそかになっていたために起こった事故だった。電源の点検をキチンとやっていれば防げた、といわれている。阪神大震災のときも、電話が不通になったが、無人化されていた電源装置の場所へ担当者がかけつけるまで、二時間も空費している。

民間企業に雇用されている労働者が、不幸にも業務に起因して負傷したり、死亡したりした場合、労働災害保険の給付対象者になる。ところが、過労死や過労自殺の場合は、その審査が厳しく、「不支給」になる例が多いことは、これまで取り上げてきた。長浜多恵子さんの場合は、労災制度の存在すら知らず、申請をしていない。九七年、九八年と、ようやく自殺者にも労災が適用されるケースが生じているが、それでも適用されるのはきわめて稀なため、一般にはまだ知れわたっていない。

労災が適用されるのがきわめてすくないこともあって、労災保険の繰り越し残高は、現在七兆円ちかくにも達しており、その残高の一部は労働省の外郭団体に出資されたりしている事実はすでに指摘した（第一部、四六ページ）。

さらに労働者の保険でもう一つ問題なのは、「団体定期保険」である。これは本人が知らないうちに会社に保険をかけられていて、死亡した場合、保険金が遺族にはいらずに丸ごと会社にはいる制度である。そのため、「従業員が死ぬと会社が儲かる保険」として、ようやく世論の批判が強まっている。

この制度は、九七年二月の「パリス観光事件」（交通事故で死亡したパチンコ店店長の遺族が、生命保険の全額引き渡しを求めた裁判。山口地裁宇部支部）や三月の「文化シヤッター事件」（死亡した社員の遺族が会社が受け取った保険金は不当だと引き渡しを求めた裁判。静岡地裁浜松支部）の判決によって、その実態が明らかになっている。

パリス観光事件では、裁判所は保険金の全額を遺族に支払うように命じた（九九年七月現在、控訴中）。文化シヤッター事件でも裁判所の裁定は、「本人の同意のない保険は無効で、会社が受け取るのはけしからん、契約はなかったことにして保険会社に返せ」というものだった（その後、会社が遺族に一千六百五十万円を支払うことで和解）。

これらの判決によって、団体保険（うち約八割が団体定期保険）は急激に契約高を減らした。たとえば、九七年三月から五月までの二ヵ月間で、三十五兆円も落ち込んで、契約高は五百五十六兆二千五百億円（国内四十四社）となっている（『日本経済新聞』九七年八月十五日付）。それでも膨大な金額である。

そもそも、これまで会社が従業員の死によって儲けるのが認められていたことこそ問題だった。保険金目当てに人を殺せば犯罪だが、たまたま死んで儲かるのなら許される、という論理は、不思議といわざるをえない。

八一年十月、北海道・北炭夕張炭坑で発生した爆発事故で、八十三人の炭坑夫が死亡した。坑内下請けで死亡者をだした経営者たちに、労働者の補償金が転がりこんだ噂は、わたしも聞いていた。

このとき、七人の死亡者をだして多額の補償金をえた経営者夫婦が、土木工事業に転換して三年後、雇っている労働者の宿舎に放火して、六人を殺した（夫婦はその後、死刑執行された）。保険金稼ぎが目的だった。これはあきらかな犯罪である。

しかし、会社が労働者をコキ使って過労に追いこみ、過労死させたり、過労自殺させたりして、保険金を受け取ることが許されてきたのは、不条理である。

団体定期保険は、更新式の一年保険で、保険料は一般の生命保険にくらべて、割安になっている。この保険には、Aグループと Bグループとのふたつがあって、Aグループは、従業員の全員加入で、保険金は全額会社が負担する。Bグループは、従業員の任意加入で、かけ金は従業員が全額負担、あるいは一部負担というものもある。

問題なのはAグループである。丸ごと従業員を加入させるため、健康診断はいらない、保険料は安い、さらに保険料は、従業員の福利厚生という名目の損金で落ちる。そして配当がつく。事故がなければ、七〇〜八〇パーセントの保険料がもどってくる仕組みである。

このAグループの保険に会社が本人の同意を得ることなく、全従業員を加入させて当然としていたのは、「従業員は会社のもの」という、日本企業の一家主義が色濃く反映している。

文化シヤッター裁判で弁護団の一員だった、水野幹男《みきお》弁護士は、こういう。

「文化シヤッター訴訟の法廷で、会社側は『事業部長会議の席上で報告した』と主張しました。しかし、判決では下（社員）にまで徹底していなかった、として契約は無効になっています。

いま、裁判中の住友電設の場合（社員が過労死したため、会社には約一億円の保険金が支払われたが、遺族側にはわずか数百万円が渡されただけ。保険金の帰属をめぐって係争中）は、『組合との事務折衝の席上で、書記長につたえた』といっています。

さいきんでは、それでは具合が悪いので、JRなどは、社内報で、『異議がある人は申し出ろ』と呼びかけたりしています。しかし全員丸ごと加入しているのに、ひとりだけがイヤせんよ」
と拒否するのは、会社にたいして反旗をひるがえしたことになるため、なかなかいいだせま

さまざまに批判があるため、保険各社は加入した本人に同意を確認させる「総合福祉団体定期保険」をあらたに発売し、受け取り額こそ遺族と会社とが同額になった。しかし、こうした保険は、本来ならば遺族のためにこそかけられるべきである。文化シヤッターの場合は、遺族に八百十万円しか払わず、会社は残りの四千百十万円を受け取っていた。これでは、たとえは悪いが、賭博の胴元よりもまだひどい。それでも、和解によって、会社は一千六百五十万円を支払うことになった。

文化シヤッターの問題がマスコミで報道されるようになった九二年一月、第一生命保険相互会社は、「団体定期保険の販売基準等の一部変更について」と題する社内通達をだしている。保険会社内部に、世論にたいする危機感がでてきたことを示している。

「この事例は文化シヤッター事件に端を発し、団体定期保険について、『制度に基づかない販売がなされており、そのため極端な場合は保険金殺人の危険性すらある』との疑義が、マスコミや監督官庁から指摘される事態となってきました」(水野弁護士)

生命保険協会は保険金殺人の危険性すらあると指摘された不安感から、新型保険では「ヒューマン・ヴァリュー」という言葉を使っている。日本語でいえば、「人間的価値」ということになるのだが、これは労働者を大事にするということではなく、会社を大事にするということで、「カンパニー・ヴァリュー」とでもいうべきものである。というのも、この保険

の「特約」は、企業の経済的な損失を補償する規定であり、従業員が死んだことによって、会社は損失を受けたので補償を受ける、ということを指す。

しかし、従業員はけっして会社の財産（もの）ではないし、会社のために生きているものでもない。人格はまったくべつで、会社との関係は、労働力を提供しているにすぎない。にもかかわらず、「特約」の意味するところが、従業員が死んで会社が受けた損失を補うというのであれば、まるで、死んだ「農奴」の名前を集めて儲けようとする、ロシアの作家・ゴーゴリの『死せる魂』のペテン師を思わせる。

もうひとつ団体定期保険が問題になっているのは、会社がなん社の保険会社と契約していて、自分の死によっていくらの保険金がはいるのかわからないためである。

たとえば、文化シヤッターの場合は、一社に一千万円だけの契約としていたのだが、実際は八社にかけていた。遺族は「死亡診断書」を会社経由で一社にだけ渡したつもりだったが、実際は八社の保険会社が無断で取っていて、そのうち一社しか契約があったことを認めていない。

残りの会社は、あとで「（契約が）ありました。申し訳ありませんでした」とようやく認めた。

これらは、弁護士照会で問い合わせても、保険会社の契約者にたいする「守秘義務」というカベにはね返される。しかし、かけられている本人にすら秘密にされているのだから、まったく本末転倒である。

住友電設の場合は、株主や出入りしているセールスマンなどから聞きだして、契約した保険会社を三社として裁判をはじめたのだが、取材に行ったテレビ局の記者にたいして、会社側が「三社ではない、四社だ」と漏らしたことから、あらたにもう一社が発見されることになった。それまでは、総額で九千百万円と計算されていたのだが、じつは一億円を超していたことが判明している。

水野弁護士によれば、団体保険の調査では、会社が加入している保険会社を探しだすのがひと苦労だという。

「保険会社は、遺族が被保険者でありながら、契約上は第三者だから関係ない、といいます。では、本人からの問い合わせには答えるのですかというと、そうではないんです。地元の名古屋で、大手の保険会社にたいして、内容証明つきで、『自分にいくらの保険がかかっているのか』と問い合わせたりしたのですが、それにたいする回答は『会社に聞いてください』というだけでした」

文化シヤッター事件の判決は、この保険契約が遺族を救うために契約されたものではなく、保険会社と被告（文化シヤッター）とが、おたがいの利益追求のためにおこなったもので無効、とした。しかし、すべてを無効としてしまうことなく、その全額を遺族に渡すことができたはずだ、というのが水野弁護士の裁判批判である。

団体定期保険がはじまったのはアメリカで、一九一〇年代のことだった。企業が契約者となり、保険料も企業が支払っていたが、企業が保険金の受取人になるのは禁止されていた。

日本ではじめられたのは、一九三四年である。当時の経営者の団体である、「全国産業団体連合会」の事業としておこなわれることとなり、「日本団体生命保険株式会社」が設立され、独占的に取りあつかわれることになった。

一九四〇年六月、加入者百万人達成を記念する業績披露会の席上、当時の郷誠之助会長は、つぎのように挨拶している。

〈団体生命保険が、かくのごとく躍進、好成績を挙げえましたのは、一《いっ》に本保険が時代の要求に合致し、労務管理上にぜひとも必要な制度であることが、広く認識されるに至りましたのみならず、かねて全国産業団体連合会が主唱して参りました、産業従業員に対する福利施設拡充の気運が、産業界におきましても一層広まったためと存ぜられます。

なお、この際とくにご報告申し上げたきことは、本保険の、今次戦争に際しましての、銃後のご奉仕のことであります。戦争がはじまりまして以来、とくに団体生命保険の性質上、ご加入のうちから応召出征者が多数出られ、その方々のなかで戦死、戦病死等の報告を多数受けております。本保険約款によりますと、加入者のうち、出征者に対しましては、特別の保険料を徴収いたすことになっておりますが、現在はそれを頂くことなく、完全にお支払いを致しております〉

「銃後のご奉仕」というように、戦争協力という大目的があったのであろう。しかし、それでも労働者ばかりか兵士の死亡にたいしてまで、特別の保険料を徴収することなく、個人にむけて支払われていたのだった。それがいつから、遺族にたいしてではなく、会社にたいして支払われるようになったのか。保険会社と企業との暗闇での握手は、保険業の堕落といえる。

企業は利益を追求する集団かもしれない。しかし、利益は人間の生活のために還元されるべきもののはずである。もしも企業の活動が人間性を破壊することになったなら、企業はその存在の意味を失うであろう。企業がひき起こす公害や労働災害は前近代的な生産を象徴していて、産業社会の恥部ともいえる。

たしかに、かつてよりは、はるかに工場や鉱山での重大事故は減りつつある。人間性を無視してまでも、なおかつ利益を上げるなど、もはや許される時代ではない。労働現場での事故や災害が目立たなくなってきた代わりに、企業のなかで神経症や自殺者が増大しているとしたなら、それは病巣がより悪化しただけにすぎない。

まして被害者の発生が予想されながらも、軌道を修正できない企業活動には、消費者、利用者はもっともっと抗議していく権利がある。もはや消費者と対立して企業活動が成立する時代ではない。

NTTのリストラは、政府の方針である民営化と規制緩和によって強いられた競争にむけてのものであるとしても、自殺者を抱えながらの競争は、いわば、戦死者を前提とした戦争状態ともいえる。ましてや、過労死や過労自殺がふえてなおかつ、保険金によってその会社にはカネがはいるというのでは、非人間的そのものの制度である。

むしろ、過労死や過労自殺をだした企業にペナルティが科せられ、過労死や過労自殺のない企業の経営者こそが、顕彰されるべきである。とすれば、企業は良好な労働環境づくりや、被害者の早期発見、早期対策などに、すこしは心を砕くことになるはずである。

九九年三月下旬、東京駅前のブリヂストン本社社長室に籠城した元主査は、社長の面前で、リストラのやりすぎに抗議して割腹自殺を遂げた。同社は九二年末からの六年間に人員のおよそ五分の一を削減し、九七年十二月期からは年に一千億円以上の経常利益をあげていた。元主査の抗議自殺は、起こるべくして起こったものだった。

下請け社長の壮烈なる抗議

京王設備サービス下請け

京王電鉄井の頭線。明大前駅から吉祥寺にむかう電車が、最初のカーブを曲がり切ったとたんに、ちいさな踏切があらわれる。上り下りの電車の往来がけっこうせわしく、警鐘の音はそれなりにうるさい。

踏切の手前、線路に沿って、プレハブづくりに毛が生えたような、現場事務所風の二階建てがたっていて、横に長く「電気設備工事」の看板が掲げられている。「京王設備サービス」(以下、京王設備)杉並本社である。

一九九七年七月三日、午後三時四十九分、社の前を抜けて踏切にぶつかる、幅四メートルほどの炎天下の道路上で、両脚をロープで縛った中年の男が、灯油をかぶって赤いポリタンクの上に座ったまま、ライターの火を放った。

報らせを受けた杉並消防署の救急隊が現場に駆けつけたとき、だれかが消火器で消したあとだった。まだ意識がある黒焦げの男を積みこんだ救急車は、赤いランプを点滅させて甲州街道を駆け抜け、新宿区の東京女子医大病院に横づけした。男はあわただしく救命センターにはこびこまれた。が、翌日未明、あえなく息を引き取った。京王設備の水道工事を請け負って いた会社社長、平野進さん（当時五十四歳）だった。

それから、一年たった。

炎《あぶ》で炙られたブロック塀のペンキは塗りなおされ、一瞬にして焼き尽くされた跡形は、どこにも遺されていない。それでも注意深く道路上を見渡せば、社前に引かれた白線が塀際で消え、そこだけ黒ずんでいるのは、ひとが座っていたからだ。

しゃがみこんで眼をちかづけると、白いちいさな金属片が、アスファルトに埋もれているのがみえた。百円ライターの頭部（発火装置）で、プラスチックの本体は高熱で燃えつきたはずだ。おそらく、当時は金属片も黒焦げだったのであろう。が、アスファルトのなかで生き延びながら、雨に打たれて煤《すす》を払い落として、いま白い光を鈍く反射させている。

構内はひろい駐車場になっていて、現場まわりのワゴン車が、左右に数台ずつ停まっている。そのあいだを通り抜けるようにして玄関にはいると、眼の前にたちふさがるようにロッカーが並んでいる。社内は飯場風のひろい一室になっていて、右側に作業衣姿の中年男たちがぎっしり座っているのは、現場から帰ってきて報告書でも書いているようだ。

左側の奥の、部屋全体を見渡せる机に座ってパソコンの画面を眺めていたのが、工事事業本部長の加藤孝常務で、女子社員がもっていったわたしの名刺を、鼻先からすこし離して、かざすようにして読んでいたのは、老眼がはじまってきたころなのだろうか。五十歳前のようである。

突然の訪問だったが、席からすこし離れた応接セットのほうに案内するよう、女子社員に命じたようだった。細面に眼鏡をかけたエリート風。ここの幹部はほとんど京王電鉄からの天下り、ときいていた。

――一年前の焼身自殺についてうかがいたいのですが。

「法務的なトラブルにつきましては、（井の頭線の）神泉駅前にある、本社の総務部長にきいてください」

――この社屋の前で自殺したのですから、ここに恨みがあった、ということでしょう。

「わたしは、事件のあった一週間前に赴任してきたばかりですから」

――その日、ここにおられましたか。

「ここで会議をやってましたから」

――そのとき、なん人ぐらいいましたか。

「在籍しているのは六十人ですが、ここにいたのは、ちょっとなん人かは」

――それでどうして、事件の発生がわかりましたか。

「受付の女の子がキャーと叫びましたから」

――しかし、ここからは、塀の陰になって見えないはずですが。

「ふだん、火が燃えるようなところじゃありませんからね」

――社員がでて消火器で消した、ときいてます。あなたは見にいきましたか。

「いってません」

――でも、騒然となったでしょうから、見にいくでしょう。

「あんなのは見たいと思いませんから」

――平野さんとトラブルがあったのは、知ってたでしょう。

「二年前に示談がすんでる、とはきいていました。とにかく、本社のほうできいてください」

日本経済の急変動のなかで、生命を失くすのはサラリーマンだけではない。なかんずく、大企業の強い支配力のもとにある、零細下請け企業の経営者が犠牲になっている。ここでは、水道工事会社社長のケースをとりあげる。

焼身自殺のあった日の午後四時すぎ、そこから西北の方向、直線距離にして十五キロほど離れた東久留米市の住宅街で、平野ヨウ子さんは奇妙な電話を受けていた。すこし慌《あわ》てた中年男の声で、

「平野さんの前の携帯電話の番号は知っているんですが、いまの番号がわからないので、教えてもらえませんか」

ヨウ子さんは、相手が前の番号を知っている、というのに安心して、携帯電話の番号をいうと、礼もいわずにガチャンと切れた。と、まもなく、また電話がかかってきた。「高井戸警察です」と名乗ったあと、いきなり、「きょう、旦那さんは会社へいきましたか」ときい

た。家の隣りの二階建てが会社で、事務所兼部品置場でもある。そこから、現場にでるのが日課だった。

「なんですか」

彼女が声を荒らげたのは、前夜、進さんが、額の両側に血をにじませて帰ってきていたので、喧嘩が露見して、警察で調書でも取られている、と思ったからだった。

「奥さん、落ち着いてください。実は、旦那さんが焼身自殺を図りました」

つづけて、新宿の女子医大にきてくれ、着いたら高井戸警察署に電話して、どこへいったらいいかをきいてくれ、とつぎつぎに指示がだされた。

電話を切ったあと、彼女はふらふらと隣りの事務所にはいっていた。そこは亭主の城で、階段彼女はあまりはいらない。男所帯だから、掃除など一ヵ月も二ヵ月もしなかったりで、階段に埃《ほこり》が浮いていたりする。しかし、そのときはめずらしくきれいに掃除されていて、机の上には、これから受ける仕事の見積り書などがキチンと並べられてあった。

夫がいつも大事な資料をいれている、観音びらきの書類棚をあけると、人目につくように置かれた大きな茶封筒の真ん中に、毛筆で大きく「遺書」と認《したた》められてあった。そのうえに、重石のように革財布が載せられていた。考えるゆとりもなく、彼女はその茶封筒を丸めてギュッとにぎりしめ、家をでた。

西武線で池袋まで三十分ほど。池袋で山手線ではなく、埼京線の階段を駆けのぼったのは、新宿までノンストップでいくこの線のほうがはやい、と咄嗟《とっさ》に考えたからだった。

と、車内放送がはいる。「人身事故発生のため、しばらく停車しています」との車掌のアナウンスだった。その放送をきいて、彼女はどうしたことか、焼身自殺でも死にきれなかった夫が、こんどは電車に飛びこんだのだ、と思いこんでいた。どうしよう、どうしよう、と動転するばかり。それでも、まもなく、電車は動きだした。

病院に着いても、面会は認められなかった。長いあいだ、待合室で待たされていた。夫の兄弟たちが駆けつけてくるようになって、警察にはこばれていた夫の持ち物を受け取りにいく気持になった。夫が倒れたすぐそばのブロック塀の上に、携帯電話と手帳と免許証が置かれてあった。携帯電話は熱に吹かれていて、もうつかうことはできない。

警察からの第一報の前にかかってきた怪電話は、京王設備の社員からだった。携帯電話を鳴らして身もとを確認するためだった。ということは、百八十二センチの長身をよく知っている社員でさえ、判別できないほどに顔の損傷が激しかった、ということを意味している。

京王設備の玄関先に横づけされていたクルマの運転台には、株式の一〇〇パーセントを保有している親会社、京王帝都電鉄（現・京王電鉄）社長宛ての「直訴状」が遺されていた。内容証明用紙に六枚ほど書かれたもので、日付はその日のものである。しかし、本人の遺志に反して、彼女に返された。

封筒の表には、決行直前に書かれたのであろう、乱れた筆跡で、

〈K社長　前に事を起こせば　今の座は　トップの椅子はなかった〉

など、京王設備の社長への抗議が殴り書きされている。

待合室にいたヨウ子さんは、「心電図に乱れがあらわれた」と慌しく呼ばれた。そこは特別室で、無菌室だった。白衣に着替えさせられ、白い帽子をかぶってドアをひらくと、ガラス越しに広い病室がひろがっていた。むこう側にウオーターベッドがひとつ置かれていて、周囲にはモニターテレビが林立している。

ベッドにちかづいていったのだが、ただ真っ黒な物体が横たわっているだけだった。

「とても見られません」

「見なくてもいいですよ」

と、医者がいった。だから、本人かどうかの確認はできていない。

四日の午前二時すぎ、間遠《まどお》になった心電図の動きが停止した。家に帰ってきたときには、夜が明けていた。検死があるといわれて、家でひと休みしてからまたでかけることにした。ちょうど、ペルーのフジモリ大統領が来日した日だった。道路混雑がはなはだしく、病院に着いたときには、包帯でぐるぐる巻きにされた夫は、すでにお棺にいれられていた。

「お葬式のとき、京王のひとがわたしの前を通ったら、絶対わたしは『人殺し!』っていおうと思ったんです。でも、だれがきたのか、ぜんぜん覚えてないんです。あとで落ち着いてから、ひとりになって、遺書を何回も何回もゆっくり読むじゃないですか。えっ、なんで、なんで、こんなことがあったの、と驚くばかりでした」

一ヵ月たった月命日の八月四日、ヨウ子さんははじめて現場へいった。夫が自殺した場所など見たくなかった。それでも、相手の会社にも思い知らせたい、との気持も強かった。それから、毎月四日には、二十五歳の娘と二十二歳の息子といっしょにクルマででかける。夫が背にしていたブロック塀にむかって花束と線香を供え、夫の好きだったビールを缶から道路の上にふりまく。

七二年、彼が二十九歳、彼女が二十二歳のとき、結婚した。彼は千葉県木更津市の農家の三男坊だった。東京の私立大学を中退して、義兄が経営する「設備屋」ではたらいていた。彼女は新潟県の出身、姉の結婚相手が三鷹市の建築屋だった。この建築屋が、仕事上のつながりのある設備屋に「女房の妹がいるんだが」と声をかけ、見合いさせた。

それから七年ほどして、彼がはたらいていた義兄の設備屋が、倒産した仲間のあおりを受けて倒産、それで進さんは独立することになった。はじめは三人の共同経営だった。

バブル景気のころは、二十代の若ものを中心に、十六、七人もの従業員をつかい、年間売り上げ二億円ほどで、好調だった。グアム、ハワイ、韓国などに、二泊三日の社員旅行をするときなど、仕事関係の別会社の社員も連れていった。親分肌の人物であることが、本人の美意識に合致していたようだ。

社長が亡くなったあと、現場の仕事を引き継いでいる今村雅志さんによれば、仕事には厳しかった、という。

「うちは配管の仕事ですから、タテとかヨコとかのパイプがしっかりしてなければいけない。すこしでも曲がっているとうるさかった。見栄《みば》えがキレイでないから直せとか、ペンキの塗り方がきたないとか、しつっこかった。とくに見えないところがうるさくて、もしも将来、改修工事をよその会社がやって床や壁を剝《は》がしたとき、『なんだ、この配管屋は』っていわれるような仕事はするな。見えないところでも、十年、十五年先をみこんできちんとやれ、とよくいってました。ちょっと曲がっていたり、バンドの止めかたが雑だと、いやがってました」

手抜きを嫌っていた。几帳面だった。現場にまわってきては、社員を相手に盛んに駄ジャレを飛ばしていた。

「寒いギャグで、オヤジギャグというやつです。『ヘルメ』っていう接着剤があるんですが、『いくら使ってもヘルメえ』てなことを、ばんばんいってました。何回でもいうんですよ。ぼくらは笑ってあげるんです。なごませようとしたんだと思うんですね。でも、こちらとしては、またくだらないことをいっている、っていってましたけど」

八年前に今村さんが結婚した。そのときの仲人が、平野夫妻だった。そのあと、なん人かの社員が仲人になってもらった。社長の夢は、社宅をつくって、社員と家族とをそこに住まわせることだった。

「みんな住まわせてやっからな」

それが口癖だった。が、しだいにそのことをいわなくなった。工事代金が支払われなくなってきたからである。

九四年七月、平野さんの経営する有限会社「ワー・ユー・ユー」は、練馬区小竹町のマンションの配管工事などを担当したが、一千三百万円の赤字になった。現場施工に手間がかかる仕事だった。京王設備が三機工業（施工主は東海興業）から受注した時点で、すでに赤字だったようだ。それでも、京王設備にとってはノルマ稼ぎが目的で、そのしわ寄せが零細業者のワー・ユー・ユーに押しつけられた。

このときは契約書を交わしておらず、赤字になっても泣き寝入り、だった。京王設備からは、「いまの時代は、赤字覚悟でやりなさい」といわれていた。契約書もない口約束で、はじめから赤字とわかっている現場を、三件もつづけて押しつけられた。

ひとつは、目黒区青葉台のマンション工事だった。これは伊藤忠商事が三井建設に発注し、三機工業―京王設備―ワー・ユー・ユーと下請けされた。平野さんは最初、単価が安すぎるといってことわった。それでも、人手がたりない、と頼みこまれ、「常備人工《にんく》」で仕事をすることを引き受けさせられた。人工とは、五人の作業員を十日間提供すれば五十人工となる。「一人工」いくらと設定して、積算する方法である。

このやり方の問題点について、東京土建一般労組が建設省建設業課に提出した「行政指導のお願い」には、つぎのように書かれている。

《人がいないという理由で京王設備の現場代理人には(有)ワー・ユー・ユーの社員である今村さんを投入させ、(株)京王設備サービスの名刺まで持たされ、本来京王設備がやらなければならない現場施工図面書きから、現場での元請三機工業との打ち合わせ、下請け業者との打ち合わせまでやらされています。また、この現場は他に二現場を並行して施工しているため、三機工業の現場監督も忙しく、今村さんは三機工業の名刺も持たされ業者との対応をさせられています。

また、現場の工事は、三井建設と三機工業でさえ契約を締結していない。九四年六月から(有)ワー・ユー・ユーが工事を実施するという状況でした。そして、(株)京王設備サービスは契約もしていないのに、契約が終了したとの理由で、(有)ワー・ユー・ユーに対して九五年一月分から三月までの手間請代金一千九十二万三千百五十円の支払いを不当に差止めしました》

要するに、一人分の賃金で三人分の仕事をさせた挙げ句に、賃金の支払いをストップした。

そのあとの調布市のマンション工事も、やはり単価が安すぎた。それで請負いきれなかったが、「常傭人工」で工事に協力することになった。人手を遊ばせるわけにはいかず、元請けとの関係をつないでおきたい、零細企業の悲しさである。

結局、九五年二月、三月分の「人工手間代」の三百三十四万七千五百円が支払われることなく、現場を引き上げることとなった。

この不払いについて、平野さんは東京簡易裁判所に民事調停を申し立てた。二つのマンシヨンの配管工事代と「京王線明大前駅の消火栓工事代」として、五十一万五千円、あわせて一千四百七十八万五千六百五十円を回収するためである。しかし、四回の調停のあと、「不成立」に終わった。契約書がないため、暖簾《のれん》に腕押しだったのだ。

京王設備側は、「総額方式」だった、といい張った。総額方式とは、どれだけの作業員がかかったにしても、最初に決めた金額しか払わない、という方式である。平野さんはその方法でも、すくなくとも一千万円はもらわなくてはどうにもならない、と主張した。

平野さんの代理人だった池末彰郎弁護士によれば、打ち合わせのため事務所にきていた平野さんは、「冷静で淡々としていて、異常を感じさせるようなことはなかった」という。しかし、最後に会ったときは、「ほかの方法を考えます。裁判になったらまたお願いするかも知れません」といった。「ほかの方法」とは、もう一度、京王設備と話しあってみるとか、ひとを介して会うとかのことだろう、と池末弁護士は軽く考えていた。

翌九六年になってから、京王設備側の弁護士から、電話があった。「あなたはまだ代理人ですか」との問い合わせだった。平野さんが会社に直接やってきて、かなり思いつめた様子だ、と探りをいれてきたのだ。池末さんは、「もう代理人ではないので、本人と話しあってください」と電話を切った。

平野さんは、九五年七月に手記を書いていた。四百字の原稿用紙で、三十二枚。その一年後の九六年六月末のは、七枚の分量だった。書くことによって憤激を抑えていたのか、あるいは、憤死する意味を書き遺しておきたかったのか（原文ママ）。

〈W社にして見れば、契約（書）のないままだし、予算も提示のみで、話し合いもない。大体、請負すれば、三千万円の赤字は免れない物件、頭を縦に振れなかった。予算がなければ、常傭工賃の精算はしてくれると思ったに違いない。それでも工事を施工、進むに連れ不安は隠し切れず、予算を聞いてしまったがための出来事である。

K社のM部長曰く、金額を提示したのに、乗込んで工事を施工したのだから契約とみなす。

W社。話しは聞いたが、契約、請負いしたことはない。現場代理担当者の要請で施工しているのみ、との話し合い。「会社がつぶれる」、青ざめたW社。K社は支払うどころか、強硬にハネ返した。最後の追込み、人員増強の催促である。たまりかねたW社、K社社長に、面会を求め、じかに談判した。

「I青葉の現場、約三千万円の赤字に成り、それを誰の手を汚す事なく、また、誰の責任にもならないように完工するには、W社の責任にしてもいい。K社にローンの残っている家を抵当に入れるか、買い上げて貰わないと、誰れかが傷を負うはめになる。平穏に完工するにはそれしか有りません」

実印と土地家屋の権利証を社長に預ける形をとった。W社としては、K社に後の事、さきに継ぐ思いがあったのだろう。K社社長は、最初は聞く耳を持ったが、最後には一零細業者の泣事と判断したのか、迷惑と感じたのか。

追い帰され状態だったW社。予算と工事の完工と二度と出せない赤字、社員への給料の支払い、非常に心配の様子がうかがわれる。肩が下がり、歩む力もなく、階段を下りて行った後姿である。

悲しいかな、大樹の陰のアリ虫一匹〉

〈話し合いの内容、K社の言い分、W社の言い分、相方のくい違いとはあるが、三千万円もの不足する現場を、何故W社に施工させようとしたのか。

K社は、経営の根源である支払いを、止めてしまったのである。W社は前に完工のNマンションで、備蓄も使い果し、銀行からの多額の借金が残り、根源を絶たれ、生残る術べをなくしたのである。I青葉の施工最盛期には、W社は施工能力の八〜九割の人材を送り込んだが為、売上金が未収と成った。今迄の請求金額は、常傭人工請求、工事費工賃の予算が○としても、査定の甘いK社は、それで支払いをしていたのである。W社も、それに甘んじていた帰来《キライ》は見られる〉

「W社」とは「ワー・ユー・ユー」のことで、客観的な描写は、感情を抑えるためのようだ。

このころの平野さんの様子について、今村雅志さんはこういった。

「ギャグがすくなくなりました。その前の仕事で赤字がでていましたから、金策で苦しんでいた。二つ目の仕事は、途中でやめちゃったんですよ。二ヵ月くらいおカネがもらえなかった。もらえると信じてやったらしいんですが、十二月に打ち切られて、引き上げたのは二月なんです。たぶん、一、二月分は京王さんがなんとかしてくれると思ったんでしょうね。いままで、信頼関係を築いてきていましたから。

京王の仕事は、ぼくがはいったころにはもうやってましたから、ずいぶん前からです。その現場には、六人も七人もはいっていたから、その前が一千何百万円の赤字です。銀行から借りてきて、それにこんどまた。それでも、給料はちゃんと払ってました」

平野さんが京王設備を相手にして、不払いの問題をめぐって交渉していたころ、そばでみていた今村さんは〝ヤバイ〟と感じていた、という。

「相手を殺すか、自分が死ぬかって感じかな。相手にたいして怒っているときもあるし、自分を責めていることもありました。『あの野郎、殺してやる』とか『あそこで死んでやる』とか、そういうことをいってました」

わたしが会った加藤常務がいうように、たしかにいまから二年前、「示談」は成立している。「合意書」には、「全ての工事の費用の精算金及び解決金として」六百五十万円、「その余の請求は放棄する」とある。それが平野さんの交渉の限界だったのであろう。差額は八百五十万円だったが、おそらく、この屈辱的な妥協を、彼のプライドが許さなかったのだ。

「解決したとは口ではいってたけど、納得できていなかった。でも、みんなが心配するから、妥協しなければいけないとかあったんじゃないですか」

とは、今村さんの解釈である。

塗装店の経営者で、遊び仲間の淡路秀治さんは、こういう。

「『京王さんがカネを支払ってくれない』と麻雀をしながら漏らしたことがありましたね。『取れる分のお金がとれない』と平野さんがいうから、われわれが『いいじゃない。半分も取れれば』なんていってたんです。それでも、納得できなかったようでしたね。いままで、京王さんとはツーカーで長年やってきたひとですからね。それが工事をやってもお金がもらえないとなると、悔しかったんじゃないですか。

裏切られたような思いが、平野さんのなかにあったんだと思いますよ。あのひとはおおざっぱにみえるけど、カネの面ではきちんとしたひとですからね。

いつだったか忘れたけど、死ぬ前ごろかな、麻雀をしているときに『京王との件は解決した』というんです。それでも『なんかしっくりいかない』とか『納得いかない』とかいってましたね。『だけど、もらえたんならいいんじゃない』といったんですがね」

事件が起こる一年ほど前までは、ヨウ子さんは、会社の仕事にタッチしていなかった。勤めにでていたのだが、それをやめて、伝票整理や日報をつけるなどの仕事を手伝うようになった。彼がはいってくる予定の金額を計算し、彼女が支払うべき金額を電卓でたたいた。その差額が「おまえ、ちょっと貸してくれ」となる。こうして、当座の運転資金や賃金支払いなどのために、彼女がヘソクリを用立てるようになっていた。

自殺を決行する二日前の七月一日、ダイニングキッチンのテーブルに座って、黙ってビー

ルのコップを傾けていた進さんが、ふと、思いついたように、

「おまえ、会社にいくら貸してる」

と聞いてきた。千数百万円になっていた。

「エッ、そんなに。すごくためたな」

「ええ、返してくれる」

「返すあてないな」

「あぁ、そう。うちももう底ついちゃったのね」

彼女は、ちかくのスーパーへパートにでるようになっていたのだが、つぎの日は水曜日で休みだった。それで家にいたのだが、彼は彼女がでかけないのに、ちょっと驚いたように、

「おまえ、きょうは休みかい」

「そうよ」

「そうか。じゃ、いってくるよ」

それが夫婦の最後の会話になった。

その日、彼は帰ってこなかった。翌朝五時に帰ってきた。マメな性格で、遅くなるときには、かならず電話をしてくる。たいがい、夕方五時になると、ピョンと帰ってくるのだった。だから、彼女は麻雀かと思って、いきつけの雀荘に電話をかけたのだが、「きょうは、きてません」といわれていた。

明け方帰ってきた彼は、黙って布団に横たわると、すごいいびきをかきだした。

「ほんと、あんないびき聞いたことがない。ガーゴガーゴガーゴ。だから、たぶん、一睡もしてなかったんじゃないかな」

顔をみると、両方のこめかみにすこし血がついていた。なんだろう、と彼女は不審に思ったのだが、熟睡しているのを起こすのも可哀想だった。彼女はいびきから避難するため、隣りの娘の部屋にはいって、もうひと眠りした。

作業着の上衣から免許証と財布と携帯電話をとりだして、リビングルームの出窓の前の棚に載せておくのが平野さんの習慣だった。ところが、起きてみると、それがなかった。ゆうべ喧嘩でもしてとられたのかな、などと考えながら、朝食の支度をした。いつものように夫の弁当をつくっておいて、そのままパートにでかけた。帰ってから事情をきこう。

事務所の前の駐車場にクルマが乱雑に停められてあった。いつもは、まるで計ったかのように、塀とギリギリに停めておくのに、ヘンだった。車輪は泥まみれで、車体には横にかすったような白い、大きな傷跡がついていた。

二時すぎにパートから帰ってきたときには、彼はでかけたあとだった。彼女は支払い日がちかづいていたので、従業員の給料計算をしていた。そのとき、高井戸警察からの電話が鳴ったのだ。

しかし、たとえそれが腸《はらわた》が煮えくりかえる憤怒だったとしても、あるいは、経営におきな打撃をあたえられた仕打ちだったにしても、どうして、その死の一年前に「示談」になっていた事件にたいして、生命を懸けて、戦いつづけようとしたのであろうか。

手記には、こうも書かれている。

〈わたしは大企業の京王さんとは戦うことはできません。力から金からすべての面で、足元に及ばず、でも法からみても正義感からみても、私の方が全て正しいと思ってます〉（九六年六月二十七日）

平野さんがこだわっていたのは、年度末になると、勝手に預金通帳に振りこまれてくる、「利益調整預かり金」だった。奇妙なことに、やってもいない工事の百万、百五十万円などの「注文書」がくる。このことについて、平野さんは、京王帝都電鉄社長あての「直訴状」で、

「利益調整の預かり分計上し、私は消費税も払い、その脱税した消費税の分迄、差し引く始末、あんなに、あれ丈《だけ》協力してきたのに残念です」

と書いている。几帳面で仕事の記録はすべてとっているから、強気である。彼は古風な人間で、元請けと下請けの一心同体の信義を信じたかったのだが、都合のいいときには非合法的に利用して、不況になるとあっさり切り捨てる、その大会社の冷酷非道を許せなかったようなのだ。

彼は前出の淡路秀治さんに、「京王設備が知らないあいだにカネを振り込んでくんだよ」とぼやいていた。

「大きな額かい」

「そうだけど、またもっていくんだよ」

「節税対策だろうか」

「そうそう」

「税金対策分のカネもらっているんか」

「その分、もらわないと、気がすまない。振り込まれて、こちらの利益として勘定されては困るんだ」

協力を押しつけながらも、掌《てのひら》をかえすような冷たい仕打ちが、腹にすえかねたのであろう。ヨウ子さんによれば、平野さんは、「強いひとには食ってかかる、弱いひとには下手にでる、なんとも損な性格」だとか。

「京王設備サービス全社員に御願　遺書」と題された文書の結末には、こう書かれている。

〈この事（企業社会のいじめ）が埋もれない様、誰かの又社会の裁決で、良し悪しの決着をつけたいと思います。又天の声、裁決を御願いしたい。京王総本山本部へ声を届けるには一命を持って訴えないと届かないと思い、我命を捧げ、お届けします。小さな出来事ですが、京王設備サービスの歴史の一ページに乗せ、良き方向に進んでくれる事を希望します。〉

また、長女に宛てた遺書には、

〈私は命を捨てたのではなく、訴えたのです。企業に対してです。私は生涯社員を守り通したいと考えてました。それを京王にたずさわる下請けに対し守り通したいと考えたのです〉

とある。生命を懸けた訴えとはいえ、もちろん礼賛できるものではない。あとに遺された家族や社員のことをかんがえれば、彼は生き延びるしかなかったはずだからである。

平野さんからの最後の電話をうけたのは、仕事仲間の溝田哲男さんだった。決行直前の午後二時すぎにかかってきた電話の声は、かすれていた。

「さいきんはよく眠れないから、睡眠薬を飲んでいるんだ」

と、ろれつがまわっていないようだった。

「おれの通夜は、みんな呼んで、大騒ぎでやってくれ」

それまでもなん度かきいたことのある冗談だった。平野さんは、「あの世でジャン卓用意しておくから、パイをもってきてくれ」と冗談めかして、電話を切った。

平野さんは家族や従業員ばかりか、取引銀行、仕事の関係者にまで遺書を書いていた。「弔問者の皆さんへ」と題した、葬式当日の挨拶の文章まで遺している。凝り性な性格もあるが、息子がまだ学生で、立派な挨拶ができるかどうか心配だったからのようだ。

彼の捨て身の訴えは、けっして無駄に終わったわけではなかった。その後、東京土建労組との交渉によって、京王設備は、「下請け企業との工事契約にあたっては、けっして片務的な契約はせず、文書もきちんと交わす」との約束をした。契約書にはこう書かれている。

〈当社は、(有) ワー・ユー・ユーならびに東京土建一般労働組合久留米支部から、(有) ワー・ユー・ユー前代表取締役故平野進氏の自殺に関する懇談の申し入れを受け、協議を進めてまいりました。

今回、問題となりました工事につきましては、当社は（有）ワー・ユー・ユーとの「工事請負基本契約書」に基づき着工しましたが、その際、工事金額並びに工期が口約束によるものであり、また、着工前に「注文書」をきちんと渡さず、工事着工にいたったことを当社は遺憾に思っている次第です。この請負契約事務の不完全さは、建設業法上の問題点として、反省すべきことと理解しております。

当社は、下請企業との工事請負契約にあたって、けっして片務的な契約とならないよう下請企業との協議並びに理解を得ることを優先しており、今後とも下請企業との協力関係を大切にしてまいりたいと思います。

また、今後下請企業との工事請負契約につきましては、着工前に「注文書」・「請書」をきちんと取り交わすなど、再発防止に万全を期することを申し添えます。〉

契約は、力の強いものこそが守らなければならないものである。

平野さんの死後、妻のヨウ子さんがワー・ユー・ユーの社長になった。社員はふたりやめたが、いま三十二歳の今村さんと同年輩がひとり、それと五十代と六十代の社員四人で、仕事をつづけている。

そのとき、長男は大学四年生だった。病院から自宅にむかう搬送車のなかで、彼は思いつめた表情で、学校をやめて会社を引き継ぐ、といった。それでも、ヨウ子さんは、つねづね平野さんがいっていたように、

「この会社はおれ一代でいい。もしも、おれの片腕になるのがいれば、そいつにまかせるか

ら、おまえはやらなくてもいい」

との言葉にしたがわせた。長男は大学を卒業して、いま調理師の修業をつづけている。

京王設備の仕事は完全に切れたが、これまでつきあいのあったひとたちが仕事をだしてくれている。ヨウ子さんによれば、社員たちが生活していく分はなんとか稼げているという。


平野さんのケースはけっして特殊ではない。折からの大不況のしわ寄せは、中小業者に重くのしかかってきている。たとえば埼玉県の建設業界では、九七年度で二十九人、九八年の四月から七月までで、七人の「不況型自殺」が発生している。

「もうメチャクチャな状態です」

と、東京土建労組の清水謙一書記次長がいう。この業界での不払いのパターンとしては、つぎのような例が多いという。
○建物の建設というのは、地下工事というのが危険度、難度が高く困難。そこで、地下工事を終えたあたりで、「手が足りない」「工期におくれている」などとナンクセをつけて、発注者の子飼いの業者などから人をいれる。そこでイジメや差別などをして、途中で最初からはいっていた業者を切る。要は困難なところだけやらせて使い捨てをする。
またはは子飼いの業者がほかの現場に行っている間だけピンチヒッターをやらせる。そして、比較的楽に仕事ができる段階にはいると、子飼いにやらせる。しかもピンチヒッターには、正当には払おうとしない。労組側はせめてかかった労賃だけでも支払え、という要求をしているが……。

　結局、一日も工期は遅れていない、安全面でも問題がなかったようなところが割を食うことになる、という。
○バブルのころは工期を間に合わせるため、カネに糸目をつけなかった（チャーター機で現場労働者を集めるなど）ので、下請けはいい思いもしたろう、ここ五〜六年は不況になったからそのぶんを吐き出せよ、という感じで、予算があっても『ない』とか『赤字覚悟でやれ』などと、下請けに押しつける、とか。
　しかし、これも長年つづくと、下請けにも体力がなくなり、運転資金も不足して自殺に追い込まれる。取引先と融通手形をしたり、連帯保証をしたりして、ノンバンク系からの取り立てに耐えられなくなって自殺、というパターンが多い。


　業種こそちがうが、九八年八月下旬、埼玉県入間市で、精密板金会社を経営する四十八歳の男性とその兄が自殺した。二人は排気ガスをクルマのなかにひきこんで、死んでいた。この会社も受注が減り、その日、不渡りをだす局面に追い込まれていた。

　しかも、自殺に追い込まれるのは、真面目で几帳面、相手取引先に忠実なタイプが多い。東京土建労組では、困ったときには、思いつめたりせずに、相談してほしい、とよびかけている。

　サラリーマンは過労で自殺に追い込まれ、中小業者は不払いや赤字受注を押しつけられて自殺する。としたなら、日本の資本主義とは、なんのルールもない、もっとも野蛮な、弱肉強食のサファリパーク、ということになる。

親友三社長「悲劇の連帯保証」　東京都　府中市

東京郊外。府中競馬場からさほど遠くないホテルで発生した、三人の社長の「集団自殺」は、螺旋階段を降りつづける日本経済の現状ばかりか、膨れ上がったエネルギー集団としての「団塊世代」のあっけない挫折、あるいは生命と保険金とを引き換えにするドタン場の決済など、現代日本の混迷の実像を陰画にしてみせた、衝撃的な事件だった。

三人ともに快調を誇ってきた自動車関連業界にあって、これまでの繁栄を一身にうけてきた人物である。その中心人物の持ち馬が日本ダービーで優勝するなど、「平成バブル物語」のひとつのエピソードとして、後世につたわるのはまちがいない。

それにしても、どうして中年男が三人一緒に、との疑問が残る。ひとりがひそかに決行したのならともかく、分別盛りの中年男のだれかひとりが、実行の途上で、「やめよう」といいだせば、いまでも三人ともに生き残っていたであろう。しかし、それをいいだせないところが、集団で生きてきた団塊世代だったのかもしれない。

事件現場のホテルにいってみた。

中央自動車道の国立府中インターチェンジの料金所にちかい、国道沿いの五階建て、薄茶いろで統一された小型ホテルである。田んぼをつぶして、何軒かのホテルがならんでいるのは、ちかくにNEC、東芝、東京競馬場などがあって、ひとの出入りが多いからとも考えられるし、べつの用途とも考えられる。

国道に面したそのホテルは、「LE《ル》 PI《ピ》A《ア》NO《ノ》」とフランス語横書きの看板。以前はれっきとしたビジネスホテルだったようだが、いまはREST六千八百円、STAY九千八百円の表示がでていて、ビジネスとカップル兼用のようだ。

自動ドアを踏むとすぐにロビーで、白の円柱が天井をささえている。グランドピアノがそのむこうに置かれてある。それがやや風変わりなホテルの命名のもとになっているようだ。突き当たりのガラス窓のむこうに、ちいさなプールがあって、シュロの木陰などがしつらえられてある。まだ新しい小綺麗なホテルだ。

小林正明さん（五十一歳）「スポット」社長。カー用品小売り業。

須藤勝さん（四十九歳）「ル・モンド」社長。カー用品メーカー。

東海林義美さん（四十九歳）「東光」社長。カー用品卸売り業。

この三人の社長が、自動ドアの右手にある、曇りガラスのむこうの小部屋にいる女性から鍵を受け取り、エレベーターに乗って三階の部屋にはいったのは、一九九八年二月二十五日、午後四時ごろだった。

一時間半ほどしてから、フロントの女性に、部屋を使える残り時間をきいてきた、というから、三人ともにこのホテルははじめてのようだ。というのも、「REST」料金、六千八百円は三時間が単位になっていて、あと一時間半の余裕があるのを知らなかったからだ。

ホテルと路地をはさんだむかい側にある牛どん屋で、三人は遅い昼飯を摂った、ともつたえられている。ひとりずつキープした部屋の真ん中にあたる、東海林社長の部屋に残された缶ビールや缶ジュースやウイスキーのボトルなどは、牛どん屋の隣りのストアで購入したもののようだ。

三人の中年男が床のうえに車座になって酒を酌み交わしながら、といっても、けっして話がはずんでいたわけではない。ボソボソしたくぐもった話し声が聞こえるようである。

それから、じゃ、などといったのだろうか。小林社長と須藤社長のふたりは腰をあげ、キーを片手に自分の部屋にはいった。真新しい一本のロープは三等分され、それぞれの手許に残った。実行はその直後、と推定されている。

それぞれがしめしあわせたように、エアコンの通風口の格子にロープを結びつけ、首を縊《くく》った。ホテルの従業員に遺体で発見されたのは、深夜の一時半過ぎだった。それまでだれに発見されることもなく、静かにぶらさがっていた。おそらく、自分で会社を興して社長になってから、もっとも静かな時間だったであろう。

わたしがここを訪れたのは、日曜日の午後だったが、ちかくのJR府中本町の駅の階段は、スポーツ新聞を手にして競馬場にむかう男たちで身動きのできないほどだった。馬主である小林社長はベンツで通っていたはずだが、三人ともにこのあたりは商売上のエリアだった。だから、「決行」の場所としてのホテルの建物を、クルマの窓からなんどか眺めていたはずだ。

千葉県佐原市。JR成田線の佐原駅からタクシーで十分ほど走る。低い山脈《やまなみ》のあいだに、陽あたりの悪いちいさな田んぼがひろがっている。

このあたりで、いまなお牛を飼っている農家といえば、小林家ぐらいのものである。道路脇の急坂を上っていくと、木の柵を扉にした門があって、「家畜がいるので、開けたら閉めてください」との掲示がだされている。

なかをのぞくと、放し飼いにされた鶏が牛舎の屋根の上にいるのが見えた。昔ながらの農家の風情である。山腹の傾斜地が屋敷になっている。小林社長の父親の正市さんは、ここで妻とふたりで肉牛を飼育して生活している。

昼過ぎだったので、正市さんは奥の部屋で昼寝をしていた。それで出直すことにした。道ばたで時間をつぶしていると、三十分ほどして、夫人が「起きましたから」と坂道を降りて呼びにきた。小林社長にとっては継母にあたる女性である。どこか都会風なところが残っている女性で、それでいて他人のことに気をかける純朴なひとのようだ。

正市さんは、そこがいつも座っている場所なのだろうか、上がり框《がまち》に背をむけ、座椅子にちいさな背中を預け、大きな天眼鏡で新聞を読んでいた。それでわたしも、にじり寄るようにして、上がり框に座り込んで、正市さんの背中越しに話しかけた。

——正明さんが亡くなって、もう半年たちましたね。

「仕事のことは、どうなっていたのか、わたしには、全然わかりませんから、聞かれてもね。これから、草刈りにいこうかと思ってね、牛がたくさんいますからね」

八十歳すぎなのだが、目鼻だちははっきりしていて、無駄のないキリリとした表情である。けっして老《ふ》けこんではいない。小柄ながらも精悍な感じで、現役の農民であることをうかがわせる。

——何頭ぐらい飼っておられるんですか。

「親が四十頭、子牛が三十頭。たまたま、この雨で草刈りにいけなくてね、昨日までは夢中でやっていたけど」

——朝はやくから、夜おそくまで、いまでもはたらいていらっしゃる？

「わたしははたらいてさえいればいいという性分なもんだから。朝から夕方まで、休みがねえから。エサくれて、(牛)小屋を掃除して、三百六十五日、まいにち仕事。仕事が生き甲斐だよ」

——正明さんも、子どものころ、ニワトリを飼う手伝いなど、やってくれていたんでしょうか。

「うん、よくやってくれたね。昭和なん年ごろか、みんな生活に困っていたときだから、子どもにも手伝ってもらったけどね」

正市さんは、二十一歳のとき、新潟県からの開拓団にはいって、「満州」に渡っている。牡丹江から東寧にむかうあたりに住んでいた、という。ソ連領にちかい、中国東北部である。「中国人をつかって、農場経営をしていた」。関東軍相手に野菜や燃料も出荷していた、というから生活は安定していた。小林さんをいま責めるわけではないが、当時は開拓団といっても「武装移民」で、中国での土地と労働力の収奪だったことには変わりはなかった。むこうで結婚して、十年ほど暮らしていた。が、敗戦。「命があったのが不思議なぐらい」必死の想いで、新潟県前島村（現在は長岡市）の自分の実家に引き揚げてきた。

正明さんが産まれたのは、四七年一月である。それから妻の実家のある深沢村（現在は長岡市）に移り住んだ、という。が、まもなく妻と離別し、子どもを実家に預けて、単身、東京にでてきた。

そのあと、しばらくして、東京・世田谷の深沢で農業をはじめるようになった。そこは東京であってもまだ農村のたたずまいを残していて、牛を飼っている家などはめずらしくなかった。「小学生だった正明も、山羊の面倒を一生懸命みていた」とそばにすわっている母親が口を添えていったから、そのころすでに、彼女がいっしょに暮らしていたようだ。

山羊の乳は、碑文谷警察署の先にあった津村家の屋敷のなかで、高温殺菌のあと、びん詰めされた。小林家では二十頭ほどの山羊を飼っていた、というから正明少年の奮闘ぶりが想像できる。それがのちに、彼が競走馬を持つことにつながったのかどうか、との質問にたいしては、正市さんは答えなかった。あるいはギャンブル（競馬）と農業とはちがう、との思いがつよいからかもしれない。

正明さんが私立高校を一年で中退したのは、遠くて通いきれなかったからだった。高校は世田谷区にあったのだが、そのころになると、世田谷区も宅地化がすすみ、小林家は土地をもとめて横浜市の丘陵地帯に引っ越ししていた。バスが不便で通いきれなかった、と正市さんはいってから、「こっちはカネもなかったし」とつけくわえた。交通費の負担が大きかったようだ。

もしもオリンピック景気によって、東京の住宅開発が急速にすすんでいなかったなら、正明さんは高校へ通っていたかもしれない。が、オリンピックを号砲とした高度成長経済は、いずれにしてもほそぼそとした農業生活を駆逐した。やがて、引っ越し先の横浜市港北区もまた宅地化の波に呑みこまれ、小林家はこの千葉の山間部《やまあい》に追いやられるようになる。

――高校を中退したとき、正明さんはがっかりしたような顔をしてましたか。

「さあ」と正市さんが首を傾《かし》げると、母親が「あのころは自分ではたらいていたりしてたもんね」と横で答えた。「がっかりもしてなかったかな」と正市さんは笑顔になった。

「がっかりってこともないでしょうね」

と彼女も笑っていった。

それは直接本人に聞いてみなければわからないのだが、それでも本人自身、文句はいわなかったようだから、勉強などよりも、はやく一人前になろうと決意していたのかもしれない。

正明さんはいくつかの仕事についたあと、自動車部品の販売店ではたらくようになる。世は颯爽《さっそう》たる「モータリゼーション」の時代を迎えていた。もはや農業にかじりついている時代ではなかった。

東京都八王子市で、カー用品販売業「オートスポット」を創業したのは、七三年九月、正明さんが二十六歳のときだった。その直後にオイルショックに遭遇したはずだが、もちまえのガンバリズムで乗りきり、翌年には「株式会社スポット」として法人化に成功、あとは破竹の勢いで支店を展開する。

――八十歳をすぎてでも、現役でこうして畜産業をやっているひとは、なかなかいないでしょう。

「わたしもそう思うね」

――農協へ卸すんですか。

「千葉市の若葉区で、二ヵ月に一回、市場がひらかれてね。わたしみたいに、肉牛（飼育）やっているひとは千葉に大勢います。それで競《せ》りをやるんです。千葉全域から、そこへ集まってきて。わたしは生後一年たった子牛をだして（売り）、それから一年たった成牛が、屠場にはこばれます」

和牛の育成である。二月の競りに正市さんは四頭だしている。人気のある種牛は、タカイ、キタウミ、ナノハチなど。
――子牛が産まれた瞬間の感動が、仕事の原動力ですか。

「楽しいですね。それから競りね。二十万、二十五万、三十万と上っていくのが楽しいね。競っていくのが楽しみね。がっかりすることもある」

正市さんは、牛の話になると弾んだ声になった。息子の正明さんも、イギリスの競り市で、二歳牝の競走馬二頭を、二億三千万円もだして買い付けたりしていた。地味な肉牛と競走馬とは、いわば雲泥の差であるが、父と子がそれぞれに血統や競り値に眼を輝かせている表情を、わたしは想像していた。

利根川の川辺まで、まいにち小型のトラックででかけていっては、草刈りをしてくる。それで飼料代がかからずにすむ、とか。勤勉な畜産家といえる。

――正明さんも、もしも後継者をやっていたなら、破綻しないですんだかもしれませんね。

「そうでしょう、と思うね。でもまあ、牛にもやっぱり相場の変動があるし。（正明は）気はつよかったけど、結局、バブルがはじけてこういうことになったんじゃないですか」

――がっかりされたでしょう。

「がっかりしましたね。生き甲斐なくなったね」

――子どもに先立たれますとね。

「うん、つらいね。世のなかに魂ってあるのかしら。あるでしょう？　よくきくから」

――あるかもしれません。

「ないかね」

——子どものころ、ぼくの学区にはお寺の子どもが多くて、夜寝ていると、玄関の戸があく音がして、廊下をひとが行く足音がする。翌朝、檀家から「おばあさんが亡くなりました、きてください」との連絡がはいるんだ、などとよく聞かされました。ですから、ぼくはかんたんには否定していないんです。テレパシーはあるかもしれませんね。

「あの世へいって、おれのことをみているだろうかな」

——親父がんばれと思っているかもしれません。

「親父がんばれというのか、それともいい歳してもう苦しい仕事はやめて、眼をつむれ、といっているのか」

——ご老人になってもずっと好きな仕事ができる、というのがいちばん幸せじゃないですか。

正市さんがいま住んでいるのもまた、やはり「深沢」の地名である。「好きですね。自然を相手にね」と顔をほころばせた。安住の地のようだ。

——あとなん年ぐらい、こういう仕事をつづけられるおつもりですか。

「一生現役でいたいね。こつこつ大きくしたものだから、そうやめられなくて。仕事をやっているかぎりはボケないですもんね」

正明さんの義理の母親は、そばでこういう。

「だれもいないから、結局、動物と話しています。たまに、むかってくるのもいます。ツノでね。そういうのはこっちもそういう考えで応えちゃうんですよ」
　はたらきものの夫婦の老境である。正明さんもこの勤勉さを父親から譲られたようだ。
――正明さんと最後に会われたのはいつでしょうか。
父親「今年は会っていなかったけど、去年は会いました」
母親「相当会わなかったね」
父親「一年も会わなかったかな」
母親「一回、ここに来たんですけど、そのときは留守にしてましてね」
父親「草刈りにいっていたんだよ」
母親「台湾だかどこかへいくんだとかいって、十一月のはやくに寄りました」
父親「会ったのは、去年の正月かな。会っても、一時間ぐらいしかいねえもんでね。（死ぬぐらいなら）なんで一千万円でももって、中国へいかんかったのかと思ってね」
母親「家族もってれば、自分だけいってくるようには（いかないし）」
父親「そういうこともできねえからね。やる根性のある男だから。全部、破産宣告して、中国あたりにいったなら（死なずにすんだ）。おれに話すれば『おまえ、駄目だったらぜんぶ清算して、一千万でももって中国へいって、なにかやったら』といったかもしれねえ。自動車関係の仕事でも、なんでやらなかったのか、死んじゃって、親ばっかり、泣かせて、ほんとにしゃくにさわっちゃう」

正市さんは、作業ズボンのポケットからハンカチをとりだして、眼をぬぐった。タオルでなく、ハンカチというところに、どこか都会風な生活を残している。

「多少、経営がよくねえとは聞いてたけど、そんなに追いつめられてるなんて、全然わかんねえし、桁《けた》がちがうからね、借金の。いつまでも、息子のことが頭から離れないね。やっとこのごろ、くよくよしてもしょうがねえなと思って。落ち着いたら、はやく四国の八十八ヵ所めぐりでもしたいな、というのが夢でね。菩提《ぼだい》を弔《とむら》ってやりたいなと思って。このあいだ、新潟の実家へいってきたけど。そこに正明はしばらくいたからね」

たとえ、子どもが五十歳をすぎたにしても、親は親であることに変わりはない。


「株式会社スポット」の負債総額は、三十六億八千万円である。これにたいして、売り掛け債権が五億三千万円、保険金ではいった金額は六億五千万円と推定されている。これで当面の資金繰りはできる、と小林社長は考えたようだが、計画したようには、自殺では会社を救えなかった。

スポットの本部は、三人の社長が自殺したホテルからクルマで三十分ほど離れた、東京都稲城市にある。鶴川街道沿い。崖を登る急坂の上の台地に、白亜の二階建てがたっている。十六のチェーン店を率いてきた本部である。

山腹に切りひらかれた造成地に位置しているのは、彼の父親がはたらいている農場に似ている。むこうはまわりの山はまだ高く、家も古い農家づくり。牛舎の屋根には青いビニールシートをかけたものもあったのだが、こちらはいかにも都会風。それでも、ふとおなじ情景にみえるのが、自分でも不思議だった。

ホコリの付着したガラス戸に、裁判所の「破産」と「保全命令」を告げる張り紙が張りつけられている。もちろん、ドアは閉ざされたままだ。その前にポリ容器のゴミ箱が転がっている。ポーチの石段の縁《へり》が崩れているので、倒産前からすでに、社屋の手入れをするゆとりがなくなっていたことを物語っている。

おなじ建物のなかにはいっていた「ゲインズ」の「破産宣告」も張りつけられている。ゲインズは、八四年に設立されたカー用品を製造する会社で、韓国、台湾で生産していた。社長は小林正明さんである。このころまでの彼には、事業拡大に意欲を燃やす姿がみられていた。

ところが、九〇年五月の日本ダービーを持ち馬の「アイネスフウジン」が制覇して、賞金および種つけ料などで九億円にものぼる大金を手にした。それから彼は、競走馬の購入に熱中するようになる。二十頭の馬を抱え、厩舎への預託料が月に二千万円にもおよぶほどになった。しかし、その後、馬主としての夢のような栄光が、ふたたび訪れることはなかった。

資金繰りのため、スポットからゲインズに、長期貸し付け金として、七億四千万円が出資されている。このほかに小林社長個人への仮払い金として、一億五千万円がある。これらが、「競走馬事業」に流用されたようだ。

つまり、消費税の引き上げなどによる自動車業界の不況、バブルの崩壊などが会社経営へ打撃を与えたというよりは、競馬の世界での挫折が命取りになった、といえる。それが銀行の融資打ち切り、倒産の不安、そして自殺と連動したのだった。

スポットが経営危機状態におちいったのは、自殺を決行する九八年の二月がはじめてではなかった。前年、九七年の十一月決算でも現金および手形での決済が困難となっていた。

さらに九六年三月には横浜銀行が短期融資を打ち切り、それがこたえていた。中小企業は、「短期融資」という名の輸血を繰り返すことによって、生き延びているのが実情だからである。

このときは、須藤社長のル・モンドと、須藤氏が専務を務めるカー用品卸業の「ノーマン」が一億円、東海林社長の東光が五千万円、スポットのフランチャイズ店である「トリス」が五千万円、さらに小林社長が高校中退のあと世話になっていた「三栄商会」が三千万円を融資して、「不渡り」は回避された。

ノーマンなどが融通したのは、「融通手形」ではなく、「手形貸し付け」だったという。融通手形の場合、たとえばノーマンがスポットにたいして手形を切ったとしても、トリスや三栄商会振りだしの手形がノーマンにまわってきて、ノーマンは当座をしのげる。

しかし、手形貸し付けの場合は、代わりの手形を受け取らず、自社だけで資金繰りをしなければいけない。そのため、ノーマンをはじめとする各社は重い負担を背負うことになる。自社の体力を超えてまで、しかも本来なら卸業のノーマンから小売り業のスポットにたいして手形を切ることなどはありえないにもかかわらず、手形貸し付けが敢行されたことに、小林社長の人間的魅力と、一蓮托生ののっぴきならない三人の関係が示されている。

小林社長は、会社を売却することによって、自分が築いたスポットの名前だけは救いたい、と考えるようになっていた。買い取り先もみつかったが、須藤、東海林社長が反対した。スポットの経営主体が変われば、取り引きの流れが変わり、自分たちが不利になる。ふたりはすっかり弱気になった小林社長を激励し、融資による支援を約束した。こうして、結束はさらに固まった。

自殺を敢行する二ヵ月前の九七年の年の暮れ、小林社長は、「大セール」の陣頭指揮をとった。背水の陣である。ナビゲーションなどは原価割れの投げ売りをしてでも、それを目玉商品にして客を集め、集まった客に原価率のいい輸入品を買ってもらうことで勝負するつもりだった。

が、しかし、ついに売り上げ、利益ともに前年を上回ることにはならなかった。むしろ投げ売りと採算の悪い支店閉鎖の強行が、業界ばかりか、社員にも不信感をあたえることになる。

いよいよ二月。上旬になって、小林、須藤、東海林社長、それにトリスの社長は、経営者会議をひらいた。このとき小林社長は、来《きた》る二月二十五日の決済資金として、二億三千万円が不足している、と打ち明けた。これにたいして、手形決済分は須藤、東海林社長がやりくりするため猶予し、現金払い分は支払い日を二十日延期してもらう、との結論になった。しかし、おたがいに「会社の事情」があって、それは困難で重大な課題だった。

ようやく現実に逢着した小林社長は、会社の顧問弁護士である伊藤博氏がかねてから提案していた、債務者の協力による「和議」での会社整理を決心して、トリス社長に打ち明けた。といって、スポットが「和議」にされて債権が棚上げになれば、取り引き量の多い自分の会社も経営破綻に追い込まれる。トリス社長は、四人で決定した先日の会議の内容を実行することを迫った。

小林社長はのちにいっしょに自殺するもうひとりと、こんどは「破産」について話しあった。が、それもまた「これまで融資に協力したのに、ここで破産申し立てをおこなうことは到底了承できない」と突き返された。

結局、その人物とともに、保険金によって、一挙に事態収拾を図るウルトラC策を決定した。このあと、小林社長は、ふっきれたように、確固たる方針で動くようになった、という。

宮田眞弁護士は、小林社長の死後、スポットの破産管財人になった人物である。彼が作成した「破産管財人の報告」にも、小林社長とはかって同時自殺を決めた人物が、須藤社長なのか、それとも東海林社長なのかはあきらかにされてはいない。

二月二十日。小林、須藤、東海林の三人の社長が、都内のホテルで会談。ここではじめて、もうひとりが自殺による決着の方針を告げられる。その彼にとっては寝耳に水の提案だった。彼は反対を唱えた。しかし、二十二日にも、小林、須藤、東海林社長の三人が、約六時間におよぶ協議。その結果、三人が同時に自殺して会社を救うことが確定された。

そのあと、トリス社長を呼びだし、後事を託すことになった。トリス社長はことの成りゆきに驚愕し、あとを引き受けることを拒絶する。それでも、トリス社長が引き受けてくれなければ、われわれの死は無駄死に終わる、と三人に説得され、彼はスポットの経営を引き受けることを承諾した。

こうして、それぞれが掛けていた保険金によって、会社を再建する見通しがたった。といっても、結果からみれば、「机上の空論」だったのだが……。ともかく、保険金がはいるまでのつなぎの融資を今回だけ面倒見てくれ、と東海林社長が三栄商会の社長に依頼した。

翌二十三日、小林社長は経理部長に「破産申し立ては取りやめる」と通告した。「資金の手当はついた」との社長からの報告を受けて、経理部長は伊藤弁護士に「取りやめ」を連絡した。その一方で、小林社長は複数の同業者に、会社の買収を依頼している。それがまだ自殺を決断しきれていなかったことをうかがわせる。

自殺前日の二十四日。この日まで、ついにスポットを買い取ってくれる会社はみつからなかった。午前十一時、須藤社長と東海林社長のふたりが小林社長を迎えにきた。三人は連れだって、小林社長の会社をでた。それから三人とも自宅に帰らなかった。異常に気づいた家族から、翌日、「捜索願い」がだされている。

この間の事情について、小林社長の顧問弁護士であり、ふたりの相談にも乗っていた伊藤弁護士は、こういう。

「二月二十一日土曜日の夜遅く、東海林さんが自宅に電話をしてきました。十一時をまわっていたと思います。『急ぎお会いしたい』というので、『いまから？　明日でもいいですか？』と尋ねました。彼は『明日でかまいません』という。それで、翌二十二日、彼と会いました。午前十時に彼が事務所にきたんです。東海林さんは『もう、わたしは、破産することになりましたから』というのです。それで、翌日の午後四時半に、破産の手続きのため事務所をもう一度訪れるようにと約束したんです。

しかし、月曜日の午前中、彼から電話がありました。『キャンセルしたい』というんです。また、後日くるのかな、と思いました。破産すれば、ある意味で『いいな』と考えてたんです。そうすればスッキリするだろうと思ってましたから。いま思うと、あのまま破産申し立てをしておけば自殺もなかったかもしれません。

三人の遺書が発見された日（二月二十五日）、わたしは『はやく（三人を）探せ』と関係社員にいいました。警察への連絡と彼らの立ち寄りそうなところを探すようにいったんです。死んだのを知ったのは、翌日の朝六時ごろでした。スポットの経理部長から電話がかかってきたんです。『いま、テレビでやってるから見て下さい』といわれて、テレビをつけると、ニュースで三人の自殺が報じられてました。それで知ったんです」

思いがけない展開になった最終局面での、東海林社長の動揺と苦悩とが窺《うかが》える。

伊藤弁護士の口ぐせは、「財産を破産させても、人生の破産ではない」である。本人自身が、弁護士事務所を破綻させた経験からの忠告である。

「倒産は死ではない。和議や整理の制度があるのですから、債権者に払えない、といえばいいのです。ところが、日本人は不渡りを恥だ、と考えてしまう。小林さんも『スポット＝小林』という思いがあったから、なかなか吹っ切れなかったんでしょう」

小林社長は、自殺する直前、「支払い猶予のお願い」と題する文書を作成していた。ところが、その存在は社員につたえられていなかった。そのため、せっかくの文書も送付されないまま、よけいな混乱をひき起こして会社の死を迎えたのだった。

事件当日は、支払日だった。社長の失踪を知ってあわてた社員たちは、債権者に「社長と連絡がとれないため本日の支払いができません」とのファックスを送りつけた。皮肉なことに、その日の手形決済に要する一億七千万円については、東光七千万円、ル・モンド二千万円、ノーマン五千万円、三栄商会三千万円、と約束通りの入金があって、スポットは不渡り手形の発生を逃れていた。

しかし、三人にとって計算外だったのは、取引先へ「支払い猶予のお願い」の文書が届かないうちに、社長失踪のファックスが流されて、債権者が押しかける騒ぎになったことだ。

午後六時ごろ、ホテル「LE PIANO」にいる小林社長から、後事を託されていたトリス社長の携帯電話に連絡がはいった。小林社長が会社の手形決済状況や現金決済延期の首尾、社員の反応を心配しての電話だった。

トリス社長は、手形の決済はクリアしたものの、債権者の一部が押しかけ、商品を搬出しようとしている、と非常事態をつたえた。計画遂行はむずかしくなっている、だから至急姿をあらわしてほしい、と懇願した。

それでも、「十分に話しあって決定したことだから」と小林社長は拒絶し、「今後もがんばってほしい」というだけだった。電話を代わった須藤、東海林社長のふたりとも、トリス社長に事後処理を依頼するだけで、電話は切れた。

それから、東海林社長が部屋に残り、あとのふたりはドアを開けて、それぞれ自分の部屋へむかってでていった。

彼らがそこまで計算していたかどうか、三人同時の自殺は、大ニュースとして報道された。どうして、分別のあるはずの中年男が三人一緒に……、それはだれしもが感じる疑問だったからである。しかし、いま、わたしが感じる疑問とは、まわりの人間が知っていたのに、どうして止められなかったのか、である。

東海林社長は自分の手首をロープで縛っていた、とつたえられる。決意の弱さから、未練がましく生き残るのではないか、との不安のあらわれであろう。もしも、未遂に終わって、自分ひとりだけが生き残ったとしたならば、それはふたりの仲間への裏切りというばかりではない、世間にたいしての信用がつぶれる、ということかもしれない。

あいつだけ生き残ったんだ、というような……。

あるいは、債権者の押しかけ騒動がはじまったときいて、やめようか、との動揺があったかもしれない。が、「決定したことだから」との小林社長の言葉が遺されている。それは、周囲のひとたちがうすうす計画に気づくようになっていて、次第に会社が救われることへの「期待」がたかまり、三人が計画を中止するのをせき止める防波堤になっていたのではないか、とわたしは考えたりする。

三人の自殺が報道されて、債権者の商品搬出騒ぎが拡大する。

「社長の自殺のことなんて考えるひまもなかった。二十五日から、二十六、二十七、二十八日まで、ずーっとつづいていたからね。

『業者が商品を引き上げにきているけど、どうしましょうか』

そんな電話が本部にジャンジャンかかってくる。その通話が終わると同時に、業者がすぐ商品を引き上げる態勢をとっている気配が感じられるんです。業者が電話口で、

『引き上げていいですよねッ、引き上げて』

といってきますから、

『冗談じゃない。金は払ってあるんだから、引き上げる筋合いはないでしょう』

『引き上げますよ、引き上げますよ』

『ダメ、ダメ、困る』

朝から晩までそんな調子でした。夜は十時ぐらいまでつづいたかな」

スポット元幹部の話である。

——しかし、社長はどうして自殺したんでしょうか。

「うまくいえないけど、あとに残った人間を助けてくれたんじゃないかな……」

——助けたとは？

「共倒れをさせなかった……」

——保険金で救うという意味ですか？

「いや、具体的なカネのことはわからないけど、こうしていまでも商売していられるということは、なにかの形で助けてもらっています。社員だって再就職できているし、退職金もでる。そういう意味では、最後の最後まで社員思い、面倒見のいい社長だった」

破産の申し立てをしたのは、伊藤弁護士の方針だった。商品の搬出を防ぎ、従業員の権利を守る労働債権を確保するには、「破産」による財産保全しかない、との判断だった。

そして二十六日、破産の申し立て。翌日、裁判所は「保全処分」を決定した。

スポットの宮田管財人によれば、不動産などの売却によって、清算ははやくすみそうで、九九年十一月には、株主への最終配当をしたい、とのことである。

須藤社長のル・モンドは、当時の岩沢豊専務があとを引き継いで、現在も営業している。岩沢専務によれば、スポットとの資金関係は、須藤社長がグループ会社のノーマン専務として取り引きしていたもので、ル・モンドとは直接的には関係ない、という。

「俺への遺書は便せんで四枚。『すまなかった。お前ならできるだろう』という内容だよ。机には須藤のメモ用紙があったけど、それにはびっしり資金繰りのことが書いてあった。『スポット、トリス、スポット、トリス……』って。これをみると、俺は胸がつまる。なんで須藤がよその会社のことで悩まなきゃいけないんだ。なんで『俺には関係ねえ』っていえないんだってね」

しかし、須藤社長がいくら融資をつづけても、スポットの業績はあがらなかった。

「でも、やっぱり世話になったりしている関係だ。文章や言葉ではつたえきれない関係なんだ。他人にとっては、そんなことがあるんですか、と驚くような内容が、あの三人にはあったと思う。だって、普通の経営者として、とってはいけない行動でしょう。それが、自分の命をなげうって協力してるんだから。『最終的な責任は俺の命でとるんだ』という関係は、俺にもわかんない世界だよね。

いまの金融機関みたいにドラスティックに切り捨てるような、陳腐な関係じゃないんだ。東海林さんの会社の内容はよかったんだから、なおさら、なんで死んだかわからない。

ただ、須藤に関しては多少はわかる。須藤が独断で融資して、結果的に穴をあけた。だから、責任を取ろうとした可能性はある。遺書には『責任を取って会社を生き残らせる』と書いてあった。結局、ウチとウチのグループ以外はまったくなくなってしまった。ひとに迷惑をかけて、もう死ぬしかない、と考えたのは、須藤かな」

東海林社長は、あるとき、ほかの業界で倒産した社長がやってきて、「自殺したい」というのをきいて、「冗談にもほどがある」と怒っていた、と元幹部社員がいう。だから、本人は自殺するような人間ではない、と彼は強調している。

スポットの元店長の話によれば、小林社長が二年ほど前から、よそで「もう駄目だ」といっているのが耳にはいっていた、という。

「俺、だれから聞いたのか、定かじゃないんですけれど、『もしかしたら三人、自殺するかもしれないね』って話を、一週間前にもきいてるんですよ。冗談かと思っていたけど、行方不明になった、と聞いて、『ああ、やっぱり』って感じだった」

手形決済の前日（二月二十四日）の夜、飲み屋で、三人がたがいに怒鳴りあいながら話しあっていた、という。「本当に仲がよくないとできませんよね」。元店長は、「だから、三人いっしょに死んでも不思議ではない」という。

不況の深刻化と銀行の貸し渋りの時代をむかえて、運転資金に行き詰まって自殺する中小企業の社長がふえている。そのたいがいが、借金の清算のための「命と保険金との交換」である。かつて「カネと命の交換」とは、労働者の労災保険にたいする苦い思いをあらわしていた。いま「事業保険」が、それに代わった。

そうかといって、この博打はかならずしも成功するとはかぎらない、というのが、「三人社長」自殺劇の教訓のようである。

第三部　「わが子は弱かったんじゃない」

立ち上がった母親たち　飛島建設本社、広島市イシモト食品

過労死や過労自殺は、中高年の「仕事人間」に特有な現象、と思われがちである。が、実際はけっしてそうではない。「シラケ世代」といわれたりする、二十代の若もののあいだにも発生している。とすれば、この異常な死は、世代や本人の性癖にかかわるものではなく、日本の企業社会の特異さを証明するもののようだ。

なぜ自殺に追い込まれたか、を知ることは、自殺にむかわないための最大の防衛策である。自殺など自分には関わりない、と思うひとたちがほとんどであろうが、自殺したひとたちの多くもまたそのようなタイプだった。

ごくあたり前のサラリーマンが、どうして自殺の道を選んだのか。それが「仕事」によってだとしたなら、はたして仕事が人間を殺すことなど本当にありうるのだろうか、との疑問もまた頭をもたげてくる。

一九九七年十二月三日、東京中央労働基準監督署は、過労による自殺に史上はじめての労

災認定を下した。それまでの苦闘がむくわれる第一号となったのが、飛島建設社員のケースである。
「わたし、ふつうに子育てしてきまして、特別、神経質とか、健康を害しているとか、そう
いう子ではなかったですから」
十年前の八八年十月二十六日、二十八歳の長男が、東京・千代田区の千鳥ケ淵、皇居の濠
に面してたっている、飛島建設本社ビル十階から飛び降りた。母親の永山美恵子さんは、い
まなお無念そうである。明るい性格で、さばさばしたものいいをする女性だが、いまでもと
きどき「ブルーな状態」になる、という。長男に突然世を去られた虚無感に、ふと襲われる
のだ。
長男の聡《さとし》さんは、横浜国立大学の工学部土木学科を卒業して、飛島建設に就職した。社内
報『とびしま』(八三年四月号)に掲載されている「新入社員紹介」欄に、彼は自己紹介と
して、
〈ひたむきに、目的に向かって全力を尽くすことをモットーとしている、スポーツ好きの人
間です〉
と書いている。大学時代は卓球部の主将だった。卓球部の部報に、OBとして執筆してい
る文章は、几帳面でまじめな性格を髣髴させながら、ユーモアがただよっている。
採用されて、技術本部土木技術部に配属された。海岸の栈橋など海洋構造物の基本設計や
詳細設計が担当である。入社五年目の八七年四月、久里浜(神奈川県)にある、運輸省の港

湾技術研究所へ出向となった。研修生としての派遣で、「係留浮体（浮きブイ）の運動に関する研究」をしていた。ここまではサラリーマンとして順調な経過であった。

一年間の研修を終えて、八八年四月、技術開発本部にもどった。機構改革によって、技術本部は技術開発本部になっていた。自殺はその六ヵ月後である。

帰ってきた聡さんが命じられたのは、「PBS工法繰り返し載荷実験」の計画と実施だった。PBSとは、「パイル&ブロック・ストラクチャー」の略で、海洋構造物にたいする波の負荷を、実験によって調査することである。といっても、彼は設計が専門であって、施工後におこなわれる実験など、専門外だった。

実験担当は、上司である主任と新入社員との三人だった。しかし、主任はほかの分野も兼務しているので、実質的には聡さんが責任者で、新入社員はまだ補助をするていどにすぎなかった。彼は実験計画の文書を作成しては主任に提出するのだが、そのつど、修正するように命じられていた。

ところが、具体的な指示はなされなかった。それが繰り返され、聡さんは混乱していった。

「繰り返し載荷実験」のための装置は、日本大学生産工学部にあるものを借りることになっていた。それも相手方の都合によって、翌年の一月末には実験を終了しなければならず、そのためには、十一月上旬には実験を開始しなければ間にあわなかった。

本来ならば、十月からはじめなければいけなかったのだが、主任から実験案をなんども突き返されていたので、すでにぎりぎりのところにきていた。

母親の美恵子さんの記憶によれば、六月ごろから、残業、休日出勤が当たり前のようになっていた。亡くなったあと、しばらくして、女性の声で電話がかかってきた。「さいきん、さっぱり卓球場のほうにあらわれないものですから、どうされているのかと、わたしが代表して電話をおかけしました」というものだった。

休みの日には卓球場にでかけていたのだが、それさえできなくなっていた。

飛島建設では、残業は自己申告制で、それも、五十時間を超えると、「報告書」を提出させられた。報告書の義務づけは、当然、申告にたいする圧力となる。そのため報告書提出がままならず、残業時間が五十時間を超すには至らない。

残業代の計算は、会社側が適当に按配する方式で、「勤務表」に記載されている「超過勤務時間数」などは、実態から遠くはなれたものだった。


「最後の日の朝は、どんな天気だったですか」

と、わたしは、美恵子さんにきいた。

「秋晴れのいいお天気でした。聡は七時ごろでかけていきました」

千葉県松戸市の住宅街から千代田区の飛島建設まで、通勤時間は一時間半ほど。まず、バスでJR市川駅にでる。そこから電車に乗っての通勤だった。彼女が質問に答えた日は、亡くなる二日前、月曜日のことだった。

わたしは、亡くなった日のことを尋ねたのだが、彼女にとっての最後の日とは、玄関脇の部屋から鞄を抱えてでていく息子の姿をみかけた日のことだったのだ。聡さんは、月曜日の朝、会社にでかけ、水曜日の午後に遺体で帰ってきた。

会社から電話がかかってきたのは、水曜日の朝、八時半ごろだった。美恵子さんはNHKの連続ドラマをみていた。夫の隆一《たかかず》さんは、洋服ダンスの前にたって、ネクタイを締めていた。電話が飛島建設からのものだったので、なんだろう、とやや不審な気持があった。

と、電話をかけてきた男はいきなり、

「聡さんが、いま、十階から飛び降りました」

切り口上だった。

「えっ、聡が……。それで、いま、どうしてますか」

「救急車を呼んでいます」

受話器を通して、かすかに救急車がちかづいてくる音が聞こえてきた。

「それじゃ、おれ、すぐいく」

隆一さんがあわてて現場にむかっていった。隆一さんと美恵子さんは、農水省にいたとき、知りあって結婚したのだが、隆一さんは四十代後半から、関連の業界団体に移っていた。その勤め先へ連絡することもせず、隆一さんは飛びだしていった。血圧が高く、心臓にも負担がかかっていたので、美恵子さんにはそれも心配だった。

また電話が鳴った。あわてて受話器を取った。胸が締めつけられるようだった。会社からだった。

「ただいま、九時十五分、東京女子医大病院でお亡くなりになりました」

前の晩、というよりは深夜、十一時すぎに、聡さんから電話がかかってきていた。

「お母さん、今夜は帰らないからね、もう疲れた、じゃあ」

これが聡さんの最後の言葉だった。

彼はその前日、会社で徹夜して帰れなかった。親子のあいだでは、残業で終電がなくなった場合は、カプセルホテルに泊まる、というのが了解事項になっていた。都心から約二十キロ、郊外のベッドタウンに住んでいれば、タクシーで帰宅するよりは、カプセルホテルのほうがはるかに安くすむ。それにつぎの日の出勤も楽である。

会社には、「夕食注文カード」はあったが、仮眠施設はなかった。もっとも、そのどちらも、不自然なものなのだが。

遺書はなかった。会社に遺されていた「日記」は大学ノートで、これまでやってきた仕事やこれからやるべき仕事、クレームの処理や連絡先などのメモが書きこまれてあった。

その最後のページの欄外に、

「皆様申し訳ありません」

と、走り書きがされてある。それが遺書といえば遺書なのだが、しかし、どうして死ぬほどまでに自分を追いつめた会社に、詫びなければならないのだろうか。「会社」と「同僚」はちがう存在、といわれれば、そうかもしれないのだが。

この月、聡さんは一日も休んでいなかった。会社側の記録でさえ、残業は八十五時間に達している。中旬すぎになると、部長の送別会が終わったあとも会社に帰って仕事をしたりで、徹夜が二回、深夜までの勤務は、めずらしくない。

「勤務表」では、十月十日の体育の日は休んだようになっている。しかし、スポーツマンの子どもをもった母親は、その休日でさえ、出勤した息子の姿を記憶している。のちに、守衛の証言などによって修正すると、二十五日深更までの残業は、百十六時間にも達していた。

それでも、前日の二十五日には、徹夜作業で実験計画は完成した。技術開発部の承認をえた、というから、夜までかかって微調整していたのかもしれない。しかし、「完了」は「虚脱」を意味していた。

朝、カプセルホテルから出勤した聡さんは、同僚たちが会社にむかって出勤してくる、エネルギーに満ちたあわただしい動きに逆行するかのように、一気に三十三メートル下の地上に身を投じた。

まもなくして、最後の賃金が振りこまれてきた。社会保険、健康保険、所得税、生命保険、社内預金などを引かれて、九万円。それにたいして、残業手当は十二万円だった。それをみて、美恵子さんは眼を丸くした。残業代のほうが基準内賃金よりも多いことが、はたらき過ぎの毎日を物語っている。それをあらためて感じさせられたのだった。

年が明けたころ、聡さんの部屋を整理していて、美恵子さんは本棚の本のあいだから「退職願い」を見つけた。日付は、「九月二十六日」。奇しくも、自殺の日のちょうど一ヵ月まえである。「十月十五日を以て」と退職の日にちをいれていたのは、退職を申してる際には、二週間前までに通告しなければいけない、と考えていたことをしめしている。

もしこのときに退職していたなら、破滅せずにすんだのはまちがいない。

「わたしが、『なんで毎日こんなに遅いの』と聞いたりすると、『だって、仕事が終わらないんだ』といって不機嫌でしたよね。質問してもうるさがるんです。

〝風呂敷き残業〟というのがありますけれど、紙袋というんですか、あれにどっさり資料をもってきて、うちでもまたやってました。なにしろ、わたしが手伝えるような仕事ではないし、『ちょっと半分してあげるよ』っていうわけにいかないでしょう。わたしはどう対応したらよかったのか。いまでも後悔しているんです」

ある晩、遅く帰ってきた息子とひさしぶりにビールをくみかわしていた。そのとき、ふと彼は、「この仕事、区切りがついたらやめたいな」とつぶやくようにいった。父親の隆一さんにも、そんなことをもらしていたようだ。

「うちの主人は、『男はみんな厳しいんだ。がんばれ』なんて、簡単にいっちゃったんですね。自分がやってきた仕事とちがうんで、わかるはずはないんですけどね」

その夫も九五年十一月、六十六歳で病没した。彼が電話での報《しら》せを受けて、息子の会社に駆けつけた。そこからタクシーで病院へ連れていかれたのだが、息子はすでに霊安室に横たわっていた。

「貴様、サトシ、聡、起きろ、起きろ！」

と、隆一さんはあたりかまわず、聡さんの頬をたたきつづけたという。

隆一さんは十月中旬からアメリカのカリフォルニア州へ二週間ほど出張していて、二日前に帰ってきたばかりだった。だから、なん週間か、息子に会っていなかった。息子に買ってきたダンヒルの抱え鞄は、行き先を失った。

障害児教育の仕事に携わっていた、ふたつ歳下の妹は、翌年の三月までなんとか勤めていたが、新学期をむかえず、退職した。美恵子さんは、呆然と日を送っていた。

聡さんには、恋人はいなかった。上司の紹介で、見合いをしたことはあった。が、残業つづきの毎日のため、その女性とは、二回ほど会っただけで終わっていた。

まだ漠然としたものだったが、翌年の三月、年度がかわるころには、会社を辞めることを母親と話しあっていた。だから、結婚するときに、大手ゼネコンの「飛島建設」の社員でいなかったら相手に悪い、というようなこともいっていた。

律儀といえば律儀だが、結婚を考えるところまで気持がいかなかったことが、中断の最大の理由だったようだ。

「春彼岸薄命の子に詫びにいく」

美恵子さんの句である。

墓地は自宅から歩いて十五分のところに買った。住職に特別に頼みこんで、墓をつくらせてもらった、という。わたしもそこへつれていってもらったのだが、南むきで陽あたりがよく、うしろに木立が控えていて、なかなか爽やかである。この墓には七年後、隆一さんもはいることになってしまった。美恵子さんは散歩がてら、よくでかけていっては、墓掃除などをして気をまぎらわしている。

一周忌を終えたころ、新聞で「過労死」という言葉をみかけるようになった。ごく自然に息子の死と「過労死」とが結びついた。「過労死110番」に電話をかけて、過労死弁護団に相談した。その紹介で、「東京過労死を考える家族の会」に参加するようになる。

自殺から三年半たった九二年四月、美恵子さんは、弁護団の協力をえて、東京中央労働基準監督署に、労災保険の遺族給付をもとめる「労災申請」をだした。その申請書には、こう書かれている。

《十一月初旬には実験を開始しなければならないというタイムリミットが迫る中で、繰り返し計画案の修正、作り直しが命じられ、その指示も具体的に修正箇所などを指摘するものではなく、被災者を途方に暮れさせるものであった。

そのため、被災者は、いたずらに過度の精神的負担を受けたのである。さらに、死亡直前の十月十六日に基本方針のやり直し、十月二十二日には実験期間の短縮からの実験内容の縮小というように、作り直しが繰り返されたのである。その作り直しは、余裕がある中で求められたものでなく、必要最小限の期間しかなく、徹夜勤務が不可避であったのである。

被災者は、このような過重な業務に基づく精神的、肉体的疲労から心因性精神障害に罹患し、その一症状としての自殺念慮が発作的に生じた結果、昭和六十三年十月二十六日午前八時三十分ごろ、飛島建設本社ビル十階から飛び降り、同日午前九時十五分死亡したものである》

仕事に遅れがではじめると、えてして、自分の能力が低いからだと思いがちになる。聡さんも同僚に、「ぼくはこの仕事にむかないんだ」とこぼしたりしていた。

「共通一次試験」の第一期世代で、物理は満点だった、という彼が、自信喪失に陥っていたのは、上司に提出した実験案を、なんども突き返されていたからである。しかし、それは不慣れな仕事だからなのか、それともすでに抑うつ状態にはいっていて、集中力が減退したためかは判然としない。それでも、とにかく、仕事は完了したのだった。

精神科医・望月清隆氏の「意見書」には、こう書かれている。

《「外罰」→「内罰」→「自殺念慮」→「自殺または自殺企図」という、一般的にも抑うつ傾向の増大に際してよくみられる経過は、実験実行計画書の提出期限が近づき、かつ適切な指導のないままに再提出を要請されるというストレス増大の時間的経過との関連性が十分に理解できる》

《以上から、職場の人間関係と仕事の量と質の過度の負荷（これらへの会社側の無配慮）を自殺動機とし、これをきっかけに心因反応性の精神障害の状態に陥り、発作的に自殺念慮が生じ、その結果自殺企図に至ったと考えるのが最も妥当だといえる》

労災申請してから八ヵ月たった九二年の暮れに、美恵子さんは会社にたいして謝罪と損害賠償を要求した。それは彼女自身もまったく考えていなかったことだった。飛島建設ではたらいている聡さんの同僚たちが、聡さんの死を自分たちの問題として考えたい、と説得して、美恵子さんを立ち上がらせた。

隆一さんは、「あんな大きな会社がそんなにすんなりいうことを聞くわけはないだろう」とあきらめ顔だった。それでも、彼女は同僚たちの熱意をありがたく受けることにした。

専業主婦で、社会的な関心はさほど高いとはいえなかった美恵子さんが、会社の正面玄関にたって、ハンドマイクで訴えるまでになった。

「会社の前にいくと、こんな会社なんか、バーンと倒れたらいい、と思ったりするんです。ひねくれちゃうのね。わたしが細工するわけにはいかないけど、だれかやっちゃえばいいのに、なんて危ないことを考えるんです」

建設労働者の組合である「全港建」労組を中心に、東京地評、千代田区労協などが、美恵子さんを支援した。会社にたいする「申し入れ書」は、つぎのようなものだった。

《貴社は、遺族の企業補償を求める度重なる申し入れに対し、労災保険申請の結果を待つと答えるばかりで、何らの救済をしようとしません。貴社が、永山聡君の死について、独自の判断で何らの救済をしようとせず傍観者的立場にあることは、強く非難されます。

右集会の参加者は、貴社に対し、次のとおり申し入れることを決議しました。

〔申し入れ事項〕

一　貴社は、故永山聡君の過労死に関し、企業責任があることを認め、速やかに遺族に謝罪し、企業補償をすること。
一　貴社は、故永山聡君の遺族が申請している労災申請につき、労災認定されるように協力すること》

結局、九四年の暮れ、飛島建設は和解に応じて、一千百万円の補償金を支払った。労働基準監督署の決定の前に、企業が和解に応じたのははじめてである。

九七年暮れになって、こんどは労働基準監督署が、業務上災害として認定した。冒頭にふれたとおり、これは「過労自殺」を労働省が認めた最初である。生存者の場合では、八三年に、設計業務の困難性から、うつ病または心因反応に罹患して、駅のホームから列車に身を投げ、両下肢切断した男性が業務上の負傷と認められた例がある。しかし、死者への認定は史上はじめてのことだった（過労自殺にたいする「損害賠償裁判」の勝訴としては、九六年三月の、電通にたいする東京地裁の判決がある）。

聡さんの死亡から九年二ヵ月、労災申請してからでも、すでに五年八ヵ月が経っていた。むろん、はじめから認定されると確信しての申請ではなかった。ただ泣き寝入りだけはしたくなかった。息子の自殺が仕事のせいであることをはっきりさせたのは、美恵子さんの執念である。

この労災認定が、その後の過労自殺の認定への道をひらくことになった。これには、さきに和解していた。飛島建設との補償交渉が好影響を与えている。和解を勝ち取った要因として、社内有志の協力と、美恵子さんみずから先頭にたった社前集会などの抗議行動があげられる。支援運動をしてきた、東京地評の永村誠朗組織局長は、

「会社が和解に応じたおかげで、労基署の調査に社員が正直に答えるようになって、助かりました。あのお母さんが企業社会のありかたに、風穴をあけたといっていいでしょう」

という。

「この認定の意味は、労働時間の長さではなく、業務の困難性がポイントでした。労災認定は労働省のサジ加減によるのですが、業務の困難性を証明するのには、上司や同僚の協力が必要です。上司や同僚の協力がえられないと認定されにくくなるというおそれがあります」

担当した弁護士のひとり、玉木一成さんの、こんごの労災認定への心配である。

美恵子さんは、息子の悲惨な死の原因は会社にある、と会社の責任を追及してきた。その成果は、おなじような悲しみをかかえながら、泣き寝入りしてきた遺族たちに大きな励ましを与えている。

彼女はいま、「東京過労死を考える家族の会」の役員として、活動している。自分の問題が解決したにしても、世の中にはまだまだおなじ悩みをもつ遺族の悲惨はなくならない。そのひとたちのためにも、みずからの体験がすこしでも役にたてば、との気持からだ。

死者にとってのせめてもの慰めといえば、母親が諦めてしまわずに、息子の自殺を個人のものにせず、企業社会の病理であることを証明して、社会問題へとひろげたことである。そ

れによってのみ、息子の死が無駄な死にならなかった。

職場で縊死を遂げた木谷公治《きみはる》さん（当時二十四歳）の労災申請は、永山聡さんのケースにつづいて、九七年十二月二十五日に広島市にある広島中央労働基準監督署で、認定された。公治さんがはたらいていたのは、オタフクソースの子会社「イシモト食品」だった。オタフクソースは広島名物の「お好み焼き」に使うソースをつくっていることで知られている。このオタフクソースに、公治さんは九三年四月に入社し、イシモト食品には同年の秋から出向していた。

ところがソース製造の職場は高温、多湿のうえに、長時間にわたる重労働という、大正時代の過酷な労働条件を連想させる前近代的な環境だった。

自殺は九五年九月三十日。労災認定まで二年三ヵ月と、永山さんのケースよりははるかにはやい。職場環境の事情を知れば、どんな監督官でも認定せざるをえないと思える状況である。それよりも、なぜこんな過酷な職場が放置されていたのか。それが疑問である。

公治さんは、翌年の秋には福岡県在住の保母さんと結婚する予定だった。両方の親も公認、本人はせっせと貯金に励んでいた。

過労死や過労自殺は、子どものいじめ自殺とおなじように、けっして本人の性格や家庭の問題によって惹き起こされるものではない。あくまでも、相手（加害者、企業）の責任である。それがこれまでの取材を通じての、わたしの結論である。

日本的会社システムの最大の基盤としての「企業意識」は、どんな過酷な条件下でも耐え抜く「仕事熱心人間」をつくりだしてきた。こうした社会的な洗脳教育こそが、労働者の生命や安全を保障する義務を、経営者に放置させてきたといえる。いまやほとんどの職場のなかで、すでに大企業の労働組合は、例外を除いて労働条件や安全性をチェックし、改善をはかる組織ではなくなっている。生産性向上のために労働者を管理する機関に変質してしまった。

母親の木谷照子さんの話によれば、日ごろから疲れきっている公治さんに、「きついんか」とたずねると、「きつい」と答える。「社長に、たまにはやってみんさい、というてやりなさい」と、ハッパをかけると、

「いや、社長さんは、もっと苦労してなさる、一代でここまでしたんやから」

と真顔だった。

「休みなさい。上司にはわたしが電話するから。どうしてもいくなら、バイクはやめてタクシーでいきなさい」

照子さんは、公治さんの様子をみて、ハラハラしながら声をかける。それでも公治さんは、

「おれがいかんとソースがでけん」

と、振り切るようにして出社していた。この「おれがいないと……」という責任感は、いわば「社会的強制」といえるものであって、デュルケームのいう「集団本位的自殺」をもた

らす。

一九六〇年代からすすめられてきた日本的な「合理化運動」とは、二十四時間の精神支配、会社への精神統合運動だった。それは、これまでわたしが批判しつづけてきたものである。

公治さんの死後、照子さんが、労働大臣やすべての国会議員に手紙を書いたり、労働団体を動かしたりしながら、広島市の枠を越える全国的な運動にした。外見からでは、素朴な感じの母親なのだが、永山聡さんの母親とともに、自分の悲しみを社会化して、息子の死に報《むく》いた。

オタフクソースは、戦後まもない一九五二年に創立された。創業者の妻や息子たちが取締役を務める、純然たる同族会社である。

公治さんは、福岡県内の私立大学の経済学部を卒業して、この地元の有名企業に入社した。葬儀のあとで、オタフクソースの佐々木照雄社長（イシモト食品社長も兼務）は、仏前で照子さんにたいして、

「公治クンは優秀な子で、五百人以上の応募者のなかで、たしか三番の成績だった」

と語った、という。同期の大卒者は三十人ほどだった。照子さんは、その二年前に夫に死に別れていた。長女の香代子さんが結婚して家を出ていたので、長男の公治さんは地元企業を目指していた。

四月一日の入社式には家族も呼ばれた。和気あいあいとした雰囲気だった。新入社員の家族を代表して、照子さんが挨拶させられ、こういった。

「公治がお世話になるということは、わたしも入社したつもりです。この子をお嫁さんに渡すまでは、健康管理はきちっとわたしがします。公治もきちっと食費を払いなさいよ」

それが明るい笑いを呼んだ。

その年の秋になって、公治さんは、イシモト食品へ出向になった。ここはレストランやお好み焼き屋などの「特注」に対応する、ソースの多品種少量生産工場だった。そのノウハウは企業秘密なので、彼は家に帰ってきても仕事の話はしない。どんな仕事、ときいても、彼は「それはいえません、奥さん」とふざけて、かわした。

母親を近所のひとの口真似で「奥さん」といえるほど、ひとを笑わす明るい性格だった。大学ではバドミントン部にいた。会計を担当する「主務」をつとめていた。父親も子どものころは少年野球の選手で、試合のため東京に行ったこともあるほどのスポーツ一家だった。公治さんは、小学校ではソフトボール、中学校ではバレーボール、高校時代はバドミントンでインターハイにも出場している。さらに大学でもバドミントンをつづけ、ずっと身体を鍛えてきていた。

ところが、自殺する半年前ぐらいから、目がひっこみ、目のまわりには隈ができていた。それをみて、照子さんは、「キューピーさんみたい」と揶揄したりしていた。帰ってきても、ソファにバタンと寝て、すぐにはご飯を食べなくなった。よく食べる若ものだったが、弁当も残して帰るようになっていた。

家で食事するときでも、「あんまりいらん」と箸がすすまず、風呂も「ええ」とかいってはいらない。おしゃべりだったのに話もしなくなり、ついには笑顔までみせなくなった。寝ていてもよく眠れないようだった。

自殺する一ヵ月前の八月にはいると、脱水症状を起こしていた。勤務中にちかくの病院へ駆けこんで、点滴治療を受けるようになった。照子さんは、疲労回復のために強壮剤のアンプルをもたせ、磁気治療マットに寝かせたりしていた。

「なんとかしてもらうように会社にいったら」と照子さんがいうと、「会社はがんばれ、としかいわん」というだけだった。治療にやってきた指圧師も、

「公治さんはどんな仕事をしているんですか。こんなに凝っているのは普通ではない。身体も神経もずたずたですよ」

とあきれたようにいって帰った。

朝四時半、あるいは五時半に家をでて早出残業しても、帰ってくるのは夜の九時過ぎになっていた。亡くなる直前には、「行ってきます」といいながら、玄関にむかわず、居間のほうにもどってきたので、照子さんはびっくりしてしまった。病院へつれていこう、と長女と相談していた矢先のことだった。

そのすこし前から、さすがに上司にたいして、「会社をやめさせてほしい」と申し出ている。「自分はノイローゼかもしれない」と同僚たちに漏らすようにもなっていた。

このころの職場の状況について、照子さんが提訴している、「損害賠償請求」の「訴状」では、つぎのように指摘されている。

《特注ソース製造部に配属された公治は、配属当初、仕事にやり甲斐を感じ、意気揚々として仕事に励んでいた。

しかし、かなりの高温多湿状態の中での膝近くまでの重い長靴を履いて行う小走りをしながらの作業という劣悪な作業内容、作業環境に加え、早いときにあっては、午前四時台の出社、帰社時間も九時台に及ぶこともあるなど長時間労働が連日続き、過密かつ長時間の労働を公治は強いられていた。

しかも、製造部の仕事を予定どおりこなすには、最低でも経験を積んだ職員数名の手による共同作業が必要であったにも拘らず、平成七年四月の時点で、経験のある従業員は公治を含めても三人しか配置されておらず、さらに、同年五月には右従業員のうちの一人が退職し、同年九月にはもう一人の職員が他の部署に配置転換となり、結局、同部にあってそれなりの経験を有する従業員は経験年数二年足らずの公治一人になるに至り、公治の仕事の過密と責任は、日に日に増大していた。

また、平成七年九月になると、帰社時刻は、連日のように午後八時台、午後九時台となり、労働時間は、益々長時間化するところとなった。

さらに、製造部には新人従業員が配置されてはいたが、もともと右作業は熟練を要するものであったことから、右従業員に対するきめこまかな指導・教育も公治の担当となり、公治には、作業をしながらの新人教育・指導という重責も加わった。しかも、右の新人従業員は仕事の習得具合が良くなく、公治の熱心な指導教育にもかかわらず、その成果が遅々として現れないままの状態が続き、このことも、公治をいたく悩ませていた》

照子さんが主張している会社側の過失とは、「安全配慮義務」を怠っていた事実である。訴状では、つぎのように指摘されている。

《公治の健康障害が深く進行し、うつ的状態を呈していたことを知りながら放置し、公治から会社を辞めさせて欲しいとの再三の申し出を受けていたにもかかわらず、被告らは、それに対しても何ら適切な対応を取らなかった。

したがって、被告らには、公治の劣悪な労働実態及び健康状態の極度の悪化を知りながらそれに対して全く改善措置を取らなかったことにつき、過失がある》

これにたいして、会社側は、つぎのように反論してきた。

《原告は、特に、平成七年九月になると帰社時刻は、連日のように午後八時台、午後九時台となり、労働時間はますます長時間化するところとなったと主張するが、事実に反する。特に、特注ソースの作業への従事は、むしろ、九月になって午前中で終了することが多くなった程である。

さらに、原告は、平成七年五月に特注ソース製造部の従業員のうち一人が退職し、同年九月には一人の職員が他に配転になり、公治の仕事の過密さと責任が日に日に増大したとする。

右の退職、配転の事実はそのとおりであるが、それに伴い、被告らは、従業員の補充をそれぞれなしている。特に、九月からは、特注ソース製造部の従業員の負担を重くしないようにアルバイトを一人補充し、従来の三名の体制から四名の体制へと変えている》

そして、つぎのように主張している。

《一に述べた事実より、公治の仕事内容および職場環境は、原告の主張するような劣悪なものではないし、労働時間についても、さほどの過密かつ長時間の労働であったわけでもない。

また、仮に、原告主張のように、公治の健康障害が深く進行し、うつ的状態を呈していたとしても、被告らはそのような事実は知らなかったし、知る余地もなかった。

公治の九月二十日ころの退職の申し出に対しても、上司が話を聞くなど、被告らとしては、一応の対応をなしており、決して無視していたわけではない。

右のところから、被告らに安全配慮義務違反ないし過失があったことは考えられない》

たしかに、アルバイトははいった。しかし仕事に追いまくられながらも教育しなければならない。そのことに彼は悩んでいた。まして、会社側は労働時間がさほど長くない根拠として、「午前六時台、七時台から始まり、午後四時、五時台に終了することが多かった」などというのだが、残業は記録されていなかった。

それに、会社側の主張によっても、すでに十時間労働になっている。これを根拠にして実際の長時間労働を打ち消すのは、「毒を喰らわば皿までも」方式といえる。

本業のソースづくりとはべつに、特注班では寿司屋むけの「合わせ酢」もつくっていた。これは寿司屋ごとに、ちがうレシピによって調合していくものである。混ぜあわせはバケツの大きさの「おけ」に、八十度ほどのお湯をいれる。夏は熱い重労働である。しかも、千リットルのタンクを上げたりおろしたり、洗ったりの手作業だった。

職場には温度計も湿度計もなかったので、いまでも判然としないのだが、室温は五、六十度ほどにもなっていた、という。それでいて、一台のスポットクーラーしか設置されていなかった。その夏は、とりわけ暑い夏だった。十馬力のクーラーが六台はいったのは、公治さんが亡くなった翌年のことである。

公治さんが点滴を受けに病院へいった九五年八月八日の前日に、同僚が脱水症状で病院にかつぎこまれている。その日はお盆前で仕事量が多く、公治さんは朝五時三十分から夜の十時まではたらいていた。このことについては、社長の甥である、佐々木勝則本社工場次長も法廷で認めている。

点滴を受けてからまた職場にもどったのは、その日だけではない。まさに戦場なみの過酷さである。その後どうしたことか、タイムカードは廃止された。

公治さんが辞めたいというのを聞いた先輩は、部長に「あそこを新入社員にまかせるのは無理ですから、検討してください」と進言した、という。部長は「状況はよくわかる」といったまま、それっきりになっていた。公治さんは、新人の指導がうまくいかないで悩んでいたのだが、会社は見てみぬふりをしていたのだった。

九月三十日は、土曜日だった。昼休みになって、同僚たちは四階の職場から二階の食堂へ降りていった。そこでそれぞれが弁当をひらくのである。通りがけに、「公治、めしにしよう」との声がかかった。彼は「先にいっとって」と答えている。

それでも食堂に降りてこない公治さんのことが気にかかった先輩が、「めしぐらいいっしょに食えよな、お前」といいながら、上がってきた。が、公治さんの姿は見当たらなかった。

遺体の第一発見者がだれなのか、会社側ははっきりさせていない。だれかが階下の隙間からぶらさがっている長靴をみつけて、ギャーと叫んだ、ともつたえられている。公治さんは操作盤の裏の機械に、荷造り用のビニール紐をかけて、首を吊っていた。もうすこしで足が床に着くほどの低い場所だった。

発見されたのは、昼休みが終わる十二時四十五分ごろ、といわれている。十二時半という説もあるのだが、とにかく、救急車が呼ばれたのは十三時十二分と消防署の記録にある。そこには、事故発生時刻は「十三時十分」と記されている。このときまで、救急車が呼ばれなかったことを意味している。「空白の時間」である。

照子さんは、その日、長女の香代子さんの家をたずねていた。公治さんを病院につれていって、会社をやめさせよう、という話をしていたのだった。夫が九州へ出張しているとかで、香代子さんはさかんに、「ご飯をたべていったら」とひきとめた。

が、照子さんは、「公治は疲れて帰るから、消化のいいシチューでもつくって食べさそう思っとる」とふり切って、帰宅した。途中で肉の買物をすませて帰ってくると、家の前が騒々しかった。

息子が疲れはてていたのを知っていたので、「なにかあったのかしら」と胸騒ぎがあった。照子さんを迎えにきた、会社のひとらしい男性に聞いてみると、「ぼくは現場にいないから、わからない」と曖昧な返事だった。

病院へ連れられていった。公治さんは物置きのようなところに置かれたストレッチャーのうえに寝かされたままだった。一時四十なん分かに死亡したというのだが、彼女が病院に到着したのは、すでに夜の八時をすぎていた。それまで会社はなにをしていたのか。照子さんには、会社のあつかい方に強い不信が残った。

公治さんの作業服は、すでに通勤服に着替えさせられていた。先に着いていた公治さんの伯父に、「これが公治君の財布です」と、係長が財布を渡したのも不思議だった。煙草やライターは作業服のなかにいれられていたのだから、会社が取りだしてなにかを調べていた、としか照子さんには考えられない。クルマのなかも調べられた形跡があった。

いつもメモをつけていた公治さんの手帳がなかった。その手帳には新人教育に関することなどが書かれているのを、照子さんは知っていた。その手帳はいまになってもまだでてこな

い。そこになにか遺言めいたものが書き残されていなかったのか、と彼女はこだわってい
る。
恵木尚《えぎたかし》弁護士は、「会社にあるはずです。なくなるはずがないものがでてこない、という
ことは会社が隠したとしか考えられません」という。
公治さんがはこびこまれた病院では、ちいさな事件が起こっていた。ある目撃者の話。
「オタフクの若い男女七、八人がいました。公治君の遺体と対面したひとりの百八十センチ
くらいの男の子が怒りまくって興奮して外にでてきたんです。工事用の凸凹の鉄板（シート
パイル）を手で二、三回なぐっていました。二、三分ウロウロして、また病院にもどってい
った。そしてまた、興奮してでてきて、また鉄板を三回ぐらいなぐり、『あのヤロー殺して
やる』とわめいていました。その連中をオタフクの役員が、お前らちょっとこい、とつれて
いったんです」
この証言を記録している広島県労連の小島将之介事務局長は、こういう。
「公治君の訃報を聞いてあつまってきたオタフクソースの若い労働者は、みんな青い顔色だ
った。第二、第三の公治君がでかねない状況だ、ときいたのです。それで運動にひろげる決
意をしました。労災申請をしながら、職場の改善のために声をあげるべきだ、と考えたので
す。
『きょう、労基署に呼ばれました。事実をすべて話しました。これで胸のつかえが取れまし
た』とわざわざ電話をくれたひともいました。こういった証言が労災認定を有利にしたので

す」

賠償請求の民事裁判は、八回公判を終えた。照子さんは、こういう。

「結果がいいとか悪いとかではないんです。わたしはおカネがほしくて裁判をするんではない、と県労連のひとたちにもいいました。真実をはっきりさせたい。二度とこういうことはあってはいけないし、わたしも残りの人生をきちんと生きたい。わたしらの家庭は、根っから明るい家庭でした。これからも、そのように明るく生きたい。だから気持になんの抵抗もなく運動しているのです」

異国で逝った息子よ！　神戸製鋼タールサイト工場

一九八四年一月十七日の午後、山川信也さんは、ひとりっ子の高之《たかゆき》さん（当時二十五歳）が亡くなった、との電話を職場で受けた。咄嗟《とっさ》に「交通事故」と思ったのは、それ以外に心当たりがなかったからだ。

神戸製鋼に就職してまもなくのころ、高之さんは配属先の高砂市（兵庫県）から日本海側の松江市（島根県）へサーフィンにでかけた。その帰りにスピード違反で捕まって、免許証を取りあげられた、ときいていた。そのことが念頭にあった。

前年の八三年三月、大学を卒業した高之さんは、プラント機械をつくっている高砂事業所に研修生として配属された。そしてひと月ほど前の十二月から、大卒一年目としては異例にも、インドのプラント建設の現場へ派遣されていた。高之さんが出かけていくとき、「おれのパスポートは切れてるな。取っておいたほうがいいかな」と、一瞬、頭をかすめたのを、信也さんは想い起こしていた。あれが予感というものだったのかもしれない。

信也さんの自宅は、神奈川県鎌倉市にある。高之さんが就職したあとは、夫人とのふたり暮らしだった。事故を告げる電話がきたあと、東京本社の人事課長など三人の社員が乗ったクルマがやってきた。東京で勤めている妻をひろって、横浜の信也さんの職場に到着したのだ。

高之さんは、ボンベイ市のホテルの十なん階から転落した、ということだった。駆けつけてきた人事課長たちでさえ、現地から電話で連絡を受けただけだから、詳しい事情はわからない。とにかく、すぐインドへ発《た》ってほしい、という。

翌十八日、外務省へでかけてパスポートを受け取った。神戸製鋼が緊急の発給を手配した。妻の兄に付き添われて、信也さんが成田空港を出発したのは、その翌朝、八四年一月十九日だった。

バンコク空港では長い時間待たされた。息子は三ヵ月の出張予定だった。病気にならないか、欧米行きとはちがう心配である。信也さんは息子のインド行きには漠然とした不安があった。通訳がおもな仕事とはいえ、建設現場だからケガの心配もある。もしかして売春婦などにひっかかってトラブルになったりしないか。三十四歳のときにできたひとりっ子だけに、心配がすくなくなかった。

しかし、本人は張り切っていた。出発直前、成田空港から明るく、「じゃ、いってきます」と電話をかけてきたのが、最後にきいた声だった。インドの滞在していた地域からは、国際電話など通じなかったからだ。

高之さんは東京の中高一貫体制で知られている名門私立高校の卒業だが、二浪していたのは、「殿下」と仇名されていたように、のんびりした性格だったことにもよる。冬はスキー（二級）、夏はサーフィン、グライダー、剣道（初段）、マージャン、クルマの運転と趣味がひろく、よく家に友だちを連れてきた。ひとに好かれるタイプとはいえ、まだ研修生のうちから海外に派遣されるなど、大抜擢といえた。

遺体はドライアイスを詰めた棺のなかにあった。ボンベイに神戸製鋼の支社はなかった。取引関係にあった日商岩井が、すべての手配をしてくれていた。日本人の僧侶がいるお寺が一軒だけあった。そこでとりあえず葬儀をおこない、火葬場にはこんだ。

インドの火葬は、高圧電流を通して、完全に灰にするのが通常である。それから川に流す。しかし、遺骨は日本にもって帰らなければならないから、そうはできない。遺体を積んだクルマは、ボンベイ市街の喧噪《けんそう》を抜けて郊外にでた。異国の野天に、侘《わび》しい煙がたちのぼった。

高之さんが転落したのは、都心にある、ボンベイ市内でも「タージマハール」「オベロイタワーズ」などとならんで、一流に数えられている「プレジデント・ホテル」の十六階の窓からだった。

幅四メートルほどもある大きな窓の両脇に、ちいさな窓がついている。外に押しだしてあける窓で、腰の下であいた。そこからプールテラスにまっすぐに落下した。即死だった。

鍵のかかった部屋からの転落だったので、他殺の線はない。事故か自殺のどっちかと考えるしかなかった。いっしょにいた社員が、同僚に「自殺じゃないですか」と話していたのを、信也さんはたしかに耳にした。とはいっても、それは寝耳に水というもので、日本から到着していきなり現実に直面させられたにしても、なんのことか理解できなかった。ありきたりの挨拶とはいえ、高之さんから送られてきたばかりの年賀状には、インドの生活を楽しんでいる様子がつたえられていた。その現場を見ておきたかった。

工事現場は、ボンベイから百三十キロほど南下した、タールサイトにある。距離はさほどのものではないとはいえ、途中の渋滞がはなはだしく、四時間ほどもかかった。なんの変哲もない農村地帯で、タールサイトは、寒村の部類にはいった。

ここに国営肥料会社RCF社の工場が建設されていて、神戸製鋼は兵庫県の高砂工場でつくった原料空気圧縮機二台と冷凍機二台を、日商岩井を通じて納入していた。

前年の八三年六月から据え付け工事がはじまっていた。その工程上のミーティングや書類の作成などに、通訳が必要とされた。前任者が帰国することになり、社内英検二級の高之さんが派遣されることになった。彼は十二月二十四日に日本を発った。それまでは高砂工場で、外国に派遣される社員の英語の指導をしたりしていた。

タールサイトでは、広大な平原に七、八割がた完成したコンクリートの工場建屋が、ポツンポツンと建ちはじめていた。巨大なコンプレッサーが、まだ露天でむきだしだった。そこから通勤バスで十分ほどのところに、社宅とサッカーコートがあった。

テラスハウス式の瀟洒《しょうしゃ》な社宅に、家族づれのヨーロッパの技術者たちが住んでいるのは、元請けがデンマークのトプソー（ＴＯＰＳＯＥ）社だからである。

独身寮ふう、二階建ての「ゲストハウス」には、インド人の技術者と日本人がいた。といっても、事件が発生する三日前まで、そこにいた日本人は、高之さんともうひとり、中年の現場指導員である神山さんだけだった。

神山さんがノートに眼を落しながら、高之さんが現地にきてからの行動について報告してくれた。が、そのノートも、肝腎の死亡事故についての記述がまだ完成していないので、なんの役にもたたなかった。

ゲストハウスの居室にあった息子の遺品を取りまとめたり、送りだす支度をしたりで信也さんは忙しかった。遺骨を携えて出国するには、空港で領事がたちあわなければならない。帰国の時間がせまっていた。

信也さんが帰ると聞いて、神山さんは露骨なまでに喜色をあらわした。それはノートに書かれていないことを聞かれる苦役から解放されるからのようだった。

インドは、三泊四日で引き上げた。帰ってきてから、葬式にまつわる雑用で、またたく間に時がたっていった。それらもようやく一段落して、信也さんは神戸製鋼に顔をだしてみた。息子は事故死だったのか、それとも自殺だったのか。それは依然として、判然としなかった。

「いま調べていますので、まとまってからご報告をいたします」

ということだったが、そのままになっていた。

八五年の二月になって、ビザが切れて神山さんが日本に帰ってきている、というのを聞いて、夫婦で兵庫県姫路市へでかけていった。駅前のホテルを予約して、部屋にきてもらった。高之さんの上司でもあり、神山さんの上司でもある大山次長が同行してきた。

そのときには、ノートも完成していたので、神山さんの口調はなめらかだった。といって、死の直前までいっしょにいた神山さんにしても、死亡の原因を知っているわけではなかった。「突然、異常になった」というだけである。会社側は、自殺説を主張するのだが、遺族には信じがたいことだった。

この事件が、業務に起因する自殺として、神戸地方裁判所で認められ、労災保険の適用対象になったのは、九六年五月、発生から十二年四ヵ月もたってからだ。信也さんは、七十三歳になっていた。

なんの支援もなく、たったひとりで、国（兵庫県加古川労働基準監督署）と大企業を相手にたたかいつづけてきた。それによって、自殺でも労災に認定されるとの先鞭をつけたのである。快挙といえる。

「どうして、こんなに長いあいだ、がんばりつづけられたのでしょうか」

と、わたしはたずねた。

「息子の名誉のためでした」

信也さんは静かに答えた。要領のいい、無駄のない話し方をされる方である。大学をでて、「復興金融金庫」に入社、そのあと引き継がれた「日本開発銀行」に移って、五十五歳で定年をむかえた。

そのあと、民間の会社に移った。「銀行屋ですよ」と、自嘲的にいうのは、さいきんの銀行のスキャンダルがふくみこまれているようである。

五十九歳で息子の不可解な死に直面して以来、「なぜ、息子は死んだのか」、その謎を解くために、この事件にかかりっきりだった。

信也さんの緻密で地味な、十二年あまりにもわたる「名誉回復運動」に、銀行マンの手堅さが表われているように、わたしには感じられた。子どもを亡くした親なら皆、ここまでこだわりつづけられるわけではない。

神戸製鋼が、信也さんに「故山川君の事故に関する報告書」をもってきたのは、事故から七ヵ月もたってからだった。それも、その報告書とは、高之さんが所属していた回転機工場長から機械事業部長にあてた、内部用の文書をコピーしたものでしかなかった。

会社側は、事故直後、現地に課長らを派遣して調査していたはずである。しかし、そこに書かれていたのは、通り一遍の報告でしかなかった。「事故発生後の対応」として、通夜、葬儀、法要などにだれそれが出席した、などが細かく記入され、およそ遺族がもとめる真相解明に接近しようなどの姿勢は、皆目みられなかった。

わたしは、「いじめ自殺」で子どもに死なれた、なん人もの遺族にお会いしたことがあるのだが、そうした遺族のもとへ責任者である学校側から送られてくる文書もまた、これとおなじようなものだった。それらは作文であって、こころのこもったものではけっしてない。

「報告書」のコピーには、こう書かれている。

〈死亡原因についての考察

次の諸状況を総合判断すると、自殺以外のケースは想定しがたい。

①'84年1月17日実施の死体検案書によると、墜落死と思われる外部所見・内部所見が見られる。薬物・酒等の特記すべきものは見当たらない。

②'84年1月18日付けの現地新聞は「ホテルの16階から墜落して死亡。警察は自殺との感触を持っている」と報じている。

③宿泊したホテルの窓の構造は開閉できない主窓の左右に片側に開く小さな窓があるが、窓のサイズは幅480㎜×高さ1170㎜、床から窓までの高さ820㎜であり、誤って窓外に出る可能性は極めて少ない。

④宿泊している部屋の中に乱れはない。靴はベッドとベッドの間にぬいであり、ルームキィはテーブルの上に置かれていた。

⑤故山川君は、意気消沈していたと云われている。　　　　　　　　　　以上〉

信也さんは、六十歳の第二の定年を迎えるのを待ちかねたようにして、さっそく夫人を同行してタールサイトを再訪した。

一年前にきたときよりも、はるかに日本からちかい感じをもつことができた。一年前は、ある部族が反乱を起こしたとかで、道ばたに軍隊が駐留しているのがみられた。暗くなると弾丸が飛んでくると脅かされたりしたのだが、そんな剣呑《けんのん》さが嘘のように払拭されていた。高之さんもすこしは建設に関係し、結局、悲運をかこつことになった工場も、ほぼ完成していた。

事故死なのか、それともやっぱり自死なのか、もしもそれが自殺としたなら、どうしてなのか。息子には結婚を前提につきあっている女性がいて、とてもうまくいっていた。信也さんはなんどもなんども自問自答して原因を考えたが、答えはみつからない。

しかも、七ヵ月もたってから神戸製鋼がだしてきた「報告書」は、それまでの不信をさらに募らせたにすぎなかった。

会社はなにかを隠している。自分で調査しなければ、との気持で信也さんは落ち着かなかった。現地の私立探偵に依頼して、ホテルの従業員たちの証言をとってもらったのは、事実経過を独自に確認したかったからだった。

一月十七日深夜、二時半ごろ、ホテルのロビーで、ふたりの日本人がなにごとかを話しあっていた。それが、夜勤のロビーマネジャーの巡回によって目撃されている。神山さんと高之さんだった。ふたりは、一六一七号室に相部屋だから、話があるならなにもロビーにまで下りなくとも、部屋のなかで充分話しあえたはずである。墜落はその直後だった。

わたしは信也さんにたずねた。

――二回目の訪問でなにがわかったのでしょうか。

「現地の独身寮にいたインド人技術者たちは、『山川は日本に送り還されることを悲観して自殺したのだ』ということをいってました。わたしが息子の遺品を取りに行ったときにも、そういう話を聞いていたのですが。つまり、現地の独身寮にいっしょに暮らしていた第三者たちの観測が、いちばん正しいのだろうと思います」

――ということは、ボンベイにむかう前、タールサイトにいる時点から、すでに高之さんには精神的な変調が表われていた。だからこそ、急いでボンベイへ連れていったということでしょう。

「一月十六日に、ボンベイのホテルにはいったんです。その前の三日ぐらいは、独身寮内で変調があったと。これはまわりのインド人がみていることですから。とくに前日の十五日にパーティがあったんです。工事着工三周年ですか、もうじき工事が終わるというのもあったんでしょうけれども、毎年一月の最初にパーティをやっていたようですね。そのパーティですでに山川は異常だったということは、まわりのインド人がみんなみていますので」

年が明けた八四年一月十三日に、日本から三人の指導員が到着した。回転機工場の田村、大久保工場の西田、関連企業「富士電機」の桜庭の三氏である。いままで二人だけだった所帯に、三人もの援軍が到着すれば、盛り上がるはずである。げんに、さっそく部屋でカラオケをやっている写真が残されている。三人とも、ここではたらいた経験があるので、西田さんがカラオケセットをもちこんできたのだった。

ところが、高之さんは、カラオケを楽しむ四人とはすこし離れて座っていて、浮かない表情である。これはそれまで笑顔で写っているのとは、別人のような変わりようである。

「十三日の夕方に三人が着いてから、十四、十五日、そして十六日の三日間に決定的に異常になって、十七日の明け方に死んだんです。正味四日ぐらいのあいだの出来事だ、ということですね」

信也さんは、冷静な口調でいった。十四年前の出来事なのだが、つい昨日のような、明晰ないいかたである。

しかし、三人の到着が、どうして自殺を誘発したのだろうか。深夜、親子ほども年齢のちがうふたりの男は、なにを話しあっていたのか。たったひとりしかいない通訳を、日本へ送り帰そうとしたことに、どんな意味がふくまれていたのだろうか。サラリーマン社会の謎である。

田村、西田、桜庭さんの三人が到着する四日ほど前、RCF社の仕事を受注しているエンジニアリング会社であるトプソー社から、神戸製鋼側に電話がかかってきた。三人が宿泊を予定していた「ゲストハウス」が満室で空《あき》がない。だから、歩いて十分ほどの「サイインホテル」にはいってくれ、との申し入れだった。

帰る予定だった技術者たちが、工事が終わらないので帰れなくなった、というのが実情のようだった。

現地責任者の神山さんは、高之さんを連れて交渉にでかけた。高之さんが東京本社にだした報告には、「激論は長く、又くりかえし行なわれたが、結論は得られません。つまり今のところ、（RCF社の交渉窓口の）TOPSOE社からの歩み寄りなし」と書かれている。

滞在経費は東京本社の化工機営業部の管轄だった。だから、すぐに返事がくるわけではない。肝心の国際電話もボンベイまで出むいて、日商岩井の事務所からかけさせてもらうしかなかった。

のちに神山さんが神戸地裁でおこなった証言でも、

《「なぜ、オーケーと言っといて、あとで駄目だということを言うんだということでの念押し言いますか、我々は何とか食い下がって、他のスーパーバイザーが入る予定のところでも取れないかなということで粘ったわけです」》

と、彼がかなりしつっこく粘ったことを認めている。それでも、駄目だった。

おそらく、その剣幕が「激論は長く」と表現されたのであろうが、大学を出てきたばかりの高之さんには、それが自分の落ち度として感じられた。それほどの重大問題と思わせたのには、家族持ち中年男たちの、経費を安くしたいという生活のリアリズムというものがあったであろう。

あるいは、彼は、これから配属される予定になっている、東京本社の化工機営業部からの叱責をおそれていたのかもしれない。

神山さんや田村さんの、想像を絶するほどの強い憤懣《ふんまん》は、RCF社との約束がちがうということへの憤りばかりではない。海外滞在の経済的なメリットが吹きとんでしまうという、現実的なものでもあった。

というのも、ゲストハウスにいれば、宿泊費は月額五万円の立て替えですむが、ホテル住まいとなると、十七万円にはねあがる。会社がそこまで補償してくれるかどうかはわからない。またその場合、食事代だけでも一日二十ドルの差額になる。当時、一ドル二百四十円だったから、月に十四万円を超える。

現地では、「デイリー・アローワンス」（日当）が支払われていたが、その虎の子も帳消しになる事態にたちいたった。到着した三人は、これまでのように、ゲストハウスにはいれるとばかり考えてきた。それなのに、いきなり差額の出るホテル住まいと聞かされたのである。

《「ホテルの場合ですと、ホテル代が必要ですが、ゲストハウスの場合ですと、ホテル代の費用が要らない、そういう違いはあります。食事代についても、ホテルであれば、一般的なホテルですから、食事についても有償ですし、いろいろ交通、連絡とか、そういうことにもすべて費用がかかります。ゲストハウスの場合ですと、宿泊代は無償ですし、食事については、ホテルよりかなり安くつきますので、その金額については大きな差があったと思います」》

とは、三人のうちのひとり、田村さんの法廷証言である。

いずれにしても、出張によって浮くなにがしかの金額が、消えてしまう状況になった。カラオケセットや大量のカップラーメンをもちこんで、これから三ヵ月ほど、いわば、流謫《るたく》の生活に耐えるつもりで到着した、「戦士」たちの出鼻をくじく、予想外の衝撃だった。

「ゲストハウスでの生活というのは、のちにあなたが宿泊されたサイインホテルと比べて、宿泊設備の点で比較するといかがですか」

との被告・加古川労基署の代理人の質問にたいして、田村さんは、こう答えている。

《「やはり、ホテルのほうは自営業でありますんで、いろいろ……クーラー、テレビ、冷蔵庫、ベッド、いろんな設備にしても、(かかる)金の違いはあります」》

代理人は、生活のしやすさの比較について聞いていたのだが、田村さんのほうの関心は、「お金のちがい」にあった。といって、これは当然のことである。ボンベイまで百三十キロ、なんの娯楽施設もない僻地《へきち》で、家族と離れてはたらきながらも、なんにも残さないで帰国するのでは、くたびれ儲けとなる。つまりは交渉にあたったドジな担当者にたいして、つい不満の矛先がむいてしまう、というものである。

神山さんの剣幕に圧倒されていた高之さんは、そのあとすっかり落ちこんでいた。コトの重要さを知らされたのである。三人を出迎えた彼は、なんどもなんども、部屋をとれなかった事情を弁解していた。とにかく平謝りだったのだが、それはくどく感じられたほどだった。

その夕方、高之さんは先に部屋に帰って、かんたんな歓迎会の支度をしているはずだった。が、一行が到着してみても、なんの準備もされていなかった。彼は食事のあいだにもまた、ゲストハウスがどうしてキャンセルされたかについての説明をながながと繰り返して、「その話はもういい」との声がでるほど、メンバーを鼻白ませていた。

ビールの栓を抜きながら、「わたしにだってこれくらいのことはやれます」と、いささかひねくれた調子でいうほどだった。どちらかというと、乗りやすいタイプで、友だちに嫌みをいったりすることなどなかった性格だけに、その意気消沈ぶりがわかる。彼がどのように先輩たちから難詰《なんきつ》されたかについては、いまとなっては知ることはできない。

つぎの日の午前、神山さん、高之さん、それと新しく赴任した三人の「日本人チーム」は、ゲストハウスとホテルの差額の問題について、話しあった。費用は神戸製鋼が負担する契約だったものの、別会社から出むいている桜庭さんにとっては、それは神戸製鋼の正社員たちよりもさらに切実な問題だった。

だから、「はやくなんとかしてくれ」との語調が強かった。高之さんにとって、それは赴任してからの最初のトラブルだった。

相手は四人のつわものたちであり、彼には相談できるものはひとりもいない。高之さんは工場の研修生とはいえ、文科系の出身である。これから営業部に配属されるといっても、肝腎の経費をまかなう営業部にはまだなんのつながりもない、ボスの神山さんも上司というわけでもない、という中途半端な孤立した存在だった。

彼に引き継ぎして、早々に日本へ帰った前任者は、神山さんとはまったくウマが合わなかった。高之さんがその後任に抜擢されたのは、英語ができるということばかりではなく、ひととトラブルを起こしそうもない、明るい性格を見込まれてのことでもあった。

夕方、くだんのサイインホテル。西田さんの部屋にみんなが集まった。カラオケセットを囲んでのパーティである。しかし、高之さんは、みんなと間をおいた座りかたをして溶けこまず、食事もろくに摂らなかったし、酒もほとんど飲まなかった。ほぼ強制された形で、ようやく一曲、それも一番だけ歌って終わった。

《――カラオケ・パーティの席でも、言葉は非常にすくなかったわけでしょうか。

田村「はい。そういうふうに私は記憶しています」

――その日の夜は、山川さんはホテルのあなたの部屋に泊まったということのようですけれども、そのときのことで、何かご記憶に残っていることありますか。

田村「当然、そういうパーティの後ですから、私が言ったことについて、どう言ったかの記憶はありませんので、間接的に、こう言ったとか、ああ言ったということはあったと思います」

――最後のところの意味が分からなかったんですが。

田村「要するに、私が何を言ったかという記憶が私にはありませんので」

――山川さんの様子で記憶に残ることはないですか。

田村「多分、私も酔ってたんで、そういう意味では記憶にありません」》

　これは、法廷での証言である。タクシーはない。神山さんと高之さんは、夜も遅くなってしまったので、ゲストハウスにはもどらず、ホテルに転がりこむことにした。ツインの部屋だった。西田さんの部屋は散らかったままなので、神山さんが桜庭さんの部屋に、高之さんは田村さんの部屋に泊まった。

　このとき、田村さんは酔った勢いもあって、高之さんを責めたてなかったかどうか。「こう言ったとか、ああ言ったということ」が、そのあたりを推察させる。そのあと証言は、つぎのようにつづけられている。

《――現地に行ってみて、ゲストハウスは満室だと聞かされて、がっかりしましたか。

田村「いいえ、私はホテルがあることを知ってましたので、特に心配はしていませんでした」

――怒りはしなかったですね。

田村「いや、そんな記憶はありません」

――そうすると、あなたのほうから、山川さんに対して、どうして、ゲストハウスに泊まれないのかと非難するような言い方をしたことはないのですか。

田村「鮮明には覚えておりませんが」》

　力弱い否定、である。

翌朝、田村さんが「よく寝たか」とたずねると、高之さんは、「寝ていない」と答えた。朝食は摂らなかった。

午後一時から、ゲストハウスで、トプソー社主催の「工事着工三周年」パーティがあった。各国の技術者たちが、およそ百名ほど参加した。高之さんは考えごとをしていて、話しかけられても、はかばかしい返事がなかった。

高之さんはパーティの途中で、「気分が悪い」といって部屋に帰った。すこしたってから、桜庭さんが様子をみにいくと、彼はベッドに仰向けに寝ころんでいた。

「どうしたのか。大丈夫か」

「べつに」

あいかわらず、天井をみつめているだけである。このあとで、ビザの期限が切れて、日本に帰る予定になっている神山さんから、高之さんを連れて帰ろうか、との話がだされた。反対するものはいなかった。

このことについての田村証言は、彼の容体《ようだい》についてよりも、神山さんが出発したあとの部屋の割り振りに終始している。結局、その部屋には、桜庭さんを入れることになった。

《「最初は神山氏と山川氏が帰国されるので、その二部屋を我々が確保しようという話はあったと思います。後にゲストハウスのほうに移ると、それで、優先的に桜庭さんのほうにいってもらうとかいうことの内容はありました」》

ボンベイの日商岩井の事務所から、日本へ電話をかけて連絡をとりたい。だから、いっしょにいってほしい、と、神山さんが高之さんにもちかけた。本人は了承した。が、みんなの態度になにかを感じとっていたのはまちがいない。

深夜、高之さんの隣りの部屋に住むインド人の技術者のラジコポールは、壁を叩いたりしているような物音で目を覚ました。どうしたことか、と起きだして廊下にでてノックすると、しばらくして、高之さんがドアをあけた。

「どうしましたか」

と、たずねると、

「どうしたらいいのかわからない」

すっかり取り乱した表情だった。ラジコポールは、高之さんをなだめ、ようやくベッドに寝かしつけた。

つぎの日から、高之さんの容体はさらに悪化した。顔色は青く、暗く沈んだ表情になっていた。さかんに唇に指で触れるようになっていたが、その指は激しく震えていた。

神山さんが部屋にはいっていくと、「どうしたらいいかわからない」といって、ベッドに倒れこんだ。身体がグッタリしていた。抱いて起こそうとしても、床にへたりこむばかりだった。

「本社に送る書類をだしたいから、机のキーを貸してくれ」

神山さんがそういっても、「意味がわからない」とキョトンとしている。それにかまわず、神山さんは、鍵を探そうと机にちかづいた。と、

「触るな」

高之さんが鋭くさけんだ。

神山さんはボンベイにある日商岩井に電話をかけた。そこから会社に連絡してもらって、指示を仰ぐ。それと応援を頼むためだった。しかし、その電話も、雑音がはなはだしく、思うようには用がたせなかった。

夕刻になって、日商岩井の永野さんがクルマで駆けつけた。ボンベイへ連れていけば、高之さんの気分が変わるかもしれない、との期待もあった。

夜十時半ごろ、ボンベイに到着、「南京飯店」で遅い夕食を摂った。高之さんは、車中でもおし黙っていたが、もちこんだサンドイッチを三切れほど食べていた。それもあってか、テーブルについても彼はほとんど箸を動かさず、話にもくわわらなかった。

ホテルに着いたのは、十一時半すぎ。部屋は十六階のツインを取った。強い雨が降りだしていた。

部屋にはいって、神山さんは「日本への連絡事項をまとめておくから、風呂にでもはいって、はやく休んだら」と高之さんに声をかけた。そのあと、彼はテーブルの上に書類をひろげていた。

と、高之さんが突然、

「ここはわたしの部屋です。でていってください」

大きな声でさけんだ。いままでにない、強い口調だった。ここは二人部屋だから、と神山さんが説得すると、「それでは、わたしがでていきます」と、トランクを手にして、部屋をでようとした。神山さんはそれを押しとどめた。

「まだ仕事が残っているのに、なぜ、わたしを日本に帰すんですか」

「帰すと決めているわけではない。会社に連絡して、交代するのかどうか、日本からの指示できめてもらうんや」

そういって、神山さんが部屋をでた。

「ひとりだったら気分よく休めるだろうからということで、わたしが下におりたんです」

と、神山さんは法廷で証言している。部屋をでてロビーフロアに降りた、という意味である。

まだ研修中である。とはいっても、これから東京本社の営業部に配属される身分である。同期よりはやばやと海外へ出張にだされたまではいいのだが、結局、うまくいかず本国へ帰された、となれば、将来の昇進に影響するのは目にみえている。帰国させられるかどうか、その瀬戸際で、高之さんの精神的な動揺が、さらに激しくなって当然である。

神山さんは、ロビーのソファでいつの間にかうたた寝をしていた。ふと高之さんがうしろにたっているのに気がついた。

「上がりませんか」

といっているようだった。気に病んだ高之さんが降りてきたのだ。

「あれ起きてたんか。はよう休んでくれ」

と声をかけた。なん分かしてから振り返ってみたときには、もう姿はなかった、と神山さんは証言している。

しかし、信也さんが、二回目のボンベイ訪問で会ったロビーマネジャー、プーシェの話では、ふたりはソファに座って、長いこと話しあっていた、という。

「せっかく部屋があるのに、オレが彼らに代わって、部屋へいって寝てようか、と思ったほどだった」

ソファに座って、ふたりがなにを話していたかは、日本語のできないプーシェにはわかるはずもなかった。

神山さんがもう一度起こされたのは、警官によってだった。「お前の友だち、どこにいるのか」と尋問された。あわてて部屋に上がっていくと、鍵が閉まっていた。神山さんはドアをたたいた。そのときすでに、窓の下で高之さんの遺体が発見されていた。発見者は、二十歳のコック見習いだった。パンを焼く支度をしていたのだが、外の空気を吸おうとしてテラスにでた。だれかが寝ているのがみえた。午前三時十五分ごろだった。

山川信也さんが、兵庫県加古川労働基準監督署にたいして労災申請したのは、事件から十ヵ月たった、八四年十一月だった。「わたしのほうは、会社が整えた書類にハンコを押しただけです」と信也さんはいう。それも自殺ではなく、出張中の過失事故としての請求だった。このころは自殺で労災が認定されるとはだれも思わなかったからである。

が、「過失事故」で請求している一方で、会社側は、山川さんの損害賠償の請求にたいしては、「業務上の死亡ではなく、かつ、当社の安全配慮義務違反によるものではない」と主張して、支払いを拒絶した。

《仮に、何らかの精神障害の発現があっても、その徴候を判定することは、神山らにとって不可能のことであります。まして、当時の状況は、介護を要するような症状を認めることはできません。神山としては、本人の気持ちを落ち着かせ、ただ早く就寝させることが最適の処置であったのであり、それ故本人の申出を容れ、部屋を出てロビーに下りたのでありま す。神山ら現地の関係者は当時の状況において最も適切と思われる処置をとったものというべく、そこに手落ちがあったとは到底考えられないのであります》

加古川労働基準監督署への請求にたいして同署は、事故は「本人の性格による」として、却下した。それについて「海外ではなにも調べられなかった」「企業側が協力してくれなかった」と、監督官は弁明している。信也さんは、不支給の決定は、会社側の意見を聞いただけでおこなわれた、と批判している。

このあと、会社にたいする損害賠償の請求は、示談になった。条件は以下の通りである。

a、遺族は会社が死亡者に付した海外旅行者傷害保険金請求権（二千万円）を、会社に譲渡する。

b、会社は遺族に対し解決金二千六百万円を支払う。

c、労災確定があった場合は特別見舞金のうち、一千三百万円を支払う。

なお、合意書には明記されなかったが、双方の代理人は、「遺族は今後本事故の真相を追究しない」ことを口頭了解している、という。

それにたいして信也さんは、県の労災補償保険審査官に「審査請求」をだした。ところが、ここでも、「結局、なにもわかりませんよ。むこうが隠そうと思えば、それで終わりですから」と、はじめから匙《さじ》を投げた感じだった、八八年三月、案のごとく請求は棄却となった。

すぐに労働保険審査会に再審査の請求をだした。が、三年たった九一年八月に、これも棄却された。

九一年の十一月、信也さんは、神戸地裁にたいして、「不支給処分取り消し請求」の訴えを起こした。このときから代理人は宗方秀和弁護士に代えた。宗方弁護士は、こういう。

「山川さんをつき動かしていたのは、息子は自分の不手際から、人様にご迷惑をおかけするような無責任なことはしないはずだ、だから、自殺などではなく、誤って落ちたのではないか、ということだったようです。だから、自殺と判明したあとも、息子の責任ではない、とおっしゃってました。勝訴のあとの記者会見では、『お前が死んだのは、お前が悪かったからではなかった、ということが認められた』と、息子に報告したい、といってました」

なぜ、自殺に追いやられたのか、それをあきらかにしたい。労災申請はその原因を追究する手段でもあった。

原告側の証人になった秋山剛医師は、高之さんの様子から、そのこころのメカニズムを解きあかして裁判官の心証を固めた。自閉、緘黙《かんもく》（しゃべらず、応答しない）の症状から、精神運動抑制、抑うつ感情、悲観、自責感、それに食欲不振、不眠とつづき、深夜、自分の部屋で、どうしたらいいかわからない、というほどの「現実検討能力」の著しい減退を招いていた、と判断した。

そして、「プレジデント・ホテル」にチェックインしたあと、神山さんにたいして高之さんが大声をだしたりしたのは、つまり、「著しい情緒的混乱を来《きた》して、正常とはいえない精神状態に陥っていた」からだ、と意味づけされた。

この主張を受けて、九六年四月にだされた神戸地裁の判決（確定）では、「精神障害により心神喪失状態にあった」とされ、「短期反応精神病ないしは反応性うつ病とみるのが相当である」として「業務起因性」が認められた。こうして、労災保険法による補償の不支給は違法とされたのである。

「反応性うつ病」となった理由については、つぎのように指摘されている。

《（中略）宿泊料等の負担の増加分が最終的に技術指導員の個人的負担にはならないとしても、それはあくまで見通しにすぎず、また、右増加分が神戸製鋼の負担になる危険がある以上、会社の指示がない場合には、現地においてTOPSOE社の責任を明確にし、会社の負担を少なくするように行動すべきであるという見解を、営業部門の社員である高之が持つことも自然というべきである。（中略）以上を総合すると、高之の精神障害は、海外勤務で余儀なくされたインドでの生活自体からもたらされるストレスが積み重なっていた上に、宿舎問題という業務上のストレス要因が加わったことによって発生した心因性の精神障害であると認めるのが相当である》

労働省は認めず、裁判所が救済する、これもまたそのひとつの例証である。

わたしたちは、自殺のケースから、人間の脆《もろ》さを読み取る訓練の必要がある。事故のとき、いっしょにいた社員のひとりは、帰国したあと、神奈川県鎌倉市の山川家を訪れ高之さんの仏前に焼香した。

「まわりはインド人などの外国人ばかりで、自分でもテンションがあがっていました。山川君の気持をときほぐすことがなにもできなくて、悔やまれます」

といって帰った。「戦士の集団」としての企業社会では、死んだものは、負け犬である。おたがいのこころを思いやるゆとりがない。あとから考えてみれば、それはやはり異常である。病んでいるものを助けるゆとりが奪われている状況こそ、非人間的な状況なのだ。

「昔のことですからね、忘れたというわけではないけど」

と、神山さんは重い口調で受話器越しにいった。あきらかに、迷惑そうである。

「年齢がちがうからね。ふたりだけの時期もあったから、それなりに仕事の話はしたけど、あとはね……」

もう十四年前になる。四十一歳と二十五歳、現場の叩き上げと将来を嘱望された大学新卒、親しくならないにしても、不思議はない。「会社できいてくれ」「われわれは業務でいっただけだから、仕事のことは会社にきいてくれ」と神山さんは防御の言葉を繰り返すだけである。本人の籍はいま神戸製鋼にはない、という。

「神戸製鋼としては、いまはまだなにかをいえるような段階ではない、と考えています」というのは、人事労政部の増田和朗部長である。「行政訴訟はあくまでも遺族と労働基準監督署との問題であって、会社がなにかをいう立場にない」という考えと、「遺族になにかをいうべきなのか考えてしまう」との迷いがあるとか。

「山川さんは、最初の報告が遅れたうえに誠意がないといわれていますが、わたしはそんなことはないと思います。じっくりと聞き取りをして、報告書にまとめた。ペーパーとして渡しただけならつっけんどんに感じるかもしれませんが、きちんと報告もしたつもりです。なにかを隠しているというのも事実ではありません。たしかに、うちの社員と山川さんをふたりだけで会わせなかったことを不審に思われているかもしれませんが、もしそこでうちの社員が、不用意に補償するなどといったとしたら、それこそ双方にとって不幸になるだけです。会社という組織である以上、組織防衛をせざるをえない」

信也さんが、たったひとりで大企業と国とを相手にして闘ってきたのは、子どもの自殺を恥ずかしい、と考えていたからだった。外国での自殺などひとに迷惑をかけるばかりだ、との古風な考えだった。

しかし、労働省で決定がひき延ばされているあいだに、時代は大きく変わった。中学生などのいじめ自殺が多発しているうちに、「いじめるほうが悪い」との価値観が、ようやく社会的にひろがりつつある。ひとにたいする無関心もまた、いじめの一種である。

新人保母の「砕け散った夢」　兵庫県　東加古川幼稚園

《元気にしてますか？

私は、保母試験に、めでたく合格したんだョ〜!

夢が一つかなったナって感じで、やっと気もちが落ちつきました。

今は、就職先をさがしています。なかなか正職員でやとってくれるとこがなくて……保育園もなかなかキビシーです。

いい就職みつかったら、また報告するからまっててね……》

岡村牧子さん（当時二十一歳）が、兵庫県神戸市内にある女子短大の同級生に送った手紙の一節である。牧子さんは、卒業するころから保母を天職と感じるようになっていた。それで就職せず、資格をとるための検定試験の勉強をしていた。

それまでは、自分でもなにをしたいのかはっきりしていなかった。すぐちかくにある、キリスト教会の「保育教室」を手伝うようになって、にわかに保母の仕事に目覚めたようだった。それには、そこでボランティアとして、長年はたらいてきていた母親への共感もあった。

短大の保育科卒なら自動的に保母の資格をとれるのだが、検定試験は難しい試験である。生活科学科卒業の牧子さんが、わずか半年で合格できたのには、必死の努力があった。だから「短大に合格したときよりもうれしい」と彼女は手放しだった。その喜びがこの手紙によくあらわれている。

しかし、資格をとっても就職先はなかった。もともと保母希望者は多いが、それにひきかえ受け入れ先はすくない。供給過剰の面があった。四月から保育所ではたらいている新卒の保母にくらべれば、かなり出遅れていた。それに実家のある加古川市での就職を希望していたのだが、人口二十五万人を数えるこの町には、認可保育所は二十八ヵ所（市立十五ヵ所、私立十三ヵ所）しかない。その代わりのように、無認可保育所が二十六ヵ所もあった。

牧子さんは、学校の掲示板に貼られてあった、「東加古川ナースリースクール」の保母募集に応募することにした。ここは無認可とはいえ、保育所を四ヵ所も経営しており、園児を二百人ほどもかかえていて、市内最大の規模だった。

面接の結果、採用された。父親の昭さんも母親の紀子さんも、大きい保育所だからと安心していた。

牧子さんは、あくる年の一九九三年四月から、三歳から五歳児の百五十人ほどをあつかっている、「高畑園」のほうに勤務することがきまった。ところが、おなじ系列の、二歳児を約二十人ほどあつかっている「二保園」で、ふたりの保母のうちひとりが年の暮れに退職することになり、急遽、正月明けの一月から二保園に勤務することになった。

東加古川ナースリースクールは、株式会社「東加古川幼稚園」の傘下保育所として経営されている。理事長と副園長が夫婦で、園長はまだ二十代の息子が務めている。家族経営である。しかも、息子はほかの三つの保育所の園長も兼ねていた。

この会社は、高畑園と二保園のほかに「本園」、さらに「加古川園」の四つを経営していた。市内のあちこちに居住する園児を、最寄りの保育所や各地域の送迎バス待合所に集め、三台のバスに乗せ、年齢別に割り振りされた保育所へ送り届ける、いわばベルトコンベア式のやり方である。

その方式の一翼を担わされた保母は、送迎バスの運行表を眺めながら、自分が勤務する園に送られてきた園児をバスから降ろして保育しつつ、ほかの園にいくためにやってきた園児をバスに乗せたり、連絡事項を受けたりしなければならなかった。

人手がすくないために、園長みずからバスのハンドルを握り、まるでコンビニエンス・ストアに商品を積み降ろすように、園児を乗せたり降ろしたり、市中を駆けまわっていた。

それでも、はじめのころ、牧子さんは、念願の仕事に就けたことがよほど楽しかったとみえて、やはりおなじ友人にあてた手紙に、こう書いている。

《……私は、毎日、子供達に囲まれながら、保母さんのような事を慣れない手つきでがんばっています。子供達にけられ、ひっかかれ、踏まれ、かみつかれ、体にアザの絶えない毎日です。足なんか青アザだらけで、とても二十才の女の足とは思えない…… エーン……。でも、好きな事をしていると、毎日楽しいです。とりあえず、今は》

「とりあえず、今は」に、やや疲労がにじんでいるようだが、それでも新米保母さんの高揚がよくあらわれている。張り切っていたようだ。

牧子さんは、もうひとりの保母と二人で、二歳児二十人ほどの世話をしていた。しかし、相棒は三月末に退職する予定になっていた。これはあとでわかったことだが、この保育所は保母の出入りが激しく、辞めたひとを補充するため、新聞の折り込み広告でよく保母を募集していたのだった。

保育時間は、たてまえ上は、朝八時三十分から夕方四時まで。しかし、その後も仕事はつづく。バスに乗りこんで、園児をほかの園に降ろしたり停留所をまわったりしながら、園児を帰宅させる。そのほかに、「特殊契約」の園児がいて、朝七時から夕方七時まで在園している子どもの面倒をみなければいけない。

一日おきに朝七時二十分に出勤して、ご飯を炊いて給食の支度をする仕事もある。嘱託医はおろか、調理員さえいなかった。

「児童福祉施設最低基準」第三十三条2によれば、認可保育所の職員は、園児が満一歳以上、満三歳未満の場合、おおむね園児六人につき一人以上の保母が必要とされている。無認可保育施設についても、この最低基準を下まわらないように指導されている。その基準すら守られていなかった。

したがって、この保育所ではたらく保母は、本来の業務のほかに、給食の支度、買い出し、食器洗い、掃除、園児の顔と名前を確認してのバス送迎まで、ひとり何役もこなさなければならず、文字通り目がまわるほどに忙しかった。

バスは一日に六回も二保園にたち寄った。零歳から五歳までの園児が、時間ごとに乗り降りする。その仕事だけでも、子どもの生命にかかわることなので、薄氷を踏む想いだった。「延長保育」の子どもが三十人ほどいた。二保園の園児でそのまま残る子と、ほかの園から合流してくる子とで三十人ほどになるのだが、それもふたりの保母だけで担当していた。牧子さんたちは、自分の昼食の時間もろくにとれないまま、労働時間が十、十一時間にもなっていて、夜八時すぎに疲れ切って家に帰ってくる。そのあと、翌日の保育や調理の準備に追われる。それでも、四月になればクラスを担任できる、というのが、牧子さんの夢だった。

園長は保母の資格をもっている若ものだったが、およそ保育者にあるまじき言動をする人物だったようだ。ほかの保母の証言によれば、園庭に煙草の吸殻をポイ捨てしたり、バスの運転中に「こんな子どものどこが可愛いん？　姪や甥ならべっやけど」といい放ったり、保母についても「バカばっかり雇っているんや」と毒づいたり、子どもが話しかけても無視したり、若気の至りというにしては度が過ぎていた。

そんな園長の信じがたい言動についても、牧子さんは家に帰ってきてから、よく苦情をいったりしていた。それでも岡村さん夫妻は、耐えられる範囲内のことと軽く考えていた。

二月になってまもないころ、自宅で遅い夕食の食卓に座った牧子さんは、急に泣きだした。父親の昭さんは、以前、化学会社に勤務していたのだが、五十歳のときに脱サラし、自宅で経営コンサルタント業を開業しており、家にいることが比較的多かった。

驚いて理由を聞いてみると、彼女が四月からはたらく予定になっている高畑園では、主任の保母をふくむ六人の保母全員が退職するので、採用されたばかりの新米の保母だけになる。それで牧子さんを責任者にする、とその日、通告されて、途方に暮れていたのだった。

高畑園には、三歳児から五歳児が百五十人ほど在籍していて、それを五クラスに分けて五人の保母が担任している。ところが、そのすべてが保母資格を取得したばかりの新人になる、という異常事態である。

まだ勤めはじめて一ヵ月しか経っていない新米が、いきなり責任者にされるというのは、尋常の沙汰ではない。

「そんなのは到底できることではない。すぐに断って、一クラスだけ担任させてもらうようにしなさい。それが無理だったら、思い切って退職して、ほかの保育園を探そう」

昭さんがなだめていった。

翌日、出勤した牧子さんは、副園長に「クラスの担任だけにしてください」と申し出た。が、受けいれてはもらえず、逆にコンピュータを使った保育管理を学習するように、とまでいわれて帰ってきた。それまでコンピュータをつかった経験のない彼女にとって、それはさらに大きな精神的負担だった。

それでも、園長がフォローするからなんとか頼むといわれ、とにかくやれるだけがんばってみよう、と考え直して、勤めつづけていた。学生時代の友人たちは、牧子さんは自分のことよりも他人のことを心配するタイプだった、頼まれるとイヤとはいえない性格だった、という。

とにかくやると決心したあとは、主任保母を引き受けるための引き継ぎや導入されるコンピュータの学習、次年度の年間指導計画の作成、それに東加古川ナースリースクールの年間を通したビッグイベントである、市民会館での「お遊戯会」の準備などに忙殺されていた。二月、三月の日曜日は、ほとんど出勤していたし、帰宅してもお遊戯会の小道具づくりで深夜までかかっていた。それでも、残業、休日出勤はいっさい記録されていない。

「朝、でかけていくときに、『お母さん、押しだして』といったときのことが、いまだに忘れられなくて……。『押しだして』っていったんです。

調理までしてましたからね。調理なんて、家では手伝いていどはさせていましたが、きちんとつくったことなんか、ほとんどありませんでした。だから、かんたんなメニューしか書いてないものをみて、それで自分で買い物するなんて、できなかったでしょう。

まして、それを調理して子どもに食べさせるなんて、とても、とても。ですから、家でわたしに夜のあいだにアドバイスしてほしい、といっては前もって料理をすこし準備したり。

『押しだして』といったのは、最後のころですね、やっぱり、疲れていたんでしょうね」と、紀子さんはときおり涙を浮かべながら、当時の娘の姿を想い起こしていった。

協力するとはいっていたが、園長は午前と午後、それぞれ二時間ずつのバスの運転があって、あてにはならなかった。新学期がいよいよはじまる前は、さらに多忙だった。

三月二十八日は日曜日だったが、六人の園児がやってきた。本来ならば「日曜保育」は本園でおこなわれるのだが、たまたま本園では畳を張り替えていたので、二俣園がつかわれたのだった。保育の様子が「保育日誌」の「感想」欄に、ちいさな几帳面な筆跡で、書き遺されてある。

《雨ふりの為外に出られず、一日中お部屋ですごしました。少したいくつそうなので、みんなでカメの水かえをしました。最初は少しこわがっていましたが、カメにふれて、水そうを洗ううちに、『カメさん、カメさん』とみんなでながめて、たのしんでいました》

ところが、つぎの日、二十九日の筆跡は、前日とはうって変わって乱雑であり、「感想」欄への記載はなく、空欄のままである。

三十日は同僚のHさんが記述している。といって、Hさんが書くのはさほどめずらしいことではない。

二十八日からはじまった、退職する前任者たちとの引き継ぎは、その日が最後になった。

前の晩、岡村夫妻は退職するように強くすすめていたが、牧子さんは子どもたちを見捨てる気がして、決心がつかなかったようだ。

二十八日の「日曜保育」のときに、たまたま二保園に出かけていった保母のOさん（当時二十五歳）の証言によれば、その日、牧子さんは、保育室の絨毯に疲れきった表情で足を投げだして座っていて、放心状態だった、という。子どもたちは部屋中を走りまわっていて、おもちゃは散らかったまま。飼っているカメを水槽からだしたりしているのを、彼女は座ったまま眺めていて、保育しているという感じではなかった、という。

先輩のOさんは、三十分ほどで帰ったのだが、このとき、牧子さんが「園長先生に仕事のことを聞いても『ぼくはノータッチだから』といわれて、なにも指示してくれない」と愚痴をこぼすのを聞いた。

Oさんは、責任者にされるといわれた牧子さんが、断りながらも、園長に全面的にバックアップするから、と説得されて承諾したことは、同僚から聞かされていた。その前はOさんがおなじことをいわれて断り、そのあとパートの保母さんまでが責任者になってくれ、といわれていた。

つぎの日の夕方、Oさんは園長の指示を受けて高畑園にでかけた。そこでは、牧子さんが辞める先輩ふたりから引き継ぎを受けていた。牧子さんは園長から、「送迎バスの時刻表」がまだできていない、といわれ、自分がつくらなければならないのか、と悩んでいた。

時刻表は道順もふくんでいるため、園にやってくる子どもたちの名前と顔とを把握していなければ、とても作成できるようなものではない。まだ高畑園ではたらいてもいない牧子さんにとっては、無理な要求だった。

牧子さんは、ハンカチで眼のあたりを押さえていた。七時ごろになって、先輩のふたりは「なにかわからないことがあったら、電話で家のほうにでも連絡してね」といって帰っていった。Oさんと本園の責任者のYさんとの三人が残って、園長の帰ってくるのを待っていた。牧子さんはぐったりした様子で、椅子に腰かけていた。

七時半ごろになって、園長が帰ってきた。彼は「どこがわからないんだ」と牧子さんに聞いていたが、彼女には応対する気力がなかったようだった。ベテランのYさんが、「岡村さんはいまそんな話せるような状態じゃないんです」と言葉を添えていった。

園長は牧子さんに好意をもっていたようだったが、元同僚の話では、牧子さんは「香水をつけているような男はキライ」と眉をひそめていた、という。

Yさんと園長が話しあっていた。まもなく、「場所を変えよう」と園長がいいだして、本園に移動することになった。途中、Oさんがスーパーマーケットで、みんなの分のパンとジュースを買った。本園に着いてからまた、Yさんがつくってきていた保母のローテーション表を検討し、園と園とをつなぐ送迎バスの時刻は決めた。

しかし、それ以上のこまかな詰めができるほどではなかった。

牧子さんは、そのあいだも、呆然として放心状態だった。疲れた表情で椅子に座り、目の前に置かれたパンにもジュースにも手をつけなかった。

話しあいが終わったのは、深夜十一時すこし前だった。帰りぎわにYさんが、小声で牧子さんを励ますように、「辞めるんだったら、いましかないですよ」といった。

その夜、辞めてくるはずの牧子さんが八時すぎになっても帰ってこないので、紀子さんが園に電話をかけてみた。牧子さんがでて、「もうじき帰るから心配しないで」というので、そのまま待っていた。たまたまその日、来客があったので、昭さんは気をもみながら応対していた。

十一時半ごろになって、牧子さんはクルマを運転して帰ってきた。玄関をはいるなり、「わたしの人生はメチャクチャになってしまった」といいながら、出迎えた紀子さんの腕にすがりついて泣き崩れた。昭さんが、「どうしたんや」と声をかけた。

「保母さん同士で、打ち合わせをしていたけど、もう頭がまっ白になってしもうた」といいながら、彼女はひとりで立っていられない様子だった。最後まで保母の仕事をつづけるつもりだったのだが、とうとう断念した落胆があった。

紀子さんが横について、慰めながら寝かしつけようとした。牧子さんは、一点をみつめるように眼を見ひらいたまま、ついに眠らなかった。

翌三十一日、昭さんはどうしても外せない用事があって、泊まりがけで東京へでかけた。東京に着いてから家に電話をかけると、牧子さんはものもいえない、食事も喉を通らない状態になったので、ちかくの病院へ緊急入院させた、とのことだった。精神的ストレスが起こす心身的疾患と診断された。強いうつがはじまっていたのだ。その日づけで退職した。

それでも四月一日には、退院できた。自宅で安静にしているほうがいいとの判断からだった。昭さんが東京から帰ってくると、退院していた牧子さんがしがみついてきた。抱きしめると、がりがりに痩せているのがわかった。就職前とくらべて、体重が六キロも減っていた。片時もひとりではいられない牧子さんがべったりくっついているので、紀子さんはいつもいっしょに寝た。牧子さんはようやく精気を取りもどしていった。

それでも、急に保育所を辞めたことで、牧子さんは園児や同僚に迷惑をかけることを心配しつづけていた。彼女はOさんたちにカードとちいさなケーキを配って歩いた。そこには、「本当に勝手なことをして迷惑をかけてしまって、ごめんなさい」「本当に迷惑をかけてしまってごめんなさいね」と、くどいほど謝罪の言葉が連ねられている。

四月十一日、復活祭の日に洗礼を受けた。父親も母親もクリスチャンだった。洗礼によって再出発を目指し、彼女は元気を回復していたようだった。

「えらかった（きつかった）から、ちがう仕事を選ぶかなと思ったら、やっぱり自分は保母さんしかない、と本人がいいましてね。またそういう仕事をもとめてわたしも職安にいっしょに見にいったりしたんですよ。でも現役でないというのが、ものすごいハンディでした。それでも、公立の保育所に実習にいかせていただいたり、経験を積んで希望に燃えていたんです」

紀子さんの述懐である。

「わたしがそばにいっしょにいながら、娘の気持がどうなっているのかというのに気がつかなかった。知識がなかったのが残念で、もういっぺん保母としてやり直せるとばかり思っていましたから」

職安に求職を申しこむと、「離職票」が必要ということになった。保育所にいうと、「忙しくてつくれない、連休中につくるから連休明けにとりにくるように」との答えだった。昭さんはそれを聞いて、怒り心頭に発した。離職票などいともかんたんにできる文書のはずである。

理事長に電話をかけた。彼は病弱で、性格も穏やかな人物なので「最善の努力をする」と答えたのだが、実務を握っている妻が連休明けを主張して譲らないようで、息子の園長も「連休明け」にだす、とのＦＡＸを送ってきた。

連休入り前の四月二十七日、昭さんが山口県徳山市に出張して不在のときだった。離職票が完成したから取りにくるように、との電話が保育所からやってきた。牧子さんが、あたふたとひとりで受け取りにいった。その前の晩、昭さんは徳山のホテルから電話をかけていた。「ゴールデンウイークがきたらゆっくりしようね」と昭さんがいうと、牧子さんは明るい声で応えるような長話だった。だから、翌日、東加古川ナースリースクールへ離職票を取りにいく牧子さんに昭さんは同道できなかった。それが、昭さんにとっての一生の悔恨になった。

離職表を受け取るため、東加古川ナースリースクールに着いた牧子さんは、理事長の妻の副園長から「もう一度、高畑園に勤めてみないか、いやなら二俣園でも」と強く翻意をうながされた。それが強い動揺を与えたようだった。家に帰ってきてもなにも話さず、食事のあとも食卓からすっと立ちあがったまま、部屋に閉じこもってしまった。

つぎの日もおなじような状態だった。それでも回復期にむかっているとばかり考えていたので、昭さんはさほど気にかけていなかった。

四月二十九日は祭日だった。昭さんは紀子さんと連れだって、小豆島にでかけた。仲人を頼まれていたので、結婚式の打ち合わせを兼ねての挨拶だった。道中、夫婦は「牧子も元気になってよかったね」などと話しあっていた。

帰ってきたとき、家には灯りがついていなかった。不審に感じて、紀子さんは思わず声をあげて家じゅうを探してまわった。牧子さんは昭さんの部屋の健康維持のための懸垂器で、首を吊っていた。昭さんは気も狂わんばかりに牧子さんを抱きかかえ、救急車で病院にはこんだ。が、もはや打つ手はなかった。

几帳面できれいな書体で書かれた「遺書」が、昭さんのベッドの上に置かれてあった。

〈勝手なことをして　ごめんなさい。許して下さい。
わたしは今、とても　おだやかな気もちです。
神様が、戻っておいで　と呼ばれたので　いきます。
お父さん、お母さん、○○兄ちゃん、○○兄ちゃん、たくさんの楽しい想い出を　ありがとう。最高の家族でした。いつも私をつつんで、何でも許してくれて、いつも心の支えでした。今回の私の選んだ道を、どうか　許して下さい。四人で、どうか支え合って、私の分精一杯　生きて下さい。約束ですよ。今回のことは、決して誰のせいでもなく、私自身がした決断です。だから、おだやかにやさしく　見おくって下さい。四人で力を合わせて仲よく、仲よくね。絶対　約束だよ。今まで私を囲んでくれたすべての人達に、ごめんなさい　と　ありがとうを　伝えて下さい……〉

便箋に書かれた「遺書」に包まれるようにして、現金二十五万円があった。「教会への感謝に献金」と書かれていた。三ヵ月はたらいて貯めたものだった。

ふかい自責の念に紀子さんが苛《さいな》まれているのを、昭さんは不安に感じていた。牧子さんが保母の道を選ぶようになったのは、紀子さんの影響だったし、紀子さん自身、娘の異変に気づかなかったことを、いつも悔やんでいたからだった。

Oさんといっしょに辞めた元保母のひとりはいま、ある歯科医院に勤務している。彼女は牧子さんが倒れたのも、入院したのも、亡くなったことも、園から知らされていなかった。「岡村先生は体調を崩されているけど、もどってきますから」とだけ聞かされていた。「岡村先生がそのうちもどってくるというので、がんばっていました」という。

高畑園は、新任保母ばかりになっていた。

Oさんが辞めたのは、五月の下旬だった。神戸地裁での証言で、彼女は辞めた理由について、こう語っている。

《岡村さんの事件のこともありましたし、もう精神的にも肉体的にも自分でもぎりぎりのところまで来てたと思います。あと、そういう園の考え方とか、方針とか、やり方について行けない部分もありましたし》

ついていけないやり方とはなにか、と弁護士に質問されて、Oさんはつぎのように証言した。

《保母さんを人間として見てくれないと言うか、辞めたら辞めたで次の代わりの保母を入れたら園はやって行けるわという感じの考え方だったと思うんです。それで、子供も何人も受け入れて、子供のための園って言うよりも、むしろ営利目的って言うか、そんな感じでしたね。もう保母さんも時間に追われて心身共に疲れ果てているし、それでいて子供にゆとりのある保育と言うか、余裕を持って接してあげるということも出来なかったし、子供も可哀そうな状態だったし、私たち保母も時間に追われて、事故があったら責められるし、何かあったら何をしていたのと言われますし、それで身体を壊しても何も責任って言うか、そういうことも取ってくれる園じゃなかったと思います》

このとき、彼女とともに八人の保母が退職している。そのうちの七人が、連名で辞表を書いている。異常事態といえる。いっせいに辞めたのは、どんな理由からですか、との質問にたいして、Oさんはこう答えている。

《ほかの保母さんも皆さん心身共に疲れ果てていましたし、体力的にも精神的にも限界だったと思うんです。高畑園の保母さんのS先生は、血尿が出ていたと聞いていますし、M先生も声の使いすぎで声が出なくなったということを聞きました》

そして、保母たちが心身ともに限界に至るまでのいきさつについて、彼女はつづけてこう語った。

《高畑園は確か平成三年四月に開園されたんです。平成四年四月、五月は新学期ということもありまして、特に忙しくて大変だったということを聞いています。それで毎日、夜十時くらいまで残業をしていらっしゃったということを聞いていました。それと園長との間で何度も話合いの場をもって会議をしたということを聞いたんです。その会議では労働時間が長すぎるだとか、子供の受入れ態勢、随時入園制でしたので、どんどん子供が増える一方で、保母の人数は少ないままの状態でしたので、皆さん、体の限界とか、精神的にも限界だったということをよく聞いていました》

Oさんたちが辞表を提出した日は、理事長、園長、副園長の親子と辞める保母全員、それに残ることになった五人の保母たちとの話しあいになった。午前一時ごろまでかかったが、Oさんの辞める決意は変わらなかった。

副園長は「園をつぶす気ですか」となじった。残る側の保母から、「子どもを捨てる気ですか」といわれたのが心に突き刺さった、とOさんはいう。彼女は「もう限界です。自分あっての仕事ですから、自分を犠牲にしてまで仕事はつづけられないのです」と反論した。

牧子さんの死から一ヵ月ほど悲嘆に暮れていたあと、昭さんは気持を取り直して、「娘は純粋すぎたから死んだんだ」ということだけでは終わらせられない、と考えるようになった。独立して家をでているふたりの息子とも相談して、「母親の心の傷をふかめないような手段があるなら、事実を究明したい」との結論になった。

大阪在住の知りあいの弁護士に相談した。弁護士は、「比較能力のない無経験者にたいする重大な人権問題だ」として、経営責任を追及できるとの判断だった。牧子さんが亡くなったのをようやく知って、弔問に訪れた保母たちは、保育所の改善のためにも立ちあがってほしい、と昭さんにいっていた。

牧子さんが倒れたあと、主任保母クラスの女性が雇われた。が、残業時間を記録すると修正液で消されてしまうと愚痴っていた、とか、新任の保母が改善要求を出したら通勤に不便な二保園に飛ばされた、などの噂が昭さんのところへもつたわってきた。

昭さんには裁判で争う気持はなかった。理事長も内々ですましたいといっていた。にもかかわらず、相手方の弁護士との交渉がこじれて、一年後に損害賠償請求の提訴と労災認定の申請となった。神戸地裁へ訴えた主旨は、

《被告らは、保育所を運営し、保育所の人事や業務の内容を決定しうる立場にあるものとして、保育所で働く保母に課する業務が適正なものであるようにし、過重な業務により保母の心身の健康がそこなわれないよう配慮すべき注意義務を負う。

被告らは、右注意義務を故意又は過失により怠り、保育所で働く保母たる牧子に対し、客観的にみてとうてい遂行しえない業務を次々に命じ、牧子に強い精神的な圧迫・疲労を与え、牧子をしてうつ状態に陥らしめ、右うつ状態に基因する自殺念慮により牧子をして自殺せしめた》

というものだった。

永井真介弁護士はこういう。

「牧子さんは新人だったため、労働内容が厳しいものか、そうでないものかの判断ができなかった。ベテランであれば、与えられている仕事が厳しいといえるのだが、そうでないひとは、『できないのは自分が悪い』と思ってしまう。保母の資格をもってやってきたひとたちが、一、二ヵ月で大量に辞めてしまうのはよっぽどのことです」

元保母のひとりは、加古川労働基準監督署からの労災認定審査に関わる「照会」にたいして、つぎのように記述している。

《特に忙しい三、四月頃は、心身ともに疲れ、イライラと怒りっぽくなることが多かった。四月からは、新しい環境で子どもの人数が多く、その割りに保母が少なく、ゆとりのある保育をすることができなかった。また、高熱がでても休むことができない（保母人数がぎりぎりなので）。39・5度まで熱が上がり、夜遅く夜間病院に走り、次の日、出勤ということもありました。

とにかく、毎日があわただしく、休憩もゆっくり取ることができない。子ども二十二人にたいして、保母常勤二人、パート一人（週五日で、午前中のみ）で保育していた……五月から入られた十年あまりも経験のあるベテランの保母さんも、『ここではとうていやっていけない』と後に退職される》

また、ある元保母は、こう書いた。

《子どもの人数の割りには保母の人数がたりなくて非常に忙しい。保母が給食をつくっていた為、保育に専念できなかった。園が三園にわかれていたので移動がありたいへんだった。園長がしっかりしていないので保母への負担が大きかった。ナースリースクールで働くようになってから、よく熱をだして寝込むことが多くなりました。保育中、体調が悪くなり、病院で点滴を打ってもらったことがありました》

このような訴えを集めたにもかかわらず、加古川労働基準監督署は、九六年八月、労災として認定しなかった。そして十一月、兵庫県の労災審査官も審査請求を棄却した。

昭さんは、裁判所や労働基準監督署へ請求をするだけではなく、市や県にたいしても、娘のような悲惨な事件の再発防止を訴えて歩いた。

ところが、無認可保育所を監督する官庁はどこにもない、という奇妙な現実に逢着したの

ていないのだった。無認可保育所は、労働省にも、厚生省にも、文部省にも、どこの管轄下にもはいっ

市役所では、「無認可保育所の管理は、県の出先機関として業務している」という。それで、県へいくと、「無認可保育所の労務管理に県はまったく関与しない」という。厚生省にいたっては、「無認可保育所の管理は自治体にいっさいを委ねているので、厚生省は発言できない」というだけである。

しかし、牧子さんが身をもって示した現実とは、子どもの保育を守るために、保母たちが自分の身体を犠牲にしている、ということだった。劣悪な労働条件と劣悪な施設では、子どもの人権ばかりか、保母の人権さえ保障されない、という現実を、牧子さんの自死がみせつけたはずだった。彼女とおなじように、心身を病んでいる保母たちは多い。

子どもの生命と未来とが深く関わっている保育所に無関心なのは、行政の無責任というしかない。公立や私立の認可保育所にいる子どもと、無認可保育所にいる子どもとの待遇の差がひらきすぎているとしたなら、それは「児童を心身ともに健やかに育成する責任」を謳っている「児童福祉法」に違反するし、「子どもの権利条約」にも違反するといえる。

保育所は女性の社会進出を背景にして急速に必要とされてきたのだが、無認可保育所の増大は、行政の立ち遅れをそのままあらわしている。加古川市で、認可保育所と無認可保育所とがほぼ同数というのが、その典型的な例である。

行政の不備をカバーしているのが、無認可保育所の存在理由である。実際問題として、

「延長保育」をしてくれて、なお安い保育料の無認可保育所がなければ、はたらくことのできない多くの母親がいる。

　まして、不況が長びき、収入が減り、リストラが深刻化していることもあって、主婦の就労がさらに必要となり、労働条件も悪化している。そうなればなおさら、安い保育料の無認可保育所の需要はふえることになる。無認可保育所の存在は、日本の福祉制度の貧しさをあらわしている。

　元保母のＯさんによれば、園長が無認可保育所の団体である「保育連盟」のほうの活動で忙しくなったのは、実績を示せば認可が下りて法人になれるからだと聞いていた、という。コンピュータのいちはやい導入も、その一環だったとか。

　保育所の経営は、たしかに慈善事業ではないかもしれない。とはいっても、ほかならぬ子どもを相手にする仕事なら、その経営者に子どもの未来への想像力とふかい人間性がなければ、子どもたちが不幸である。

　Ｉさんが辞めたのは、彼女たちの歓迎会が寿司屋でおこなわれ、園長が陽気に騒いでいたのが、あろうことか、牧子さんが自殺した日の夜だった、という事実をあとで知らされたからだった。彼女には牧子さんを追いつめたのは、自分たちのせいでもあったように感じられた。

「たぶん、牧子さんは、わたしたちの上に立つのを負担に感じていたはずです」

と彼女はいう。しかし、新入りの保母たちもまた、牧子さんとおなじ被害者、というべき存在だった。

無認可保育所のある種の傾向について、岡村さんの弁護団は、つぎのように主張している。

《もともと認可保育所は、保護者が納付する保育料以外に国や公共団体から措置費の支給を受けている。したがって無認可保育所が、認可保育所の保育料に対抗する形で保育料を設定し、さらにバス送迎や延長保育を行えば、無認可保育所では人件費を極端に抑制しなければ営利目的が達成できないこと（あるいは経営自体が成り立たないこと）は火を見るより明らかである。

このように無認可保育所は、その存在自体から保母の本来的に過重である業務をさらに重いものにしていく必然性がある。

相手方園についてみると、個人の債務もふくめて、保育所の事業用の借入金（主に園の土地・建物の購入資金）が、平成五年一月ないし三月当時、二億円以上あり、利息も六・五パーセント程度であったのであるから、利息の支払いのみで年間一千三百万円程度あり、保育収入からみても、右借入金が経営を圧迫し、人件費を抑制する必要があったものと推測される》

ここでの「相手方園」とは、東加古川ナースリースクールのことである。

「裁判でいろんなことを勉強していくなかで、わたしははじめて知ったんですが、子どものころのベースメントは、小学校に入学するまでにかなりの部分がつくられてしまう。これは欧米人にいわれたのですが、日本の社会から保育というものが消えてしまって、あるのは託児だけではないかと」

と、昭さんがいうのを聞いて、わたしは心寒い想いにさせられた。「学級崩壊」などといわれ、小学生のクラスでも授業が成立しない、といわれている。それらはたいがい、家庭のしつけの問題に還元されがちである。

ところが、幼児のころから社会的に「物あつかい」されているとしたなら、それはかならず、子どもたちの精神のどこかに影響している、と気づかされたのだった。

昭さんは、学校教育のなかで、いじめ自殺などで死んだ子どもの親たちと「兵庫県学校事故・事件遺族の会」（七家族）を結成した。「ささえあう場をつくり、それをライフワークにしたい」と、彼はいう。

神戸地裁で争われていた、牧子さんの死亡をめぐる損害賠償の裁判は、九七年五月、岡村さん側の敗訴となった。

彼女の勤務の実態が厳しいものであり、精神的にも、肉体的にも疲労していたことは認められながらも、自殺の時点では《かなり回復していた》。だから、《牧子の被告園における業務と牧子の自殺との間に因果関係は認められない》との判定だった。

控訴するかどうか、昭さんは悩んだ。これ以上がんばって、紀子さんの精神的な打撃をさらに強めることが心配だった。といっても、おなじような悩みを抱えている保母がたくさんいることを、裁判の反響で知るようになっていた。それであえて控訴に踏み切った。

大阪高裁の判決は、九八年八月二十七日に下された。逆転勝訴だった。《過酷な勤務による精神的重圧からうつ状態に陥らせ、自殺を招いた》との明快な判断で、退職後の「過労自殺」の労災認定に道をひらいた、きわめて画期的なものだった。これには精神医学界の最新の学説が採用された。

この判決で採用された川端利彦教授（大阪樟蔭女子大学）の「意見書」は、つぎのようなものだった。

《一般に、うつ状態における自殺は、回復期に多いと言われる。その理由として、この時期には気分の変動が激しいこと、社会復帰の希望が生ずるが、同時に劣等感、罪責感、挫折感が強いことなどがあげられる。これを牧子さんの場合についてみると、一見元気を取り戻して職に復帰する希望をもつ一方では、つねに罪責感に悩まされていたことがうかがえる。まさにその時期に、上記の諸状況によって挫折感が強く働き、牧子さんを自殺へと向かわせたと考えられる。

この場合、被告の側に、牧子さんに対する人間としては通常と考えられる思いやりの情がなく、また、事態の重大性についての認識が欠如していたことが、大きな要因としてあげられる》

川端教授は、こういう。

洗礼を受けたことも、一時的な安らぎにしかならなかった。離職票をとりにいって、「またこないか」と強くいわれ、ふたたび誘われたことでふかく傷ついた。離職票を発行していながらも、また引き留めるなど、牧子さんにしてみれば信じられないことの連続で、本人の不安と抑うつ気分をさらにふかめたと考えられる、と。

園側が上告したので、いま最高裁で争われている。民事の判決が労災の再審査に反映されるであろう、というのは、永井弁護士の見解である。高裁判決で、賠償金額が八掛けになったのは、仕事の重圧に苦しむものが全員自殺するわけではない、という見解による。

それでも、うつ病の原因が、《勤務そのものが過重であったことに加え、保母としての経験が浅く年若い牧子に重大な責任を負わせ》と、使用者の「安全配慮義務」を明確に認めたものだった。

母親の紀子さんはいま、穏やかにいう。

「子どもたちが子どもらしく、明るく、のびのびと成長できるような環境で、牧子をはたらかせてやりたかった。幼児教育の場が、人間形成の基礎をつくるという認識がふかめられ、そこではたらく保母たちが、労多くともはたらき甲斐のある職場になってほしい」

子どもを大事にする社会なら、保母をも大事にする社会のはずである。

二〇〇一年六月、最高裁判所は、株式会社「東加古川幼稚園」の上告を棄却した。岡村牧子さんの自殺は、退職一ヵ月後だった、としても、因果関係と過失が認められたことになる。

第四部　「自死」を迫る社会病理

夫は役所の上司に殺された　大分県　日田市役所

大分県日田市は、福岡県の県境に接し、大分市と久留米市とを結んで九州を横断する、JR久大本線のほぼ真ん中にある。

千メートル級の山に囲まれた盆地を、筑後川の源流となる三隈川が静かに貫流し、江戸時代には天領として栄えたという面影が、いまでも町並みに遺されている。人口六万四千人、「水郷」が売り物の観光地として知られている。

日田市役所の教育委員会に勤務していた武部孝一郎さん(当時四十一歳)の自殺が、一九九八年三月に「公務上災害」として認められた。死後八年たっていたのだが、二年前の九六年五月に「公務外」として却下されたのを逆転させた裁決だった。

労組(市職労)が全面的に支援したためずらしいケースで、遺族と労組が協力しあって労災の認定にこぎつけた。民間の大労組などにはみることができなくなったが、労働組合が組合員のためにおこなうべき当然の活動ともいえる。

たまたま、大分市でひらかれた県教組の集まりにやってきたわたしは、そこで出会った県の自治労の幹部から、「公務災害」（労災）として認定されたばかりのこのケースを知らされた。組合の日常活動が機能していたからこそ、被災者の遺族が救われ、自治労と教組が地域で横につながっていたから、取材できたのだった。

これまで、この事件は新聞の地方版などでは報道されていた。が、すべて匿名だった。狭い町のことで、遺族にたいするあくどいいやがらせがつづいていたからである。それでもなお、夫人の美智子さんがわたしの取材で、あえて名乗りをあげたのは、死に追いたてられた夫の名誉を回復するためと、これから夫のような過労自殺をなくしたいとの想いからだった。

それには、高三に成長した長男の決意も深くかかわっている。

武部孝一郎さんに異変が感じられるようになったのは、職場が変わってすぐだった。美智子さんはこういう。

「教育委員会に移ってから、まるでべつの人間を見ているかのように、アッという間に、コロッと変わったんですね」

結婚したのは、彼女が二十二歳のときだった。孝一郎さんは彼女の七歳上の叔母さんと同期生だった。叔母がなにかの用事で市役所へいったとき、彼がまだ独身と知って、姪の美智子さんを紹介した。眉毛の濃い、ややいかつい風貌で、おまけに柔道四段というのだが、優しい穏やかな目をしていた。

それからすこしして結婚したのだが、彼は家庭では力強い大黒柱で、ひとり娘で甘えて育った彼女は、すっかり頼りきっていた。なにか注意するのでも、親が子どもを叱るようない方で、彼女はそれを快く感じていた。

孝一郎さんは、中学校へ柔道を教えにいっているのだが、突然、「いまから子どもたちを連れていくから」との電話がかかってくる。二十人も食べ盛りの生徒を連れてきてご飯を食べさせたりする。それでも、仕事のことはいっさい家庭にはもちこまないタイプだった。

家で待っている美智子さんが、職場のことを聞きたくて、食事をしながらいろいろ問いかけても、「いってもわからんやろが」と話に乗ってこない。

「そりゃ、わからんけど、どういうひとがきて、どういう話をしたとか、昼休みはどうしていたとか、あるやん」

「昼休みは、弁当食べて、新聞読んで、相手がいれば将棋を指すぐらいや。そんな、べつに話はせんぞ」

「うーん」

そんな繰り返しだった。それで彼女のほうから、「きょうは子どもがこうやった、ああやった」と話しだすと、彼は「うんうん」と聞いている。市役所まで、バイクで五、六分。毎日、弁当をもって出勤していた。

異動した四月一日から、残業、残業の生活になった。一週間ほどは、前の職場である社会課の引き継ぎで時間をとられていた。ところが、自分の新しい仕事の引き継ぎはやってもらえないので、それから自分の机に帰ってきて、ひとりで慣れない仕事にむかっていたようだった。

そのころのことだった。七時すぎに夫から電話がかかってきた。どうしたことか、「迎えにきてくれ」といわれて、美智子さんはでかけていった。市役所の玄関の外で待っていたのだが、なかなかでてこない。しばらくすると、夫が前にいた課の上司がでてきた。彼女は渡りに舟とばかり事情を話した。「見てきてあげよう」といって彼は庁舎にひき返していった。上司の報告によれば、後任者に自分の仕事を引き継いでいて時間がかかっている、とのことだった。それで、美智子さんは「夫らしいな」と思いながら待っていた。他人には丁寧なひとなのだ。やがてでてきた孝一郎さんに、彼女は「大変やね」と声をかけた。が、孝一郎さんはめずらしくおし黙っていた。

異動して十日ほどたったころ、いままで職場のことなど話したことがなかった孝一郎さんが、急に話しはじめるようになった。それも夜十時、十一時すぎに帰ってきて、いっしょに食事をしながらの話である。それればかりか、おなじ話を繰り返すようになっていた。

孝一郎さんの仕事は、教育委員会といっても、人事などではない。学校施設の新増設、改築、営繕や備品の購入などで、住宅課などと連絡をとってすすめる仕事だった。当時の住宅課担当だった、ある職員の証言によれば、その年は例年の二倍に相当する仕事量だった、という。といって、人並み以上の体力があった本人には、仕事量が負担だったのではない。引き継ぎがうまくおこなわれていなかったので、仕事に手をつけられなかった、というのが実際のところだった。

市の収入役を経て退職し、地方の卸売り市場の役員をしている川浪弘人さんは、社会課にいたとき、孝一郎さんの上司だった。いまこういう。

「なかなか真面目なスポーツマンだった。すこしおとなしいかな、という面はありましたが、几帳面でひとりでよく遅くまで残業をしていました。そのころは、国保財政の危機がさけばれていた時代で、制度改正がおこなわれ、老人医療の仕事もふえていました。仕事に過重な面があったかもしれませんが、武部君はきちっと仕事をするし、性格もいい。機会があればぼちぼち係長につけてもいいのではないか、と思っていました」

年齢的にも頃あいになっていた。ほかの部署を経験させて、将来の中堅幹部に育てよう、との想いが川浪さんにはあった。川浪さん自身も、教育委員会にいたことがある。そのこともあって、ここの管理課は出世コースとの意識があった。それで人事部の意向とも合致しての異動になった。

が、それが裏目にでてしまったのだ。武部さんの死にたいして、川浪さんは、いまでも「自責の念に駆られている」という。

もちろん、孝一郎さん本人も納得しての異動だった。振りだしは税務課だったが、それから福祉事務所、そして社会課、老人医療を五年ほど担当していた。窓口で親身になってやっていたので、美智子さんは、いまでも見知らぬひとから「ご主人にはよくしてもらって、助かりました」と感謝されたりする。

将来にそなえてちがう畑を歩かせようという、市の上層部の意向は十分に本人につたわっていた。教育委員会管理課理財係主査、係長待遇である。

美智子さんが、異動の人事の発令を聞いたのは本人からではない。知人からのお祝いの電話ではじめて知らされた。役所から帰ってきても孝一郎はなにもいいださなかった。本人はそんなことを得意気にいうタイプではなかった。たまりかねて彼女のほうからもちだした。

「主査になったんだってね。おめでとう」

「そんなもんじゃないよ」

それで会話は終わりになった。

夜遅く帰るようになった。バイクの荷台に積んでくる大きな風呂敷包みは、やり残しの資料だった。それを同僚たちにみられるのを恥ずかしがって、朝はやく出勤していった。

当時、住宅課にいたある職員の証言。

「手順としては、教育委員会が方針を決め、住宅課が設計し、それを県に申請するのが段取りですが、当時は教育委員会の方針がなかなか決まらないという状況でした。武部さんの仕事はぜんぜん進まず、悩んでいることはつたわってきました。彼は方針が決まったと思って書類を書くのですが、係長の段階へいくと、ちがうといわれてやり直す。上司がスムーズに処理してくと、こんどは課長のところでちがうといわれて、怒られる。

れないために、仕事がいっこうに進まないのです」

彼は武部さんといっしょに、県庁へでかけたことがある。ある小学校校舎の大規模改修の設計も終わって、補助金申請のためだった。と、県庁の玄関先に課長と次長がたっていた。どうされたんですか、とたずねると、その申請を取り下げにきたんだ、という。「そんなバカなことがありますか」とその職員は思わず声を荒らげた。

計画段階での変更は、ないわけではない。しかし、補助金を申請する段階にまで至った挙げ句、突然の中止などはありえない。大規模改修から小幅な改築に計画が縮小されていたことが、下までつたわっていなかったのだった。

そのすこし前、武部さんが就任して一週間たったころ、ある小学校の可動式間仕切りを設置する工事契約書を提出した。ところが、その契約理由を財政担当者から尋ねられたのだが、彼は答えられずに帰ってきた。事情を聞いた係長が、本人を同行して説明にいくのが通常の引き継ぎ業務である。ところが、係長は「住宅課に聞いてくれ」というだけだった。

係長はその仕事の前任者だったが、「過去の文書記録を参照してくれ」「事務処理の手引き書をみてくれ」というだけだった。「主査なのだからもっと自信をもって仕事をやりなさい」などと突き放したり、挙げ句の果てには、「自分もひとりでやってきた。仕事は自分自身で覚えるものだ」といいだしたりしていた。

それをみかねて、「武部ばかりがひとりで遅くまで残業しているけど、あなたは残らなくていいんですか」というひともいた。係長は、「ぼくもひとりでしてきたんだから、武部もそのくらいひとりでせにゃ」といい放ったので件《くだん》の人物は声を荒らげた、との証言もある。

これらは、武部さんがいった愚痴ではない。彼の死後、公務災害申請のための資料として、組合が集めた証言である。以下もそのつづきである。

「決裁伺いの文書が、課長の机の上になん日も未決裁のままあがっていたことがなんどとなくあったので、なにかわるいところがあるなら、はやく武部さんに指示してあげればいいのに、と思っていました」

「係長は話をしていてもピントがはずれることがあり、提出書類をみてもよく理解しているとは思いませんでした」

「武部君は平成二年四月下旬から五月下旬にかけて施設台帳（五月十一日、県に提出）の整理・作成をしていました。この間に、武部君から夜、書類の作成に関する疑問点を自宅に電話で問いあわせてきたことが計五、六回ありました。回答できるものについては電話で説明したり、担当していた当時の具体的な書類を参考にするように指示しました。

電話で問いあわせのあった翌日には武部君を職場に訪ね、書類作成の内容・状況がどうなっているかを確認しました」

「せっかく遅くまでがんばってつくった書類に、係長が目を通してくれなかったと、こぼしていました」

前任者の上司が仕事を引き継いでくれない。それで孝一郎さんが前々任者に電話で問いあわせて、施設台帳や補助金申請の書類をつくっていた孤独な姿が浮かびあがってくる。それは妨害とはいわないにしても、明らかに非協力といえるものだった。これはわたしの推理なのだが、高卒管理職のあとからきた大卒実力者へのコンプレックスが、そのどこかに介在していたのではないだろうか。

「五月初旬の休日の昼すぎ、わたしは仕事があったため出勤すると、武部君が出勤しており、書類を理財係の机いっぱいにひろげて仕事をしていました。同日の夜八時ごろ、自宅に武部君が職場から電話をかけてきました」

ひとりで残業していたとの証言は、数多くある。そのうちのひとつ。

「当時、自分は総務課の企画にいたが、忙しくてよく超勤していた。コピー機械が総務課にしかなく、(武部君が)夜の十時から十一時ぐらいによくコピーをとりにきていたのを確認している。土、日もよく出勤していたのを憶えている」

教育委員会に移るまで、親子四人、いっしょに風呂にはいるのが日課だった。まずそれがなくなった。子どもに話しかける余裕もなくなっていた。

「眠れない、身体がきつい、頭がいたい、頭の中がまっ白で仕事が手につかない。仕事がなにもかもいっしょになってどうしようもない」と美智子さんに訴えるようになったのは、一週間がすぎたころからだった。そのころすでにうつ病がはじまっていたようだ。「やめるならいまのうちだよ」と課長に毒づかれたのは、四月十七日である。

美智子さんも疲れはじめていた。どんなに遅くなっても、食事をしないで彼を待っていた。深夜一時、二時、チビリチビリ焼酎の水割りを飲みながら、彼が仕事のことを話しつづける。食欲はない。それでも、酒量が増えるというわけでもなかった。

「そんな大事なことなら、課長さんたちがやればいいんじゃない」

彼女が怒っていう。

「おまえもわかるか」

とはいうけれど、それ以上はいわない。「課長が逃げて、おれにかぶせようとしているんだ」とでもいってくれると、本人も気が休まったかもしれない、といま美智子さんがいう。

「いやな課長ね」

と彼女が反発すると、

「いや、あのひとはあのひとなりにまたいろいろせなきゃね」

彼は相手をかばっている。食事が終わると、彼女は目覚まし時計をかけて、ゴトンと寝る。そのとき孝一郎さんもいっしょに布団にはいるのだが、はたして眠っていたのかどうかはわからない。

五月十六日から、孝一郎さんは出勤できなくなって休んでいた。それでも、上司たちは「有給休暇」に振りかえていた。

武部さんを二度ほど診察した、山田高春医師の話である。

「武部さんがうちにこられたのは、五月十八日でした。奥さんに促されるようにしてみえました。みるからに憔悴しきっていました。気持が沈んでいるようで、『ひとと話すのもいやだ。仕事の能率もあがらない。すべてが億劫《おっくう》で、人生まっくらです』といってました。四月一日に異動して以来、ゴールデンウイークもふくめて一日も休んでいない、というんです。『どうして休めないんですか』とたずねますと、『仕事のやりかたがわかれば、どんなに時間をかけてもやる気はあるし、やらなければいけないと思っているのですが、わからないからはかどらない。職場のデスクに座ってじっとしているだけ』といってました」

「反応性うつ病」と診断した山田医師は、美智子さんに夕方もう一度くるようにいって、「ご主人は非常にくたびれています。自殺の可能性があるので、気をつけなさい。上司と相談して、最低でも一ヵ月から三ヵ月は休ませなさい」とアドバイスをしている。

そのつぎの五月十九日、山田医師はふたりの上司を医院に呼びつけて、「ボヤボヤしてたらいかんぞ」と自殺の危険性のあることを注意した。職場にもどったふたりの管理職は、なぜ自分たちが怒られなければいけないのか、と文句をいっていた、とつたえられている。

山田医師によれば、うつ病は生真面目で、おとなしく、すこし神経質なひとに起こりやすい。身内が突然死亡したとか、自分の前途に絶望感が募ったとか、強烈なショックを受けた場合に起きる、という。

武部さんの場合は、大学時代、柔道部のキャプテンとして、華やかな時代があっただけに、その華やかさにくらべて、現在の自分がおかれているみじめな状況との落差が大きい。その反動がある。

プライドが高いので、「ここまで説明したらわかるだろう」といわれたら、もうそれ以上聞くことはできない。それがさらに自分を追いつめることになる、と山田医師は分析した。

「じゃ、先生、わたしは、どうしたらいいんでしょう」

と美智子さんは山田医師にたずねた。

「なんにもしなくていいんです。ただ行動をさりげなく見守って、話しかけてくる分だけ、聞いてあげなさい。それだけしかないんです」

五月二十日、彼女は孝一郎さんの姉といっしょに、上司ふたりの自宅を訪問した。医者にいわれたことを繰り返して懇願した。

「三ヵ月間、病気休暇にしていただけませんか」

「奥さん、いま、有給休暇で処理しています。そういうことなので、ご主人を休ませたら将来に関わりますよ」

「ですけど、いまは集中力がなくて仕事は無理です。朝方、よく眠れるお薬をいただいているので、それを飲ませたいんです」

仕事に差しつかえるので、彼は薬をきちんと飲んでいなかった。

「いや、なんにもできなくてもいいんです。わたしたちが彼の仕事をフォローしていきます。いまの休みも有給にしますから、職場復帰をすすめてください」

ふたりの上司は前日に、山田医師から自殺の危険がある、との警告を受けていた。にもかかわらず、である。あるいは本当に、「本人の将来」を心配しての配慮だったかもしれない。

しかし、うつ病患者にたいしては、きわめて配慮を欠いた仕打ちだった。

上司の家への訪問は、夫には内緒の行動だった。管理職の家をひそかに辞去しながら、彼女は義姉に相談した。

「姉さん、ここまで（上司がフォローすると）いってくれてるんやけ、ほんなら、それとなく孝一郎さんに話してみましょうか」


五月二十一日はふたりの結婚記念日だった。気晴らしに旅行でもしてきたら、と母親や義姉たちにすすめられて、ちか場の「黒川温泉」に二泊三日。それでも、夫は元気がなく、なにか考えこんでいて、結局、気晴らしにはならなかった。

その帰り、美智子さんは、山田医院へ行くことをすすめた。彼はいつもならいやがるのに、「ああ、行こうか」とあっさり応じた。看護婦さんが「すこしよくなったみたいですね」というのを聞いて、休んだ甲斐があったのかな、と美智子さんは喜んでいた。

家に帰ってから、上司の「フォローしますから」との言葉に惹かれて、職場復帰をすすめてみた。そのとき、彼はじっと虚空をみつめていた。

五月二十八日、彼は追いつめられたような表情で、「あすから、行こう」といいだした。

翌朝、バイクででかける後ろ姿を見送りながら、美智子さんは夫が哀れで、悲しく、一日じゅう不安にさいなまれていた。

職場復帰したあと、孝一郎さんは前のように仕事について話さなくなった。役所に本当に行っているのか、職場ではどうしているのか、それが不安で、美智子さんは、ちかくに住む同僚に夫の様子を内緒できいてみたりした。はじめのころははやめに帰ってきたのだが、また残業がつづくようになった。

七月の末は、夏休みの家族旅行が恒例になっていた。その年も長崎県・大島の民宿へいった。いつもは、子どもたちとワァワァやっているのだが、ふと気づくと、夫の姿が見当たらなかった。あわててさがしにいってみると、彼は堤防の上に寝っ転がって、ぼんやり空を眺めていた。美智子さんは、そんな悲しそうな顔をみたことがなかった。

日田市役所農政課長の塩川昌昭さんは、孝一郎さんと柔道、相撲仲間である。彼によれば、孝一郎さんは「スマートな柔道をする男だった」という。

「日田の柔道の黄金時代を築いたのは、武部なんです。大分の県民体育大会でも、もともと日田の柔道は強かったのですが、一時、低迷していました。武部は副将として初優勝を飾り、その後なんども優勝しています。彼が監督になってからでも、日田市は三回は優勝しました。

柔道ばかりではないんです。相撲や野球やゴルフもうまい。相撲も市の職域対抗試合で五回は優勝しています。武部が負けた試合はほとんどありません。野球は市役所の『リガース』チームの四番バッターで、センターを守っていました。歌もプロ級で、試合が終わったあと、みんなで飲みにいくと、甘い声で演歌をうたっていました」

亡くなる一ヵ月ほど前、「武部を励まそう」と職場の五、六人が、市内のデパートの屋上のビアガーデンに集まったことがある。彼は明るくふるまっていた、という。とすると、このように人望のある人物が、どうして職場で意地悪されていたのかがわからない。

おなじころ、孝一郎さんは久しぶりにゴルフにでかけた。美智子さんは、夫がようやくそんな気分になった、と安堵していた。このとき、彼はゴルフ場で、課長から「やる仕事はってきたんだろうな」と釘をさされて、また、落ち込むようになった。

取材で会った課長は、その事実を認めた。が、それは冗談だった、と弁明した。たとえ、いうほうは冗談のつもりであったにしても、いわれたほうにしてみれば、どこかに毒がふくまれていたのを感じとったはずだ。病気が完全に治っていたわけではないから、傷口に塩をなすりつけられたような痛さだったかもしれない。

その五日あと、以前の職場の同僚に誘われて酒を飲みにいった。その席で彼は、「仕事ができないばかりにみんなに迷惑をかけている」「家族にも迷惑をかけている」と愚痴った。それから急に、冗談めかしたように「死にたい」といったのだった。

八月三十一日、一日だけの夏休みをとった。午前十時前、役所から電話がかかってきた。入札がある日だった。係長は子どもを病院につれていかなければならない、といって休んだ。それで急遽よびだされたのだった。彼は顔色を変えて飛びだしていった。

帰ってきた夫の様子は、急におかしくなっていた。課長からみんなの前で、「これが普通の会社だったなら、とっくにクビだ」と叱責された、という。その日から、また五月とおなじような症状があらわれはじめた。役所へいくのを億劫がるようになり、黙って考えこんでいるようになった。

九月七日、孝一郎さんが休むというのを聞いて、美智子さんは「きょう一日いけば、あすから土日で休めるでしょう」と軽くいなした。彼はそれにうなずいてでかけていった。

その日は、夕方から同僚と酒場にいき、「係長がさっぱり仕事を教えてくれない」とこぼしていた、という。

「亡くなる前は、友だちにも泣きながら、いろいろ話していたらしいんです。その友だちは、『なんで自分があのとき、辞めろといえんかったんか。でも、日田におったら、やっぱり市役所にずっと勤めてさえいれば、生活が安定している。それを知っとるから自分たちもいえんかった、それが悔しい』といってます。

わたしも、あれからいろいろ勉強して、(うつ病の場合) なにもいわなくなったときが、最悪になっているということを知りました。あの当時のわたしが、いま現在のわたしなら、助けられたかもしれない、なんであのとき、辞めろといわなかったのか、辞めさえすれば命を落とさないですんだんです」

美智子さんの嘆き、である。

最後のころ、孝一郎さんは上司に「この課を替えてください」といったらしい。それは本人にしてみれば、もっとも屈辱的な悲鳴だったはずだ。が、そんな悲鳴も、たったひと言で蹴られてしまった。

「なにバカらしかことというか」

九月八日、九日の土日は、家から一歩もでることなく、なにもいわず寝てばかりいた。十日の月曜日も出勤できなかった。

九月十一日、「クルマのキーいれておこうか」と、突然、孝一郎さんがいうのを聞いて、美智子さんはパニック状態になった。このころ、彼女もまたおかしくなっていたのだ。

そのすこし前、孝一郎さんが大分の出張から帰ってきたとき、「クルマで走っていたとき、トンネルにぶつければよかった」とぽつんといったことがある。

「トンネルのなかでクルマに突っ込めばひとを巻き添えにするけど、トンネルの横のコンクリートの壁に激突すれば、だれにも迷惑かけんで死ねるね」

彼はひとりごとのようにいった。美智子さんはそれを耳にしてゾッとした。そのとき、彼女はなにもいえなかった。

彼が「クルマのキー」といいだしたのを聞いて、でかけようとしている、と彼女は恐怖した。咄嗟《とっさ》にクルマをもちださなくては、と思いたった。彼女は、歩いて五、六分ほどのところで、仕出し屋の事務員をしている義姉のところに顔をだした。

「義姉《ねえ》さん、いまからわたし、クルマをもってでますから、すぐ家にきて、孝一郎さんをお願いします」といって家を飛びだした。

義姉は美智子さんにいわれて、急いで家にいってみた。が、彼に、「そんな心配せんでよか。死にゃせん、家におるんやき。もう仕事にもどれ」といわれて、気になりながらも、「また夕方くるけんね」といって、職場にもどった。

美智子さんは、その日どこでなにをしていたのか、よく憶えていない。クルマを道端に止めてなにか考えごとをしたり、喫茶店にはいってコーヒーをすすっていたり。いまにして思えば、クルマをもって逃げるようなことをせず、でかける彼に「わたしもいっしょに行く」とせがんで、どんなことがあっても離れなければよかったのだ。

そのとき、自分でもよく知っているトンネル横の硬いコンクリートの壁面に、全速力で激突する夫のクルマのイメージで、頭がいっぱいになっていた。

午後四時ごろ、心配になって家に電話をかけてみた。もうそろそろ娘が幼稚園から帰ってくる時間だった。義姉がでた。

「なにもいわんけど、ミッちゃん、すぐ帰ってきて」

ピーンときた。どこをどう運転して帰ってきたか、記憶がない。

仕事場へもどったものの、義姉も孝一郎さんのことが心配になっていた。電話をかけると、学校から帰ってきていた甥っ子がでた。

「お父さんは」

「お父さんはいないよ」

それで義姉が家に駆けこんだ。甥とふたりで家じゅう探してもみつからず、義姉が母家の横にある物置きまできて、縊死している弟の変わりはてた姿を発見した。そこへ美智子さんからの電話がかかってきたのだった。

遺書は、茶色のメモ用紙に、

〈美智子　すまん〉

と、えんぴつの走り書きだけだった。決行直前に書かれたもののようだ。それと義母と姉あてに、〈頼みます〉。妻と子どもを自分の代わりにみてほしい、との依頼である。

「あれだけ家族思いでやさしいひとが、わたしたちを捨てていったのですから、もう頭になにもなかったんでしょうね」

美智子さんは、諦めきれない口調でいった。そのあと呆然と暮らしていた。救急車ではこばれた夫の遺体と病院で対面した瞬間、彼女は昏倒した。

点滴を受けていた。我にたち返ったのは、二十日後に夫の父親が心不全で他界したからだった。母親はすでに亡くなっていたから、長男の嫁である彼女が、喪主をつとめなければならなかった。

公務災害の「認定請求書」を、美智子さんが地方公務員災害補償基金県支部に提出したのは、夫の死後、四年二ヵ月たってからだった。五年の時効が迫っていた。

労働組合が市当局にたいして、申請にともなう意見書をだすように要求したり、学習会をひらいたり、組合の顧問弁護士に相談したり、集会をひらいたりしてくれた。同僚たちの聞き取りをはやいうちからはじめていたのが、有力な証拠となった。

夫の異変を感じるようになっていた美智子さんが、帰宅時間や、夫から聞いていた上司の対応などをメモしていたのも役立った。

「奥さんと弁護士だけだったら、『公務災害』の認定はむずかしかったかもしれません。この認定の大きな原動力となったのは、職員組合の丹念な調査で、それが、武部さんの勤務状況を明らかにしたからです。同僚の聞き取り調査でも、武部さんが上司からひどくいわれていた、などの証言がでてきました。それに、山田医師がゆっくり休ませなければよくならない、といっていたのに、上司はまったく逆の対応をして、強く出勤をもとめていました。配慮がなされていなかったのです」

最初からこの事件を担当していた、柴田圭一弁護士の話である。それでも、申請から一年半後に、基金県支部は「公務外」の認定を下した。その「通知書」を読むと、ただ却下するためだけの論理、としかいえないものだった。

たとえば、業務の引き継ぎがうまくいっていなかったことを認めていながらも、結果的には学校施設台帳の整備を完了させているのだから、「引き継ぎができず、業務の遂行が困難だった事情は認められない」というようなものである。

これなどは、上司の一方的な意見を採用したものであって、本人が手さぐりで苦闘していた精神的な負担をまったく無視している。故人が聞いたらたまらなくなる詭弁としかいえない見解である。

さらに膨大な時間外労働についても、「時間外勤務命令簿」などによる客観的な事実確認ができない、と主張している。これまた実情を無視した形式論理というものであって、「命令」の形式を残していないのが、現代の残業の特徴なのである。それを補足するためにか、「残業ではないんです。自分が仕事が判らないので残っているのです」との本人の発言をきわめて恣意《しい》的に取りいれている。

これは孝一郎さんの謙虚さをあらわす発言であって、このような発言によって時間外労働を否定するとしたなら、残業するものはすべて無能力、ということになってしまう。

入札の問題で、「民間企業ならクビだ」といったことについて、当の「課長」自身、わたしの取材にたいして、その事実を認めている。彼はいまになって「休ませればよかった」と反省しているのだが、問題だったのは、それだけではない。言葉が状況によって刃物になるとの想像力を欠いていたことである。

武部さんの死を、「公務外」とした「通知書」の結論は、「仕事がうまくいかないことを気に病む本人の性格による内因性のうつ病の可能性がある」というものだった。これは「故人の性格」に、職場の矛盾を押しつけた強弁でしかない。

これにたいして、「同僚を自殺から救えなかった」日田市の職員組合は、自分たちの問題として、組織をあげて取り組んだ。この努力によって、九八年三月、支部審査会での「公務外認定を取り消す」との逆転裁決を得た。

《本件を総合的に判断すると、被災職員は、平成二年四月一日の人事異動に伴い、それまで経験のない業務で専門的知識を必要とする学校施設工事の発注や学校施設台帳の整備等の短期間で処理する必要のある業務に忙殺され、突発的な事業計画の変更等に伴う折衝業務等経験を積みながら習熟していく業務に直面し、前任者である上司との引き継ぎが円滑に行われず担当業務の理解、遂行が困難な状態に陥り、多くの休日出勤や長時間の時間外勤務を続けながらもどのように処理してよいかわからず、加えて上司の厳しい叱責を受けたこともあって、極度の挫折感と絶望感に苛まれ、強度の肉体的、精神的負荷による負担を受けていたものと認められる。

また、被災職員の既往歴、性格特徴等に精神疾患発症の原因となりうる個体的要因はなく、日常生活等公務以外の肉体的、精神的負荷による負担も認められないことから、被災職員は、肉体的、精神的に過重な業務に従事したことにより「反応性うつ病」を発症したものと認められ、公務と同疾病との間には相当因果関係が認められる。

その後、被災職員をとりまく職場環境にも大きな変化はなく、依然変わらぬ過重な公務の遂行により被災職員の病状は遷延化し、重症化したものであり、この「反応性うつ病」の症状の現われとして本件災害が発生したものと認定するのが相当である。》

これが「公務外」認定を取り消すに至った理由、である。

この裁決がだされたあと、日田市は当時の課長を「戒告処分」、係長を「訓告処分」とした。高倉英次総務部長は、「上司としての管理、監督責任をとらされた、ということです。上司なら作業工程の管理だけでなく、部下のメンタルな面まで配慮すべきでしょう。それができていなかったということです」と取材に応えた。

もはや、ひとを撥《は》ねとばしても猛烈に突進する時代は終わった。管理者とは、ひとの痛みを理解できることが必須の条件になる時代を迎えている。企業や自治体が、ひとにたいして無感動であっては、「虚妄の集団」といえる。

「夫を最後まではたらかせていた市が、夫を認めてくれんかったのが、いちばん悔しい」と美智子さんがいう。それをはっきりさせなければ、死んでも死にきれない、八年間、その想いでやってきた。

「うちのひとの濡れ衣を晴らしたかった」

彼女がそういうのは、夫が自分で勝手に死んだ、と世間に思われるのにたいして、夫に代わって死に至った苦しみを明らかにしたい、との想いからだった。

夫が亡くなるまで、すべてを夫にまかせていた妻が、いくつかの集会にでかけるようになり、涙ながらに夫の名誉を訴えるのは、これまでお会いした妻たちに共通している。悲しみに怒りがからみついているからだった。

日田市は、生前の武部さんにたいする対応のまずさを認めなかった。上司にたいする処分を、「逆転裁決」のあとになって、ようやく実行したことにもその姿勢があらわれている。

その上司は、「武部さんの自宅にうかがったとき、奥さんがぼくの目のまえで、『あなた、男でしょう。しっかりしなさい』といった」と証言していた。そういう気の強い奥さんがいる家庭にいるよりも、仕事にでていたほうがどれだけましか、と考えたからこそ、武部さんは「職場復帰」した、と上司がいっている、と美智子さんはあとで同僚から知らされた。

これはまったくのデタラメで、むりやり職場復帰をさせた自分の責任を回避するための虚言だった。というのも、彼女はそのとき、夫の立場を慮《おもんぱか》って、お茶をだしただけで席を外していたからだ。最初の「公務外」との決定は、上司の嘘を事実として認めたことでもあった。

その嘘を彼女は許せなかった。

武部さんの事件は、ひとよりも強いと思われていた人間でさえ（武部さんは柔道四段）、職場の「職階制度」のなかでは殺される、ということを示した。と同時に、その職場を民主的にするのが労働組合である、ということを、あらためて明らかにしたのだった。

夫が亡くなったあと、美智子さんは引っ越しをした。心ない住民に、「あんたたちは可哀想やね。お父さんがああいう死に方せんかったらね」などといわれるのがいやだったからである。子どもたちは転校した。

娘が中二になったとき、美智子さんは、「お父さんがなんで亡くなったか知っとる？」と娘に問いかけた。「病気でしょう？」というのをさえぎって、彼女は、「あそこの子どもはこういう家の子どもだから、といわれたらお母さんがいままでがんばってきた甲斐がない」と一部始終を話して聞かせた、という。長女は泣きながら聞いていた。

長男は知っていた。でも、お母さんが悲しむから、詳しく聞くことはしなかった、といった。いま長男は高三、長女は高一である。家族の結束は強まった。なんでも話しあえる家族になっている。

冒頭に書いたように、美智子さんがわたしの取材に応じ、実名で書くのを承諾したのも、親子の話しあいの結果である。

「君が代」と「人権教育」の狭間《はざま》で　広島県　世羅高校

広島県・世羅《せら》町は、瀬戸内海沿いの尾道市から、クルマで三十分ほど北上した、人口九千人ほどの静かな町である。

このあたりは、広島県のほぼ真ん中にあって、標高三百五十から四百五十メートルの台地の連なりとなっている。古来から稲作などの農業がおこなわれ、荘園がひろがっていた。中国山地にむけて、なだらかな勾配をさらに登坂《とうはん》すると、三次《みよし》盆地にはいる。山脈《やまなみ》を越えれば島根県、そして日本海に到達する。

やわらかな陽射しがあたっている、ゆたかな田園地帯である。町役場や郵便局、農協の本所などがひと塊りになっていて、商店街が終わりかかると、鉄筋四階建ての県立世羅高校がたちあらわれる。

世羅高校は、戦後になって、旧制の世羅中学校と、となり町の甲山《こうざん》高等女学校が統合されて発足した。普通科が一学年に三クラス百人あまり、ほかに家政科、農業開発科、農業機械科などが、各一クラス三十数名ずつ、全校で六百人ほど。地域に密着した高校だった。

くる。専門学校もふくめると、在校生の八割ちかくが進学、となる。駅伝が強いことでも知られている。

最近では、家政科が「生活福祉科」となり、ほかの科もそれぞれ「環境科学科」、「生産情報科」と変わった。学区制が適用される普通科のほかは、全県の中学校から生徒が集まって

石川敏浩校長（当時五十八歳）が、この高校に赴任したのは、前年の四月だった。教師になったときの最初の赴任地でもあったので、ここで最後の教員生活を平穏無事に終えよう、という心づもりがあったようだ。

その思い出ぶかい高校で、やがて「君が代」によって、自分で自分の命を絶つまでに追い込まれることになるなど、まったく考えていなかったのはまちがいない。

石川さんは自宅のある御調《みつぎ》町から、クルマで通ってきていた。この町は、世羅町から尾道市にむかう国道184号線に面している。彼の家は、町にはいってから左に曲がって、北東の府中市へ至る国道486号線沿いにある。486号線は両側に迫った山に抱かれていて、御調川がその道と伴走するように流れている。

棚田を登る細い道を山側にはいっていくと、庇《ひさし》の高い二階建て、農家づくりの大きな家がある。白壁の土蔵をそなえているので、旧家であることがわかる。

このあたりもまた、世羅町とおなじ純農村地帯である。石川校長は夫人と共稼ぎで、定年前に農家づくりの家を建て替えるつもりだった。といっても、三月一日の卒業式を無事にク

リアできるかどうか、それが気にかかっていたので、卒業式を終えてから取りかかることにしていた。

前年の一九九八年七月、文部省から県教育委員会の最高責任者である県教育長として、辰野裕一氏が着任した。彼は広島教育界の「是正」のために派遣されたエリート官僚で、いわば「湾岸戦争」で辣腕を振るった、「パウエル将軍」と目されていた。

というのも、着任当時、彼は新聞記者にたいして、広島県の卒業式で、日の丸掲揚や君が代斉唱をおこなう公立校の割合が低い現状を批判し、「国民が自国の国旗・国歌を尊重するのは当然のこと。こんな法令違反の教育がおこなわれているとは信じられなかった。文部省の是正指導を改革の出発点としたい」と語り、「筋を通す、論より証拠」を強調した（『産経新聞』九八年七月九日付）。

産経新聞の記者は辰野教育長について「周囲からは織田信長タイプと評されることが多い」と書いている。本人自身も、そのインタビューで、自分の「短気」を認めている。四十三歳、単身赴任。写真に映しだされている視線の強さに、「是正」にむかう短期決戦への意志がこめられているようだ。

その冷徹な将軍ぶりは、石川校長の自殺直後の記者会見の席でもなお、「国旗掲揚・国歌斉唱の完全実施」を強調したことによくあらわれている。

いわば、屍《しかばね》を踏み越えていく戦場の作法ともいえるが、ことは子どもの教育の問題なのだ。一方は定年を迎える前に、自宅を改築するささやかな夢を胸に抱き、一方は征伐によって功なり名を遂げて東京に帰還しようとしている。勝敗は時間の問題でしかなかった。石川校長は、あまりにも誠実だったために、三月一日の卒業式を乗り越えることができなかった。農家づくりの家は、いまなおそのままである。

「農家のおっちゃん」として、石川校長は後輩の教師たちから親しまれていた。九二年から二年五ヵ月間だったが、日立造船の島として知られている「因島《いんのしま》」の定時制高校で、教頭を務めていたことがあった。校長がひとり、教頭が全日制にひとり、定時制にひとり。本来、彼は数学教師だったが、そこでは「商業」の授業を担当した。専門外の担当になったため、窮余の一策として考えたのが、「流通経済」としての畑づくりだった。

学校の前に休耕地があった。それを借り受けて、大根、ナス、白菜、キュウリ、とうもろこしの種を蒔いては栽培に力をそそいだ。耕作に使う耕耘機や草刈り機は、自宅から軽トラに積んでもってきた。この畑づくりの授業は、生徒たちの人気を呼んだ。夜間の定時制には給食がつきものなので、教育と栄養の一石二鳥だった。

そのため、彼のあとに赴任してきた教頭たちに、「商業」の授業は野菜をつくるものだ、との伝統を残した。といっても、彼より畑作の上手な教頭は、ついにあらわれなかった。

謹厳実直の風貌だが、けっして神経質ではない、融通無碍《ゆうずうむげ》のところがあった。造船の島ということもあって、造船下請けではたらく日系ブラジル人も多数居住していた。そのひとたちを定時制の生徒として迎えいれたのは、石川教頭の時代だった。

しかし、彼らを生徒とするには障害が多かった。たとえば、ブラジルの義務教育は八年、日本は九年だから、ブラジル人が高校入学の資格を得るには一年ほど不足している。県の教育委員会はそれを認めなかった。それでも、石川教頭は日本語を学ぼうとするひとたちの願いを押しつぶすことはできず、教育委員会の意向を無視して迎えいれた。

やがて入学を希望するペルー人もあらわれ、多いときにはブラジル、ペルー人だけで三十人を超えた。因島高校の定時制は、広島県の教育が外国人に門戸をひらいた魁《さきがけ》となった。石川教頭は御調町の自宅から「尾道大橋」で瀬戸内海を渡って因島へ通っていた。その帰りには、ブラジル人たちをクルマに乗せて送っていた。

彼の死がテレビで伝えられると、かつての教え子だったブラジル人たちが、学校へ確認の電話をかけてきた。

「石川先生は、本当に亡くなったんですか」

自殺の翌々日、野中広務官房長官は、さっそく、「日の丸・君が代」の「法制化」の検討を指示し、彼の残酷な死に政治的な意味が付与されることになった。

が、しかし、石川校長は、もっとも非政治的な人物だった。もの腰の柔らかい、腰の低いひとだった、と回想するのは、因島高校の細川洋教諭である。

「理屈とか小言とか、いわんかったですね。いつもニコニコしていて、背広や靴をパッと脱いで長靴に履き替えて、麦わら帽をかぶり、手拭いを腰からぶら下げて、颯爽《さっそう》と畑にでかけていきました」

同僚だった阿部直文教諭も、腰手拭いで土をいじっているほうが、背広を着て机に座っているときよりも、はるかに楽しそうにみえた、という。細川、阿部、ふたりの教師は、石川さんの「村夫子《そんぷうし》」然としていた教頭時代を語ってくれたのだが、そこには敬愛の情がこめられているのがよく感じられた。

石川さんは、器用な人物でもあった。ちかくの小島にキャンプにいくと、どこからか鉄の棒を見つけてきては、さっさと飯盒《はんごう》を載せる竈《かまど》をつくってしまう。また、マムシ獲りの名人でもあって、マムシ酒にしては教師たちに呑ませていた。カラオケでは、「銀座の恋の物語」を男役と女役の声色を使い分けてひとりで歌った。スポーツにも長《た》けていて、夏はテニス、冬はスキー、ゴルフもうまかった。

地元の御調高校が出身校だった。そこでは伝統芸能の「宮上《みあ》がり踊り」を練習していた。その指導にでかけたりするほどの踊り好きでもあった。教育と伝統芸能の関係について、彼は、因島の定時制高校の文集「夜光」に、〈郷土芸能「みあがりおどり」と私〉との題で、つぎのような文章を発表している。勤勉で努力家の様子がよくつたわってくる。

《(中略) その源流は古く平安期の物語にものせられた田楽にあり、それに念仏おどりの趣向が加わって、雨乞いおどりとして長くおどり続けられ、今日のようなおどりになってきたとされている。

おどりは、鉦、太鼓を交互に囃《はや》しながらの踊りである。太鼓は左半身に移し、左肩に帯でかつぎ、バイ（バチのこと）で右側のみを打ち、手の動作を大きくし、足は高くあげるといった全身運動を使った踊りである。
十数人が円形をつくり、「頭」と称するリーダーを中心に一斉に踊るという形態をとっている。（略）》
「宮上がり」とは、踊りながら宮参りする行事で、踊りの昂まりは歓喜をあらわしている。
《(中略）昔は、各地域だけで踊られていたが、町全体、小学校区域で踊るようになったのは、一九六六年に広島県無形文化財の指定を受けて以来である。多人数での踊りは、雄壮であり、少人数での踊りは和気あいあいとした雰囲気があり、多くても少なくても結構楽しい踊りである。
私が小さい頃は地域だけで行なわれる踊りだけであった。近くの神社で行なわれる夏まつりの恒例行事になっていた。まつ(り）の当日は、近くの子供同士全員揃って、出かけていった。日頃見ることの出来ない大人の楽しそうな、我を忘れて踊る姿を見るのが結構おもしろかった。また、めったに食べられないアイスケーキが夏まつりということで、食べられることも楽しさが増していたのかも知れない。（略）》
石川さんが高校生のころから高度経済成長がはじまり、農家の次男、三男はネオンの光に魅かれるように、都会へ出ていった。村の過疎化が急速に進み、踊りは衰退する。衰退する伝統芸能を教育の場でつたえ、残そうとしたのは、教育者の使命感でもあった。

《中略》今から五年前のことである。私が勤務していた御調高校で、この踊りを取り入れることにした。地元の若い継承者が少なくなっているため、継承者を育てたいというのが、ことの始まりであった。計画、立案の段階でこの踊りが体力、忍耐力、リズム感が要求されることから、体育の教材に適していることが体育科から出された。そこで生徒全員を対象に取り組むことになり、体育の授業内容にしていった。数学の教員であるが、踊りの授業のときは体育の教員になり、授業にも出ていた。体育祭では、一種目として発表しているが、現在も続けられている。（略）》

因島の定時制高校で、教頭を二年半ほど務めたあと、どこかの校長、あるいは教育事務所の主幹指導主事として転任していくのが、暗黙の了解事項だった。御調高校の同級生で、尾《び》三《さん》（尾道、三原）地区校長会の支部長の重責にある東風上《こちがみ》清剛さん（三原東高校校長）は前任者だったし、後任の来山《きたやま》弘道さんは、尾道教育事務所の主幹指導主事になっている。ところが、石川さんは二年たっても転任に至らず、留任となった。このとき、彼は「校長になれんかったのう、ダメな男や」といってしょげていた、という。石川教頭は腹芸ができないから、と教師たちは噂していた。

と、九四年の九月の二学期になって、病休で空席となった県立久井《くい》高校の校長として、急に赴任することになった。その後、忠海《ただのうみ》高校校長を経て、振りだしの世羅高校にもどってきた。退職まであと三年、だった。

世羅高校でも、彼は親しみやすい校長だった。ある女性教師の話によれば、文化祭のオープニングのとき、柔道着を着こんだ彼は、姿三四郎をパロディにした、CMの主人公に扮してあらわれた。舞台の緞帳《どんちょう》が上がるのにつれて、土俵入りのように腰を上げながら、緞帳をもち上げるポーズをとって、満場の生徒を笑わせた。茶目っ気があった。社交ダンスもうまかった、というから石部金吉のような堅物ではない。

「物足りないくらい威厳を感じさせなかった」という教師もいる。だが、それはカリスマ的ではなかった、ということであって、けっして軽い存在ということではなさそうだ。

辰野裕一・県教育長が、日の丸・君が代の実施を各学校長に強制する「職務命令」をだしたのは、九九年二月二十三日だった。悲劇の発端は、この一片の「命令」によっている。命令は、当然、処分を前提にしているからである。

そのあと、教育委員会は、学校長の帰宅時間を毎日報告させることにし、教育委員会側からも毎日、校長室に電話をかけた。いわゆる「二十四時間バックアップ態勢」である。このことについて、県教委の教育部指導課の榎田好一課長は、こういう。

「どうして、こういうことをはじめたのかというと、『職務命令』がだされたあと各学校で議論になりました。少数ですが、職員会議が深夜一時、二時を越すところもあったんです。それで、『職員会議が終わりました』という連絡を教育委員会にしてくれ、と校長さんがたにお願いしたんです。

二月二十四日からはじめました。六時半までは教委も待ちます。六時半を越すと、『校長さんが連絡を忘れているのではないか』と思い、電話をすることもあります。職員会議が十時を過ぎると、電話をして『明日にされたらどうですか』と教委から電話をいれるんです。十時をすぎると、翌日の学校管理、つまり先生や校長の健康に問題がでてくると、教育現場に支障をきたします。それで電話をしていたんです。石川校長の場合は、会議が終わっているのに、それより遅くなってから電話をされたりしていたようですね」

——一時間に一回の割合で電話をしていた、という話もあります。

「職員会議が終わったら電話をする、ということになっているんですが、電話がないと、こちらから電話をすることもある。そのとき、職員会議が終わっていないから電話がつながらないところがあるんです。そうなると、一時間に一回くらいの割合で課の人間が電話をしたかもしれません。（つながったら）課の職員が『いつごろ、終わりそうですか？　健康管理のことも考えて、明日にでもして下さい』と校長さんにいう。校長さんから『もういいですよ』『終わりました』と電話をもらえば、こちらから電話をすることはありません」

——電話のなかで「職務命令」を強くつたえた、という話がありますが？

「それはけっしてありません。指導課が議論の中身に立ちいることはない」

——指導課が電話で、「処分する」とまでいったという報告があります。

「『実施』を前提として対応していますから、『処分』のことはいっていません。そのとき、論ずるべき問題ではなかった。指導課なので、『なにを助言するか』をやってきた。処分などは結果の話であって、それは指導課がどうこういうべき話ではなく、人事課の問題です」

——校長の携帯電話にまで、指導課から電話があったようですが……。

「通常、携帯電話には電話してないはずです。もっぱら、連絡は学校が基本です」

——石川さんが亡くなる前夜も、校長の携帯に電話していた、とか？

「ああ、それは校長会で石川先生が元気がないという話を聞いていたから、夜の八時半から九時の間に電話をしたんです。最初に、学校で会議かと思って電話したけど、いなかったので、『自宅に帰られたら電話をしてください』と伝言を残した。それで、携帯電話にも電話をしたら、『ひとと話している』ということで切られたそうです。その後、午前一時半ごろ、『いま、帰りました』と自宅から教委に電話があったと聞いています」

すくなくとも、立派な大人であるはずの校長の生活を、すべて把握しようという考えは尋常とはいえない。対労組の「防衛策」、とその意を汲んでみたにしても、教師の組合が拉致、監禁を旨とする暴力集団ということはありえない。この教師にたいする監視の状況を子どもたちが知ったなら、どう説明するのだろうか。

石川さんが自宅に帰ったのが、「午前一時半」というのに驚いているのは、その二月二十七日の夜、最後に見送った實井《じっい》晃久《てるひさ》教頭（当時五十二歳）である。校長と別れたのは十時すぎだった。

「まっすぐにお宅にお帰りになったはずです」

と、彼はそのことについてなんの疑念ももっていない。世羅高校の教職員組合の役員ふたりと会合していた御調町の「養老乃瀧」。そのなかにあるカラオケボックスをでてから、實井教頭は駐車場まで校長を送った。そこから校長の自宅までは夜の道だから、十分足らず。まちがっても、十一時にはつくはずである。二時間半は「空白」の時間になる。

が、教頭はまっすぐに帰宅したことに、なんの疑いももっていない。

当時の石川さんは、県教委にたいして、アリバイをつくるために、連日のように会議が終了した時間を水増しして報告していた。それが彼の几帳面な性格ばかりか、県教委にたいする抵抗をもあらわしているようだ。彼が抵抗するのには、理由があった。

じつは広島県教委と県高教組は、九二年二月に、つぎのような「確認書」を取り交わしていたのだ。

《日の丸・君が代については、学習指導要領が存在しているので、これを遵守しなければならない立場にある。

指導要領の原則からすれば、日の丸・君が代ともに、掲揚・斉唱するのが筋であるが、君が代については歌詞が主権在民という憲法になじまないという見解もあり、身分差別につながるおそれもあり、国民の十分なコンセンサスが得られていない状況もある。

また、教育内容に深くかかわる日の丸の掲揚についても、これを画一的に実施することは、教育原理からみると問題があるが、他県の動向・県内の状況から掲揚をしないままでいるということができない状況にある。

日の丸は、天皇制の補強や侵略、植民地支配に援用されたこと、これからもそのあやまちを繰り返すおそれを、日の丸のもつ問題として21世紀の国際社会に生きる児童生徒たちに教育内容としてもりこまなくてはならない。その教育内容の補完があって、日の丸の掲揚ができるものと考える。その教育内容については、校長を含む全教職員が創造するものであり、何人も介入してはならないという基本認識にたつ。そういう観点で考える時、日の丸・君が代にかかわる広島県教委の各地教委、校長へのこれまでの対応には、ゆきすぎもあり、教育内容をふまえての取り組みが不十分であったと反省せざるを得ない。

以上の基本認識にたって、各地教委、県立学校の校長にも対応する。》

被爆県として、平和教育をすすめてきた広島県の教師たちには、それまでの文部省の「日の丸・君が代」強制にたいして、抵抗が強かった。

それで、混乱を回避するため、日の丸は三脚に立てて会場に設置し、君が代の歌詞は主権在民の思想にあわないので、「創造的に解決する」という形で、県教委と県高教組とが妥協したのである。

これにたいして、九八年五月にだされた、文部省の「是正勧告」の貫徹のため、切り込み隊長として七月に着任した辰野教育長は、まず十二月に、「学校における国旗・国歌の取り扱いについて」との指導通達を発令した。

さらに卒業式を間近にした九九年二月二十三日、その通達を再提示、それを補強するため、「職務命令」を発令した。教育については、校長や教員などにつべこべいわせない、とする強権発動ともいえるものだった。

広島県の高校校長たちは、動揺し苦悩していた。県教委は校長にたいして、呼びだしたり、電話をかけたりして、「実施しないなら、降格させる」「辞職してもらう」「あんたがやめるだけではすまん」などの「指導」を徹底させた（県側は否定）。

それに抵抗する教職員組合は、校長たちと個別に、卒業式をどう実施するかの話し合いにはいったのだが、県教委はその交渉内容を逐一報告するように指示した。それが、「二十四時間バックアップ態勢」である。

君が代斉唱はしない。石川校長はその方針で、卒業式を乗り切ろうと腹を括《く》っていた。自殺する三日前、二十五日の職員会議で、彼は、「教育長から職務命令がでているので、みなさんにお願いするしかないのですが、どうしても教職員との合意が得られないということになれば、従来通りでお願いしたい」と発言している。従来通りとは、「君が代斉唱なし」のことである。

その会議は六時二十二分に終わっていた。ところが、奇妙なことにも、石川さんは「十時までやったことにしてほしい」と組合側に依頼している。よその学校では、深夜に至るまで話しあいをつづけていたのを気にしてのことだった。彼にはすでに結論がでていたので、もう、組合側と議論する必要はなかった。

学校の警備員にたいして、石川さんは、

「もしも電話がかかってきたにしても、生徒に関すること以外だったら、組合執行部と交渉をしている、といってまわさないでくれ」と、つたえていた。その前日の二十四日も、やはりおなじようにして、ひとり校長室に籠《こも》っていた。自宅にいて、県教委から電話がかかってくるのに応対するのがいやだったようなのだ。

二十六日、職員会議はなかった。夜、校長室に、ひとりポツンとしていた校長のもとに、組合執行部の教師が顔をだして雑談、時間つぶしにつきあった。それらがのちに、「連日、八回も組合と長時間の交渉をしていた」との県教委報告になるとは、組合ばかりか、校長自身さえ想像できないことだった。

石川さんは組合に押されたかたちで、「君が代斉唱ができなかった」としたかったようだ。組合もそれに協力していた。そのアリバイづくりが、「校長弾劾」など、組合の強制と喧伝されて、裏目にでてしまう。

その日の午前十一時ごろ、石川さんは、学校から歩いて五分ほどの世羅町福祉会館に電話をかけた。そこには部落解放同盟世羅支部の事務局がある。居合わせた中島功副支部長が電話をとった。

「どんなご用件でしょうか」

「例の、君が代の件で連携を取りたいのですが」

「支部長がいたほうがいいのでしょうか」

中島副支部長は石川さんにたずねた。

ってもらったほうがいいんですが」

中島さんは、支部長の都合をきいたうえで、午後一時四十分にきてもらうことにした。

石川さんは、どうしたことか、歩いてすぐの距離なのに、クルマでやってきた。事務局の古びたソファに座って、

「これまでお話しできませんでしたけれど、君が代問題について、わたしの気持を話したいんですが」

と前置きして、話しはじめた。

「わたしは尾三地区の古参ということもあって、校長会の副支部長をやらせてもらっているのですが、どうも足並みがそろいません。校長会でまとめて、君が代反対、ということにはなりませんでした。わたしの力不足です」

「どうもご苦労さまです」

「職務命令といっても、教師の『心の内面』にまで立ち入ることはできないはずです。しかし、とうとうだされてしまい、苦悩しています」

「それで校長さんはどうされるお気持なのでしょうか」

「なんとかいい方向でやろうと思います」

「いい方向というのは、君が代を歌わない、ということですか」

「苦しくとも、その方向でやりたいと思っています」

わずか十分ほどの滞在だった。帰りしな、玄関先で、「県教委から（是正指導のことを）

いわれたり、地域の有力者から電話があるんです」とこぼすようにいった。疲れている様子がうかがえた。

支部長といっしょに見送りながら、「なんか苦悩の表情だな」といい交わしたのを、中島さんは覚えている。彼はもの静かで、良心的な教育者としての石川さんに、好意をもっていた。

石川校長は、「君が代の歌詞は、天皇制が永久につづくことを願う歌で、身分差別をなくしたい、という解放教育（同和教育）の精神と整合性がない」と、これまで教師の前で明確な批判をしていた。

「じゃあ、完全に腹がすわって、なんでも来い、というようだったかといいますと、そうでもなかった。いろんなことをすごく気にするタイプのひとで、二十七日になって、外部からの要請などがいろいろあって、気持はずいぶん揺れてたんですよ」

とは、世羅高校の教師の話である。

県教委は県立学校長あてに、国旗掲揚、国歌斉唱を実施したかどうかの「状況報告書」と、処分の対象にする「服務状況報告書」の用紙を送付していた。

県内の政財界の関係者によって、「天孫降臨」の儀式を再現したあとに結成大会をひらいた、「広島県教育会議設立準備委員会」は、卒業式の「実態調査表」を各学校に配付した。この会は、県内の政財界のひとたちでつくられたものである。

一方、自民党の県議団も県教委の様式とほぼおなじ、「卒業式における調査確認表」を作成して、卒業式の動向を把握する態勢を組んでいた。

いわば、政官財一体による卒業式包囲網といって過言ではない。異常である。地元出身の自民党県議で、世羅高校同窓会の会長でもある小島敏文氏は、わたしの取材にたいして、「〈君が代〉実施にむけてがんばってください、と励ました」と、石川校長に電話をかけたことを認めている。


二十七日の土曜日は、「朝から二時間ほど、執行部交渉をしたことにしてくれ」と校長にいわれて、世羅高校の教職員組合幹部は承諾した。その日の夜八時ごろ、「電話がほしい」という校長からの伝言を受けていた組合幹部が、電話をかけた。

「県教委や地域からの外圧が強くなっているんで、形だけでも、職員会議をひらいてもらえませんか」

切羽つまった口調だった。

尾三地区で「君が代」を斉唱しないと決めていたのは、もはや世羅高校だけになっていた。石川校長は孤立感を深めていた。まわりを見まわしても自分だけ。もうすこし抵抗する校長がいる、と彼は思いこんでいた。だから、「裏切られた」と動揺していたとしても、当然である。

校長と電話で話したとき、組合幹部は地域の組合の会議があって尾道にいた。それで、九時に御調町のスーパーでお会いしましょう、といった。

その幹部はもうひとりの同僚とクルマで、中国山地へむかうなだらかな傾斜を、御調町にむけて登ってきた。石川さんは實井教頭とスーパーの駐車場に着いたばかりだった。それで連れだって「養老乃瀧」にはいった。

しかし、そこは騒音がひどかったので、おなじ経営で、すこし奥まったところにあるカラオケボックスにはいった。校長が「養老乃瀧」から、使いもしないマイクのはいった箱を、きまじめな表情で、捧げもつようにしてはこんできた姿がおかしかった。

石川校長の話では、世羅高校出身である県教委の理事から、「世羅はどうなっている、是非、君が代を実施するように」と、指導課を通じていってきた、という。

その理事は、母校である世羅高校の抵抗を気にしていた。石川さんは、君が代を実施しなければ、処分は校長だけでなく、教頭にまでおよぶ、と心配していた。そればかりか、こんごの学校予算の配分や人員配置にも影響がでそうだ。

それでも、その席で、校長は電話でいっていたような、「君が代」を実施したいなどの話はもちださなかった。かつて「日の丸」の掲揚が強制されたときに、多くの学校で混乱したエピソードや、それを拒否した校長が左遷された話など、思い出話がもっぱらだった。冗談をまじえながら、なごやかな雰囲気だった、という。

「四人でグルになって、みんなで処分うけましょうや」と組合幹部がいって、みんなが笑った。あとでわかったことだが、校長が事務長に、「辞表」の書き方をきいていた、との話もある。彼は嘘のつけない人物で、「これはオフレコじゃが」といって、なんでも話してしまう。

實井教頭は、「いままで職員会議でいっしょに悩みながら、いい関係でやってきたではないですか。他校もまだ決着がついたわけではない。きょうも学校へいったら、生徒たちが飾りつけをしていました」というような話をした。

「それじゃ、従来通りということでいきましょうか」と、石川さんはあっさりいった。「生徒が主人公ですから」と、教頭も言葉を添えた。「わかりました、がんばりましょう」と校長がいい、組合幹部も「がんばりましょう」と声をそろえるようにしていった。

おたがいに、クルマを運転していたので、酒は飲まず、ウーロン茶だけだった。九時から十時まで、雑談風にして「最後の会議」は終わった。教頭は校長を乗せて、二百メートルたらずのスーパーの駐車場へもどった。校長はそこから自分のクルマを運転して、自宅へむかった。彼の行方を探していた県教委に、校長が電話をかけてきたのは、それから三時間ほど経った、午前一時半だった。

「たしかにお疲れの様子でしたけれども、お見受けしたところ、すくなくともそんな深刻なようには受け取れませんでした」

それが最後に校長のうしろ姿を見送った實井教頭の印象である。もともと顔には感情をださないひとだった。それでも翌朝、自殺するような感じではけっしてなかった。

「教頭さんにも処分がでるかもしれない。それが忍びない」と校長はくどいほど心配していた。實井教頭は「おたがいがんばっていきましょう」と明るくいい、お休みなさいをいいかわして別れた。

「組合から吊るしあげられたことはなかったのですか」

とわたしは聞いた。

「全然ありません」

と實井教頭は強く否定した。

ところが、『週刊朝日』（九九年三月十九日号）には、こう書かれている。

《その席で、組合側から『歌（君が代）をやるなら（合意していた）旗（日の丸）もやらん』と迫られた。世羅高校は駅伝では全国的に有名な学校ですが、『駅伝の手伝いもやらん、全面非協力じゃ』とまで言われたそうです。石川先生は世羅高校に着任一年ほどだったので、この言葉にはこたえたはず》

しかし、その席にいたのは、四人だけだった。「死人に口なし」の校長を除けばいまは三人。残りのふたりは組合側だから、「迫られた」当事者は、管理職としての實井教頭だけである。しかも、これから処分がだされるかもしれない教頭が、組合をかばう理由はどこにもない。

實井教頭は、『週刊朝日』の記事に、不快感を露わにした。事実無根、ということである。組合側も、その記事には驚いていて、こういう。

「駅伝に協力しないなど、考えたこともありません。だから、そんなことをいうなんてありえない。この一年を振り返ってみてもないし、まして、その夜の雰囲気でもありえない。執行部には、体育教師がはいっていることもあって、力を入れている駅伝を否定するわけはないのです」

この記事にある、「『全面非協力じゃ』とまで言われたそうです」は、伝聞体である。生き残った三人がいわないとしたなら、いったいだれがそんなことをいうのだろうか。不思議である。

九九年三月十日の参議院予算委員会に出席した、岸元学・広島県高等学校長協会長は、つぎのように証言した。

《石川校長は、二月二十四日から自殺直前の二十七日まで、八回にわたり、連日連夜、一日平均五時間の会議とか校長弾劾の中で、あくまで石川校長が国歌斉唱を実施するというなら、従来三角(脚立)で掲揚されていた国旗までもひきずりおろすぞとか、授業の補習や駅伝の世話など、学校運営の一切に協力しないぞと反対された。

石川校長は、一時あきらめの気持になっていたが、おなじ地区の校長たちが国歌斉唱をするという情報を得て、すがりそうな思いで、職員会議を設定してくれないかと組合に要請し拒否された。

校長は、無力感に打ちひしがれながら、「何が正しいのかわからない、管理能力がないことかもしれないが、自分の進む道がどこにもない」という遺書をしたためて、お亡くなりになった。

ところで、職務命令が石川校長を追いつめたという考え方がマスコミ等で流布されているが、教職員を説得する材料として、私ども校長の方から教育委員会へ職務命令を出してもらえないかという心待ちの気持があった事実を、ここに報告させていただく。

そして、その効力は結構あったと私は受けとめている。》

ここでいわれている、「連日連夜の校長弾劾」は、岸元協会長の空想の産物にちがいない。

ついでにいえば、『産経新聞』（三月六日付）の「韓国に『謝罪修学旅行』」「広島・世羅高数年前から」と、その記事を踏襲した『週刊文春』（三月十八日号）の「自殺校長が引率していた前代未聞　韓国への〝謝罪〟修学旅行」は、死者に鞭うつ記事ともいえる。

しかし、どうして、韓国へいって日本の侵略について考えるのが悪いことなのか、わたしには理解できない。侵略は文部省の教科書検定でも認められている事実であるし、韓国への修学旅行は、県教委も認めている。どこに問題があるのか。

『産経新聞』の記事によれば、石川校長を団長として韓国を訪問した生徒たちは、ソウルの独立運動記念公園で、謝罪文を朗読した、という。としたなら、引率していった石川校長が「日の丸・君が代」にたいして、強い抵抗感をもっていたのは容易に想像できる。だからこそ、死してなお槍玉にあげられたのである。

三月五日の参院予算委員会で、野中官房長官が、「日の丸・君が代」の「法制化」を示唆した発言に追随して、亀井郁夫・自民党参議院議員が、

「国歌・国旗の法制化が実現すれば、石川校長先生の死もまた生きてくるわけでございまして、そういう意味では本当に喜ばしいことだと思うわけであります」

などというのは、無責任というばかりか、死者の意思にまったく反した、火事場泥棒的な発言である。政治的な目的のために、シロをクロといい替えるやり方は、けっして民主主義的なものではない。

二月二十八日、日曜日の早朝、尾三地区校長会の東風上支部長は、「事態掌握のため」に、石川校長宅へ電話をかけた。が、本人はでなかった。教員である夫人が応対しただけだった。それで東風上支部長は、石川校長とおなじ町内に住む、来山・尾道教育事務所主事に電話をかけて、「様子をみにいってくれ」と要請した。来山主事がでむくと、石川校長は、パジャマ姿のまま憔悴しきった表情であらわれた。

榎田好一・県教委指導課長は、日曜日だったが、八時半には出勤して電話をかけていた。と、職員がメモ用紙を机の上に置いた。東風上支部長に電話をかけてほしい、との伝言だった。それで東風上支部長の自宅にかけてみると、「石川先生が電話に出られないので気になる。電話をかけてもらえないか」との依頼だった。

榎田課長は石川校長に電話をかけた。が、「電話番号の前に、186をつけて、おかけ直しください」とのメッセージが流れるだけだった。迷惑電話を撃退する手段で、186につづけてダイヤルすると、相手側の電話機のディスプレイに、かけた側の電話番号が表示される。それをみて、電話にでるか否かを判断する。

榎田課長はかけ直した。が、県教委からの電話だとわかったためか、だれも電話にはでてこなかった。そこで、彼は、石川家からクルマで三、四十分ほど離れたところに住んでいる、砂田勝彦・教育次長に電話をかけた。

「石川先生のところへちょっといってみて、元気をつけてもらえませんか」

来山主事はすでに石川家にいて、砂田次長の到着を待っていた。砂田次長は石川宅にむけて、ひたすらクルマを走らせていた。県教委の幹部たちが、日曜日にもかかわらず、一校長の自宅にそれぞれ急行したのは、つぎの日に迫った卒業式を「君が代」の正念場と考えたからだったのはまちがいない。それが石川校長にとっての、最大の精神的な負担だった。

石川さんは、パジャマ姿のまま、裏の物置にむかった。砂田次長が到着したとき、彼はすでに縊死を遂げたあとだった。事務所で報告を待っていた榎田課長に、東風上支部長から、「石川が首を吊った」との電話がはいったのは、十時十五分すぎだった。

自民党・県議会議員団の新田篤実会長は、岸元学・校長協会長の国会での証言を「勇気ある発言」として、高く評価している。彼はこういう。

「県教委に相談さえしていれば、こんな残念な結果にならずにすんだのでは、と思います。きっと、組合から監視されているという意識があって、相談できなかったんでしょう。非常に悲しいことですね」

岸元協会長は、国会で、広島高教組や部落解放同盟の「圧力」についてさかんに証言している。しかし、不思議なことに、その一方で、卒業式の「調査確認表」などをつくっている、自民党の「圧力」については、いっさい触れていない。これは偏向というべきものである。

というのも、たとえば、自民党の戸田一郎県議などは、「公立学校が日教組の『サティアン』になっている！」などのチラシを配布し、その中で「教育無法地帯――驚くべき荒廃の風景」など、煽情的な文言を撒きちらしている。不毛の言論である。

校長に自殺された世羅高校の卒業式では、「君が代」は歌われなかった。「君が代」は、好きなひとは歌えばいい。歌いたくないものは歌わなければいい。それはこころの内側の思想、表現の自由というものであって、けっして国家が統制できるものではない。

なぜいまになって、政府は歌うことを強制しようとしているのか。日米軍事同盟の強化を図り、日本の町や村を戦時体制に組み入れようとする、「周辺事態」法など、「新ガイドライン」関連法案さらには「武力攻撃事態法案」など、有事（戦時）法制定の動きが、背後にあるのが透けてみえる。

石川校長の苦悩とは、政治が教育に干渉をしすぎたためのものだった。彼を知る教師たちは、争いを好まない、なんとか丸くおさめたい、と腐心していた実直な教育者の姿を語っている。

子どもといっしょに歩み、それを生き甲斐にしてきたひとりの老教師が、国家の方針に押しつぶされて死んだ。その事実の重さを、政治権力の強化ばかり気にかける政治家や官僚たちは、すこし立ち止まって考えてみてはどうだろうか。

官僚になりきれなかった環境庁局長　環境庁企画調整局

環境庁企画調整局長室のソファで夜をあかした山内《やまのうち》豊徳さん（当時五十三歳）が、部屋から廊下にでてきた。肩を落とし、すこし不自由な左足をかばいながら、打ちひしがれたようにしてエレベーターホールにむかう後ろ姿が、朝はやく出勤した女性職員によって目撃されている。

「まるで魂がぬけたみたいでした」

とは、その職員の表現である。

東京の西はずれ、町田市の丘陵地を切り拓いて分譲された、新興住宅地の一角にある自宅で、妻の知子さんが夫の電話を受けたのは、それからまもなくしてだった。

「ぼくはいまから失踪する」

知子さんが、電話口で絶句するのを感じ取って、

「心配ないから」

かぶせるように、つづけていった。

「大丈夫なの？」

それが妻の口をついた、咄嗟の言葉だった。

「いやいや大丈夫、大丈夫。まわりは騒ぐかもしれないけど、心配ないよ」

語尾にどこか冗談っぽさがからみついている。妻を説得するというよりは、遠足にでもでかける子どもの報告のようでもあった。妻は五つ歳下なのだが、夫のことをときどき、

「うちの長男」といったりしていた。夫は大人になるまで、親に甘えることなく育っていたのだ。

そのすこし前（一九九〇年十二月）、北川石松・環境庁長官は、事務方の反対を押し切って、水俣行きを決めた。河内弁丸だしで、八方破れの定評があった彼は、自民党内でも比較的穏健な「河本派」に属していた。九つに分かれている、水俣病の患者団体が結成した、「水俣病の早期解決を願う会」の陳情をうけ、水俣を訪問すると約束して一ヵ月ほどたっていた。

水俣病は、高度経済成長最大の「負の遺産」である。チッソによる産業廃棄物が、不知火《しらぬい》海沿岸に大量の死者を発生させたのは、よく知られている。長いあいだ行政から見捨てられていた患者たちは、座り込みなどによって、六八年、ようやく「公害病」として認定されるようにはなったが、二千人以上ものひとたちが、「未認定患者」として切り捨てられていた。

九〇年九月下旬、東京地方裁判所は、三年前の熊本地裁の判決にひきつづいて、国と県の行政責任をみとめ、和解を勧告していた。熊本県はその勧告を受け入れることを表明したも

のの、海部内閣は「一連の和解勧告は受け入れられない」との見解に固執していた。国の担当部署は環境庁である。事務当局の最高責任者として前面にたたされていたのが、次官のつぎのポジションにあった山内豊徳局長だった。

豊徳は、中学生のころ、骨髄炎を患った。それで足にかるい障害が遺っていたことや、両親とはやくから別れていたことなどもあって、国家公務員上級試験を上位で突破しながらも、官僚としては比較的地味な厚生省を志望した。それに、熊本県と県境を接している福岡県で生まれ育ったこともあって、水俣病をめぐる動きには関心がたかかった。

とはいっても、それは個人の内奥というものであって、外むけには、記者会見の席上などで、国を代表する高級官僚として、「東京地裁の和解勧告は拒否する」などといって突っぱねていた。

このことについて高校時代、おなじ文芸部に属していた荒木邦一弁護士は、こういう。

「水俣病問題で、しょっちゅうテレビの画面にでていたけど、目がやたらキョロキョロしていて、あいつらしくねえな、とみていました」

妻の知子さんは、日本の女性としてはやや大柄である。インタビューのあいだ、花模様のワンピースの背筋をきちんとのばして、椅子に座りつづけていた。両手を組んで膝のうえにおき、姿勢を崩すことなく、きわめて率直に語りつづけた。わたしは、平然と夫の死について語りながら、テーブルのしたでハンカチを強くにぎりしめている女性を描いた、芥川龍之介の短編小説、「手巾《ハンケチ》」を想い起こしていた。

「話すことが夫の死に報いることです」と彼女は静かにいった。内側で感情の波が急に昂まったかのように感じとれたのは、「遺書」について語ったときぐらいでしかなかった。

「記者会見のときに話していた山内さんの顔とか声は――」

と、わたしは無遠慮にきいた。

「ええ、あれは、あのひとの本心じゃありません」

「そうしますと、テレビをみていて、奥さんは、あれは本当の夫ではない、と思われていたんですね」

「そう思いました。生き生きとしてしゃべっていませんから。国の立場でっていうところで、ものを申してて。わたしは主人に『国ってなぁに』と本当に問いつめそうになったんです。でもなんどか仕事がいやになっても、わたしたちの顔をみながら、こいつらを養っていかなければいかんな、と留まっていたんじゃないかと思いますと、それがつらくて」

妻に「失踪」を告げた電話で、山内さんは、「こうする以外に北川長官の水俣行きを止める手がない」ともいった。水俣へ出発する前日になって、山内さんは思いつめた挙げ句、おのれが身を隠す手段を選択するしかなかった。いわば判断停止の「逃避」に、混乱ぶりがよくあらわれている。

「和解には応じない」とする国の論理に従えば、なにも国を訴えている患者のところへ姿をさらしにいく必要はない。しかし、その年の二月に就任したばかりの北川長官の言動は、官僚体制がとりつくろってきた国の論理を逸脱しようとしていた。

企画調整局長は、他省庁との調整をおこなうのが職掌なのだが、環境庁自体は大蔵省や通産省などにたいしては弱い官庁であり、環境庁独自の方針を通すことはむずかしい。

実際のところ、環境庁の安原正事務次官（当時）は大蔵省の出身で、北川長官の水俣訪問にたいして強く難色を示していた。水俣訪問が長官のスタンドプレーに終わったにしても、行ってしまえば、なにがしかの予算措置を講じなければならなくなる。患者にその言質をとられかねない。ましてや長官と企画調整局長とが首をそろえて現地入りなどすれば、和解を拒否してきた国側が、ついに和解にむかう贖罪の旅にでたようにみられ、のっぴきならないところに追いこまれる、と環境庁の幹部たちは心配していた。各省庁との調整など、なにもすすんではいなかったのだ。

北川長官の訪問は、パフォーマンス好きの政治家と実務を担う官僚との対立のひとコマでしかなかった。ところが、厄介なことに、山内局長は高級官僚でありながらも、組織に身をまかせ、官僚独特の冷徹さに徹しきって患者と対峙するには、どこかこころ弱いところがあった。

失踪を宣言したものの三時間ほどたって、夫からまた電話がかかってきた。

「心配しなくてもいいよ」

「どこにいるの」

「東神奈川駅、いまから帰る」

「ああ、よかった」

東神奈川駅は、横浜からひとつ東京方面に寄った駅で、そこから町田市の自宅まで、武蔵野を横断するようにして、一時間ほどのものである。どうしたことか、彼は、短大を卒業してつとめている長女の会社がある、桜木町駅（横浜市）へ、フラフラとむかっていったようだった。

昼すぎになって、豊徳さんは呆《ほう》けたような表情で帰ってきた。本人自身、寅さん（渥美清）と落語家の桂米丸を半々にした、と自評していた悠然たる顔立ちも、さすがに疲れきっていて、こころもちちいさくなっている。錯乱しているということはない。受け応えはしっかりしていた。

前の日、知子さんが下着や洗面道具などを鞄に詰めるのをそばに座って眺めながら、豊徳さんはふと真顔になって、「ぼくのこと心配してくれているの」ときいてきた。

「また水俣へいくのですか」と彼女が問い直したのは、そのすこし前にも、彼は極秘のとんぼ帰りで、水俣へ日帰り出張していたからだった。長官がいく前に、現地でなんらかの打診をしたようだった。

しかし、この日、「失踪」を中断して帰ってきた豊徳さんは、いきなりこう切りだした。

「水俣には、森（仁美《ひとみ》官房長＝当時）さんにいってもらうことになったから」

「ああ、よかった。じゃ、休めるんですね」

「辞表を置いてきたんだ」

あともどりしないぞ、と自分にいいきかせる口調だった。が、熊本行きの航空券をもってきてしまった、と気に病んでいる。

「それじゃ、電話しておいてください。わたしが届けにいきますから」

知子さんは、航空券のキャンセルのしかたを知らなかった。自分で役所へ届けるつもりだった。彼は、すべて自分でやらないと気がすまない性分だったから、彼女は万事に疎《うと》かった。

辞表をだしてきた、といわれても、驚愕しなかったのは、これまでも、すべてを彼がひとりで決めてきていたからだった。たとえば、厚生省から環境庁に移った、ときかされたのも、朝、役所へでかける玄関先で交わした会話でだった。

だから、辞表をだしてきた、と夫に一方的に通告されて、

「つらいことばかりでしたか」

と、彼女がきき返したのは、本来の彼ではない彼が、テレビで答弁するのをみていたからだった。男の仕事が、自分の想いを達成させるとか、成就させるためとかではなく、ただ、家族のため、おカネのためになっているとしたなら、妻として辛い、と彼女は考えるようになっていた。

「いや、楽しいこともあったさ」

と答えたのをきいて、彼女はホッとする思いにさせられた。

豊徳さんは、森官房長に電話をかけていた。「はやまったことをして申し訳なかった」と謝っているようだった。辞表提出は、長官の水俣行きという、思いもかけない行動に混乱させられての錯誤だった、として辞表は握りつぶされた。

それでも、辞表をだした行為は、それを撤回した行為とともに、本人の内部でなにかを大きく破壊する作用を与えていたようだった。

とにかく、寝かせなくちゃ、と知子さんは、豊徳さんを二階の寝室に追いあげた。夜になって、八時すぎ、長女と高校生の次女ふたりの娘がそろったころ、豊徳さんは二階から降りてきた。

「お父さんは、きいてもらいたいことがあるんだけど」

食卓の椅子を引いてすわると、あらたまった表情で切りだした。これまで家族に相談することなどなかった豊徳さんには、みられないことだった。彼は知子さんの顔をじーっとみつめていった。

「白髪《しらが》がふえたね。苦労かけたね」

「あたりまえでしょう」

と彼女は笑って、軽くかわした。

「お父さんは役所を辞める」

家族に宣言する口調だった。二階にひとりいて、考え直した末の結論だった。

「水俣の仕事は、お父さんはしたくなかったんだ」

彼はそうつけ加えたあと、知子さんの顔を覗きこむようにしていった。

「これからどうしようか。どうやって食っていこうか」

「大丈夫ですよ。この家を売れば、やっていけますよ」

と気丈に答えたものの、まだ四年しか住んでいない。ああ、いよいよそのときがきたんだ、でもなんとかなる、落ち着け、落ち着け、と自分にいいきかせていた。

通勤至便な局長用の官舎にはいらずに、霞が関までけっして便利とはいえない、小田急線の町田駅からさらにバスで二十分もかかる高台に、一戸建ての建て売りを買いもとめたのは、ひそかに期するところのあった夫の選択による。今回の突然の辞職もまた、夫の独断である。といっても、彼はいつのころからか、辞職を想定していたようなのだ。

マイホームを購入したころの、豊徳さんの情熱は異常なほどだった。週刊の住宅情報誌を発売日に買いもとめては、日曜ごとに知子さんとあるきまわった。いつも手付け金をもちあるいていたのは、家への情熱というよりは、脱出口を発見するためのようだった。事務次官を目の前にしている高級官僚が、もがき苦しんでいた。

父親がいきなり退職する、というのをきいて、

「お母さん、大学受験は」

と、そばで高校生の次女が不安そうな声をあげたのは、当然である。

「あなたはそんなこと考えなくていいから、いままで通り勉強して、受かるようにしてちょうだい」

と、知子さんは、その場を盛り上げるように明るくいった。

「環境庁はきれいごとさえいっていればいいのかなあ」

豊徳さんはまだ、こだわっていた。

「お父さんは、仕事を他人に任せるということを知らないから、いつも窮地にはまっていくんでしょ」

と次女がいうのを、彼は黙ってきいていた。

「えらくなればなるほど、仕事は他人にわたさなければいけないのよ」

次女は、父親に似て内向的な性格だから、よくみている。

豊徳さんがいつもニコニコしていたのは、相手にあわせるからで、それがすでに自分を殺していることだったんですね。夫の自殺から八年たって、知子さんの感慨である。

翌朝（九〇年十二月五日）、豊徳さんはいつものようにはやく起きだして、長女が仕事場にでかけるのを見送った。飼い犬を散歩につれていった知子さんが帰ってくると、彼はパジャマにガウンを羽織り、食卓の椅子に座っていた。栄養士の資格のある知子さん手製のスープだけを飲んでから、二階への階段をあがっていった。

知子さんが、一一〇番したのが、午後二時十分だった。それまで、二階の寝室の押し入れのなかで縊死している豊徳さんに、気づかなかった。死亡時刻は、彼が二階にあがった直後、と推定されている。知子さんは夫を静かに寝かせておきたかったので、様子をみにいかなかった。

「二階で亡くなりましたのは、最初にわたしに発見してくれ、ということだと思います。人間は、親しいひととか、自分を見守ってくれているひとがいたら死ねるんですね」

机のうえに、二枚の名刺が裏返しにされて並べてあった。一枚には、

「知子感謝」

もう一枚には、

「安原次官　なんともお詫びができませんので」

「森官房長　皆様にも大へんな迷惑をかけて」

それぞれ、乱れた筆跡である。

大蔵省出身の安原事務次官にたいしての「お詫び」とは、なにをさすのかあきらかではない。

二階にあがるすこし前、役所からかかってきた電話に、

「次官はなんていってらっしゃる」

「次官はなんていってらっしゃる」

と、次官の言動について職員からききだそうとしている夫の声が、いまでも知子さんの耳についている。彼女はそばできいていて、次官とは意見がちがうんだな、と察していた。

自分にたいしての「感謝」の二文字はうれしい。しかし、机のうえには、ほかにもっと大きな紙もあった。あれだけ書くことが好きだった夫が死に臨んで、どうして名刺の裏などに、それもそっけない二文字しか書き遺さなかったのか。

この段におよんで、「感謝」では冷たすぎる、ということであろう。知子さんは、はじめて声をつまらせ、口ごもった。たしかに、「感謝」は、母親にたいする謝辞ではありえても、ともに手をたずさえてきた妻に遺す言葉としては、やや形式的な響きをあたえる。

豊徳さんが、フランス映画の『かくも長き不在』（マルグリット・デュラス脚本、アンリ・コルピ監督、六〇年）が好きで、五回も観ていたという事実を、知子さんからひきだしたのは、評論家の佐高信さん（『官僚たちの志と死』講談社文庫）である。最後の五回目は、知子さんといっしょに新宿の映画館で観ている。

戦争によって夫と生き別れになった妻は、下町でちいさなカフェを経営している。このころ、店の前を通りかかるようになった、ひとりのホームレスが、彼女には気にかかってしかたがない。夫に似ているような気がしてならないのだ。

しかし、彼は記憶喪失者で、たしかめることができない。その哀切きわまりない焦燥感、夫婦を引き裂いた戦争とナチスの傷痕が、アリダ・ヴァリが扮する女主人の表情に、みごとにあらわされている。

彼女はかつての夫が好きだった料理を準備して夕食に誘う。そのころ、ふたりでよくきいたレコードをかけ、ふたりがダンスを踊る静かなシーンは、彼の記憶が蘇るかどうか、観客をハラハラさせるクライマックスである。

このとき、アリダ・ヴァリは、男の後頭部に手をそえてみて、そこにまぎれもなく残されている戦争の傷跡に触れる。その仕種は妻のものというよりは、もっとひろい母性的なものを感じさせる。

おそらく、豊徳さんはそのやさしい手触りの感触が好きだったのではないか、とわたしは考えたりする。アリダ・ヴァリの背筋のすっきりした立ち居振る舞いが、知子さんに似ていなくもない。しかし、知子さんは、彼女は独身ながら育ての親となった、豊徳さんの叔母に似ているようだ、という。

ふたりは、見合い結婚だった。官僚の世界では、めずらしいことではない。彼女の親戚が、彼の上司だった。十二月二十八日、御用納めの日に見合いして、翌六八年三月、結婚した。彼は三十一歳、彼女は二十六歳だった。死後になって発見された豊徳さんの日記には、見合いした直後に、彼女との結婚を決めたことが記されてある。

職業軍人だった父親の豊麿さんは、敗戦の翌年、上海で戦病死している。陸軍中佐だった。フランス語の本や『西鶴文集』、斎藤茂吉の『万葉秀歌』などが遺されてあった、というから、陸軍幼年学校でフランス語のコースにいて、陸軍大学のころには、文学書に親しむようになっていた、と推測できる。

「センソウガオワッテモシナノナツハアツイデス　シナノソラニモクモガミエマス　ナツノ

クモデス　シロイクモデス」

　上海・夏蕪湖岸のテントに収容されていた父親が、死の前日に息子にあてて書いた、という文面だが、この葉書はついに投函されることはなかった。

　翌年に帰国した軍医から、父をまち望んでいた少年に直接手渡された。

「ぼくはもう片仮名でなくても読めるのに、お父さんは知らないんだね」

　と少年がかるい抗議をこめていうと、

「お父さんは苦しくて、もう片仮名でなければ書けなかったんだよ」

　と軍医は父親に代わって弁解した、という。

　それ以来、夏の白い雲は、少年にとって悲しみの対象でしかなくなった。異国で病気で倒れた青年が、戦病者を収容したテントの隙間から、青空に浮かぶ白雲のゆっくりした流れを眺め、腹ばいになって故国に遺した息子に葉書を書いている姿は、哀切きわまりない。


　やがて、豊徳さんが文学青年となり、小説や戯曲を書くようになったのには、父親が遺した本の影響が大きい。

　母親は、彼が生まれてすぐに婚家から離別され、豊徳さんは母親とともに生活するようになる。ところが、七歳になったときに母親から引き離され、広島に住む父方の叔母に預けられる。父親が中国に派遣されたあと、こんどは福岡市の祖父母のもとにひきとられる。複雑な生育歴だった。

「お母さんは、山内家から会うことは罷《まか》りならんといわれ、それっきり会っていないそうです。そのいいつけを守るお母さんの気持がわたしにはわからないんです。どこからか自分の子どもの成長をご覧になったのかもしれませんが、とにかく、そのいいつけを守って、十何年前に亡くなったとつたえられています。彼を育てた叔母さんがわたしによく似ている、といいますから、わたしは母親がわりとして……」（知子さん）

投函されなかった父親の葉書は、豊徳さんの死後に編集発行された遺文集『福祉の国のアリス』（八重岳書房刊）に収録されている。高校時代の「創作ノート」に引用されていたものである。この本を編纂した高校同級の伊藤正孝さん（故人、元朝日新聞編集委員）は、つぎのように書いている。

《四十を過ぎて、彼はようやく父親について書くようになった。本書にも愛情あふれるエッセイが収録されている。しかし自分の養育を放棄した母親にたいしては、彼女の死後も受け入れる気持ちになれなかったようだ》

それにたいして、前出の荒木邦一さんは、こういう。

「伊藤は〝顔をみたこともないお袋への思いいれ〟と書いていたけど、それはちょっとロマンチックすぎるんじゃないかな。もし、彼に恨みがましい気持があったなら、いくら家庭のことをいわない山内でも、高校や大学のころには、多少でもあらわしていたはずだ。そんなものにはぜんぜん気がつかなかったから」

豊徳さんが厚生省に入省したのは、学生時代、フランス語科の女性に憧れていて、彼女が厚生省にはいったからだ、と知子さんは彼からきかされている。そればかりか、知子さんは、毎年、女性にあてた年賀状を書かされていた。豊徳さんは衆人よく認める悪筆だったからである。

「その女性が結婚したんですよ。上野毛（世田谷区）に住んでいらして、ご主人が大学教授だとか、なんとかかんとかよく知っていて、散歩しているときにも、そこの家にいってみようとかいって、その横を通ってみたりとか。新婚当時、埼玉県に出向になっていましたが、そのときも、課の同僚の女性について、どうだったとか、こうだったとか、いちいちちゃんと報告するんです。それでわたしは、『要するに好きなんでしょ』といってしまうのですが、たわいないといえばたわいない。が、女性もまた保護されたい存在なのだ。にもかかわらず、豊徳さんは、知子さんに母親をもとめていたようなのだ。

「わたしが、彼の人生のなかで、いちばんいけないと思いますのは、挫折とか大失敗がなかったことだと思うんです」

知子さんは、思い切ったような表情になっていった。本人は九州大学にはいりたかった。が、高校の担任から、東大を受けろといわれて東大に入学する。文学青年だったが、それに徹することなく、公務員の道を選ぶ。「叔母がよろこんでくれた」。それで山内家の家運をもりたて、「身を立て名を揚げ」る方向にはまっていく。「自分を生かす道がなかったのです」と彼女は同情をこめていう。

「『ノー』といえない彼はなんだったのか。子どものころ、手足を伸ばして、精いっぱい遊んだ、とか、そんなことがあったのかどうか。ふっと、それが彼の弱さだった、と思うのです。どっぷり優秀な世界にいて、そこからはずれたくない。いまの日本をささえてきたひとたちが、そこまでしないと、日本はこういう大国にならなかったでしょうけど、そのためになにを失ってきたのか、と考えると本当に寒々とした思いがします」

と、知子さんが夫を殺した社会について批判するのをききながら、日本の急速な大国化とその犠牲者としての過労自殺について、考えさせられていた。高級官僚の妻がここまでいうのには、夫のはじめての挫折が深く影響している。

知子さんは冗談まじりで、もし岡光（序治・元厚生事務次官、収賄罪で逮捕、起訴され、一審で有罪判決を受けた。九九年六月現在、控訴中）と結婚していたら、やはり自分も〝タカリ妻〟として有名になった「岡光夫人」になっていたかも、といって苦笑した。いつしか官僚の世界も、虚飾の世界になりはてた。夫はそこに住むことができなかったのだ。

いま、知子さんは長女といっしょに暮らしているのだが、長女は『福祉の国のアリス』に文章を寄せて、こう書いている。

《その父を支えていたのは『困っている人々の役に立ちたい』という気持だったと思います。なぜ公務員になったのか、という問いにこう答えたのですが、その気持を最後まで貫いたと思います。父のその思いが、苦しい立場に追いつめたのかも知れませんが》

あるとき、長女が知子さんにこういったそうだ。

「おとうさんは、市役所の窓口に困っているひとがきたときに、丁寧に説明してお世話してあげる。そういう仕事につかないと、あのひとはダメだよ。そういうひとなんだから、あんなところでえらくなっちゃダメなんだよ」

妻や子どもたちが、本人よりもよく父親の性格を知っていた、ということかもしれない。出世に関係ない女性たちだからこそである。

伊藤正孝さんは、「編者あとがき」に、こう書きつけている。

《山内氏は私たち古い知己に快活、明哲な男として愛されながら世を去った。しかし、幼少時代に形成された心の破砕層にとって、水俣病問題はあまりに重すぎたのだろう。その点で水俣病はもう一人の犠牲者を生んだことになる》

当時の環境庁長官・北川石松さんを、大阪府寝屋川市の自宅に訪ねた。総白髪の小柄な老人である。すでに国会に議席はない。いわば隠居の身だが、それでも枯れた老人という風情ではなく、毒舌を吐きつづけた。「河内弁の石松」は意気軒昂だった。

「北川環境庁長官」は、わずか十ヵ月の命運だった。水俣病ばかりか、岐阜県の長良川河口堰問題でも、彼は自民党の方針に反対し、ついには「金丸（信・元自民党副総裁）につぶされた」と本人がいう。金丸氏からは、長官室に三回も電話がかかってきて「恫喝された」という。最後の電話はガチャンと一方的に切られた。

北川さんの舌は滑らかだった。そのあとの選挙（九三年七月）で落とされたのは、小沢

（一郎・現自由党党首、九〇年当時は自民党幹事長）の策略によってである、となかなか生臭い話がつづいた。小沢、竹下、中曽根、梶山と「北川つぶし」を謀った実力者の名前を指折ってみせたのだが、どこか達観したいい方になっているのは、それはもう八年も前のことであり、それまで拒否していた「勲一等瑞宝章」を、九八年になって受章したせいのようだ。

東京地裁で水俣訴訟の和解勧告がだされた日（九〇年九月二十八日）、長官は北海道へ視察旅行にでかけていた。そこへ安原事務次官からの連絡がはいった。彼は急遽、帰京して、長官室に幹部を集め、「和解しろ」と説得にあたった、という。

それにたいして、安原次官が強硬に反対した。各省庁との調整がつかない、との官僚得意の横並び論である。それで、北川長官は「現時点」をつけることで、官僚たちと妥協した。「現時点では和解できない」と発表した。

この妥協案には、日本の財界と対立し、産業界の利益にはつながらないとみられている環境庁と自民党の主流派閥からはずれている北川長官、その双方の弱体性が、そのままあらわれている。

さて、問題の十二月三日、環境庁幹部と長官の会合について、である。

北川　細川（護熙・当時、熊本県知事＝元首相）は水俣病の（患者への補償金の原資となる）県債を発行しないっていうんだよ。頑としてきかないんだ。彼には県債を発行してくださいといったよ。「知事、あなたの祖先は、仁をもってなる細川忠興公だった、とおれはあなたの父上から聞いてるんだよ。知事、頼む」って、おれはいうんだけどきかないんですよ。環境庁の総力をあげて県債を発行してもらいたいって、ずっと県にいうんだけどきかない。そして、もう十二月になってしまった。

これでは水俣病患者は正月を迎えられん。手当てもやれんもん。いままで県債を発行してくれて、あとを公金で(面倒を)みてきておったのだが、細川は県債を発行しないで、国債を発行してくださいっていってきかないんだからね。それでうちの山内局長はじめ当事者が、ありとあらゆる手を尽くすんだけど、頑としてきかない。それで十二月三日、幹部全員を大臣室へ呼んで、「おれが行く」っていったんだ。

そのときに山内は、なにもいわなかった。安原が「困ります」と。また、なんという局長やったかな、「それは大臣、プラスになりません」というた。またれかが、「恥かきに行くようなもんだ」と。行くことはマイナス面ばかりだ、といいだしおるんだよ。

それで、「おい、あんたらこの絨毯へ土下座できるか。おれは土下座できるんだよ。そして、熊本へ行って、あなたたちの肩の荷を軽くしたい。この想いなんだよ。なあ、山内、一緒に行こうよ」といったら、「はい、お供します」ってにっこり笑ったんだ。

——そういったんですか?

北川　三日の晩よ。五日の朝、発つんだけど、三日の晩は山内、おれ……。仲よかったしね。そしたら山内が「お供します」。「ああそうか。じゃ、いっしょに行こう。おい安原、みんな、行くことに決定したぞ」。

それで五日の朝、八時やったかな。ちょっと時間忘れたが、羽田を発って熊本へと、こういうのが決定した。三日の晩ですわ。ちょっと調べたらわかりますよ。

朝になって、羽田へ行くと、官房長がきてる。官房長が、「山内が風邪でちょっと行けませんのでわたしが代理を」と。「ああ、そうか。それはご苦労。風邪、大事にせぇいっといてくれ。行こう」と、それで行った。(死んだと) きいたとき、頭、真っ白になったよ。どういうことやと。ぼくは、「河川局長か」といった。

――河川局長が死んだと思ったと。

北川 というのは、水俣でなしに、長良川問題で……。これだと思ったから、板挟みだと。おれははじめ河川局長か、っていったんだ。山内やと思わなかった。思わず河川局長かと。

北川長官の水俣訪問について、山内局長はけっして反対しなかった。東京地裁の和解勧告がだされた九月二十八日夜、十二時すぎまでつづいた「和解するか、しないか」をめぐる議論では、山内局長は「和解に応じては困る」と主張していた。しかし、それは「庁内統一意見」だった、と北川さんは理解している。

長官とふたりきりのときも、彼は庁内統一意見とちがう個人的な意見をいうことはなかった、という。それが官僚制度、というものであろう。

北川 山内は反対しなかった。一言もいわないよ。お供しますよ、って。安原は真っこうから反対しおった。これは大蔵省ですよ。

——おカネをもっていけないならダメだと。

北川　だすのがいやだから、大蔵省は。

——そうすると、北川長官としては、未認定患者をこの際、認定しようというふうに思われたんでしょうか。

北川　解決したいと。

——認定したいと。

北川　ぜんぶ、解決してやらんといかんと。環境庁長官が最初に訪問してから、もう十年たったもん。だからむこうへ行って、患者の、むこうの声もきいてきたいと、こういう想いもあった。

——政治家として当然ですよね。でもいままで歴代の長官が行かないのに、なんで行こうと思われたんですか。

北川　正月がちかいもん。十二月にはいって、県債を発行せなんだら、水俣病患者の正月の手当て、でまへんがな。それは惨めですよ。

——山内さんは、どうして「お供します」といって、つぎの日キャンセルしたんでしょうか。

北川　さあ、それがいまだにおれもわからない。本人がおらんから。

——「お供する」つもりだったけど、あとから安原次官にさかねじ食わされたということでしょうか。

北川　いや、それは推測になるから、いっさいいわない。しかし、おれに反抗して自殺したということはない。おれに反感をもってた永田町のガキどもが、ワァワァいって、大臣が頑固だから山内は自殺したと、なってしまった。

　安原元事務次官は、翌九一年六月に退官、三年ほど農林漁業金融公庫副総裁をつとめたあと、山種証券会長に就任、大蔵官僚としての栄耀栄華の道を歩んだ。いまでも忙しそうで、自宅にいることはほとんどない。以下は、電話でのやりとりである。

——長官の水俣行きがきまってから、山内さんを悩ませるような、なにかがあったのでしょう。

「いいえ、水俣行きがきまってから、山内さんはその準備の責任者として、着々と準備をしていましたから、だから、わたしもみんなも、なぜお亡くなりになったかわからない」

——患者側にたいする想いが深かった山内さんと意見の対立が激しかったのでは。

「そのとき、山内さんはなにも意見をおっしゃっていませんでした。たしかに庁内で議論はありましたが、激しくということではなかったです」

——山内さんは、以前、安原さんのお宅を訪問したあと、自宅に帰ってから「迷惑かけたかな」と、しきりに奥さんにいってます。お宅にいってなにを相談されたんでしょうか。

「なにも悩んでいる様子はなかったね。ごくふつうに雑談して、わたしの家でいっしょに食事をした。ごくふつうでした。申し訳ありませんが、これ以上の取材はお断り願いたいんです」

当時の森官房長は、「わたしにとって、あのことは大変に重く、将来、死ぬまでお話しするつもりはありません」と取材拒否。ほかの幹部たちもすでに定年で退職、天下り先にいてなお口が固い。ある元幹部は、こういう。

「やはり、組織のなかの人間ですから、それに従うお気持だったと思います。水俣病問題については、安原さんと直接相談してたんですから、方針は決まっていたはずです。

山内さんが局長に就任された九〇年の七月ごろは、地球温暖化対策で、疲労困憊で、彼は過労の極致だった。そのタイミングで水俣問題がでてきて、それがきっかけになったのではないですか」

たしかに、「過労自殺」として、公務上での労災補償は認められた。福岡の高校時代の同級生で、心療内科医である平木英人さんは、彼は「メランコリー気質」だった、と分析する。几帳面で正直もの。律儀で問題を背負い込む熱心さ。他者のための存在として、自己犠牲を厭《いと》わない、古きよき日本人が、これに該当する、という。

とすれば、これまでなんども書いてきたように、もっとも貴重な人材たちが、いまの社会の組織にあわなくなっていることになる。つまりは、現代の組織が日本人にあわなくなって、多くの犠牲者をだしつづけている、という警告になる。

やはり高校の同級生だった田中英次郎さんは、こう証言する。

「亡くなる五年くらい前、厚生省の審議官のころかなあ……このへんでそろそろ役所を卒業して学校の先生をやりたいって。もうキャリアの階段上がってというより、むしろ自分はモノ書いたり、ひとに教えたりするほうがむいてるような気がするけど、なんか大学の先生でいいクチはないかって……。冗談ですけどね、真剣な話じゃないんだけど。福祉の関係の勉強を教えるような教職があればやりたいね、なんていってました」

それはけっして冗談ではなかった、と、やはり同級生の城川明さんが強調した。

「福岡市近郊の大野城市に土地を買ったんですね。彼は世田谷の官舎、用賀にいて町田に家を建てたんですが、町田に行く前に、もう役人をやめて福岡に帰ろう、そういう気持をもったらしくて。最終的には町田に買うときに、大野城市の土地は手放さざるをえなくなって、売ったみたいですけどね」

荒木邦一さんにもさかんに、私立大学の先生のクチはないか、オレは福岡に帰りたい、といっていた、という。次官の道が確実になってくるにつれて、ますます嫌気がさしてきていたようだ、とは荒木さんの分析である。

山内さんは小説家志望だった。大江健三郎氏がデビューしたときの「東大新聞五月祭賞」の懸賞小説に応募して、惜しくも入選を逸している。それでいて、卒業のときには、国家公務員上級試験で、九十九人中二位となった。自分で自己を決定しないまま、能力を発揮してしまった男の不幸ともいえる。

父親と息子をつないだ「白い雲」は、けっして司馬遼太郎のいうような、『坂の上の雲』

ではない。いるべきでないところにいるものにたいして、本当の居場所をしめす白雲だった。

通夜の夜、平木英人さんと伊藤正孝さんが最後まで残っていた。元環境庁長官の森山真弓参院議員が駆けつけてきた。彼女は、焼香をすませたあと、

「彼はいいひとだったけど、官僚になりきれなかったのね」

といった。彼女も労働省にいた官僚だった。山内局長はあまりにも人間的すぎた。だから官僚社会に殺された。官僚の世界には人間が住めない、としたならば、なんのための国なのであろうか。

「水俣問題」にたいして、国の解決策が提示され、患者側がそれを受け入れるのは、彼の死から六年後、九六年五月になってからである。

知子さんは、夫の死が解決をはやめた、と信じている。

あとがき

夫や息子や娘、かけがえのない家族に、突然にして世を去られる悲痛を、自分が味わうことになろうとはだれしも考えていない。まして、それが自殺であるなど想像さえしたくない。

それでも、日本の自殺はさいきんふえつづけている。たしかに、ロシアやハンガリーやフィンランドのように、人口当たりにすれば、日本より多い国があるとはいえ、仕事によって殺されることなどはありえない。仕事は日本人にとって、希望を意味してはいても、絶望に追い込むものとは考えられていなかった。希望が絶望に暗転した時代の変化に、日本の企業社会の過酷な現状があらわされている。

かつてわたしは、いじめによって死に追いやられた子どもの悲劇を、というよりは、子どもの家族の混乱と苦悩の聞き書きをまとめたことがある（『せめてあのとき一言でも』草思社）。これはいじめ自殺の多発にたいして、ある新聞で、「子どもたちよ、死んではいけない」と呼びかけた責任を、自分でなんらかの形ではたしたかったからだ。

たとえ、「死んではいけない」と大人たちから呼びかけられたにしても、子どもたちが死を選ばざるをえない学校と社会の現実がある。そこにある人間関係を変えることなくして、子どもたちにだけ「死ぬな」と呼びかけるのは、むしろ無責任であることを、わたしは感じるようになっていた。

というのは、自殺は本人の責任ではない。彼や彼女を死に追いたてる社会関係を無視するのは、死なざるをえなかった現実を追認していることにつながるからである。ひらたくいえば、だれも死にたくて死を選んでいるわけではない。

会社員や公務員のあいだに立ちあらわれている悲惨は、「過労自殺」である。過労死は日本の企業社会に特有のものとして、「KAROSHI」のキーワードで国際的にも定着した。いじめ自殺が、学校体制の閉塞状況から差しだされた赤信号であるとすれば、過労自殺は、日本的経営の内部からついに発せられた緊急を告げるSOSである。

ともに、日本の「効率主義」が、前近代的な人間関係を暗い土壌にして咲いた現実をみせつけている。

家族を抱え、ささやかに生きてきたひとたちが、ただそのささやかな生活を維持するために、過剰な仕事によって押しつぶされる道筋を、わたしはこの本であきらかにしたかった。いじめ自殺が、学校にこだわりすぎている社会の病巣を示しているとしたなら、過労自殺は会社や役所という組織の枠組からの脱出に失敗した病理である。

まわりにいたものが、ひとりでも救いの手を差しのべていれば、けっして悲劇的な結末には至らなかったことでも共通している。

ともにはたらいているものが、隣りにいて苦しんでいる仲間を気づかうことのできない職場とはなにか。気づかうことなく、気づかないフリをしていなければならないとしたなら、そこは人間的な場とはいえない。六〇年代から推しすすめられた合理化運動のはての荒廃の風景である。

自殺した子どもの親にたいして、学校や教育委員会がきわめて冷淡であったように、過労自殺したサラリーマンたちに会社や労働省はむしろ冷酷である。その対応にこそ、彼や彼女の死をもたらした社会の価値観がふくまれている。社会は、自殺を個人の弱さのせいにして葬り去ろうとする。

この取材によって痛感させられたのは、自死したものにたいする会社の仕打ちと、遺された家族を見捨てる労働省の酷薄な論理である。いつも原因を曖昧なものにしかしないから、いつもおなじ悲劇が続出する。

夫や息子や娘が、仕事によってうつ病になっていても、家族は気づくことができなかった。はやく手を打つことができなかったのは、精神病理にたいするこれまでの社会的偏見の呪縛によっている。うつ病はだれでもがかかり、だれでもが治る、という知識がつたえられていない現状の反映である。

過剰な仕事に苦しんでいても、仕事に生き甲斐を喪っていても、家族をささえなければいけないと男たちは思いこんでいる。しかし、人間的にはたらくことと人間的に生活することとは、本来けっして相矛盾するものではないはずだ。無理な仕事はしない、できないものはできない、という。男はすべてに責任をとらなくてもいいのだ。それを保証するためには、男と女、はたらくもの同士の信頼と共感と連帯への道を、もう一度とりもどすしかない。
悲惨な結末のあとからとはいえ、遺族たちと弁護士たちによる過労自殺をなくすための運動が、絶望の底から日本の極限状況を変えようとしている。

この記録は、『現代』九八年四月号から九九年五月号までに掲載した、「サラリーマン自殺ファイル」に加筆したものである。遺族のかたがたのご協力によって、どうにか書きすすめられたことを深く感謝しています。取材に関しては、過労死弁護団の川人博さんなど弁護士さんたち、『現代』編集部の渡瀬昌彦、浜野純夫さん、記者の藤吉雅春、中野裕子、真弓準、三平三郎さんのご協力を受けました。とりわけ、浜野さんにはご迷惑をおかけしました。このような本の形にまとめて下さったのは、講談社学芸図書第二出版部の阿佐信一さんです。単行本の装幀では畏友・平野甲賀さんのお力添えをえました。皆さんありがとう。

一九九九年六月十二日

鎌田　慧

〔付記〕悲劇を防ぐための連絡先を、二つほど次ページに紹介しておきます。

過労自殺・過労死110番全国ネットワーク（東京）
〇三—三八一三—六九九九
東京管理職ユニオン　労働相談窓口
〇三—五三七一—五一七〇

文庫版へのあとがき

この本をだしたのは、一九九九年七月、それからちょうど三年たったのだが、年間自殺者は三万人の大台を維持しつづけている。

それまでは、たいがい、多くても二万五千人（一九八六年）だった自殺者が、三万台にのし上がったのは、九八年からだった。前年の二万四千人にたいして、八千五百人もの急増となって、世間を驚愕させた。不況が長引き、リストラ解雇が猖獗をきわめ、失業率が続伸していたこともあって、その数字が自分とまったく無関係なものとして受け止められず、ひとそれぞれのリアリティをもって迫ってきたからである。

翌九九年は、さらにふえて三万三千人となり、自殺率（人口十万人あたり）は、二六・一（男だけなら三七・九）パーセントと、世界のトップクラスで、先進国での最高（米国は一二パーセント、九四年）となった。

日本が異常なのは、自殺が急激にふえたまま高水準で凍りついていることと、四十代、五十代のはたらき盛りの男性に多いことである。とりわけ、五十代の自殺者の増加はすさまじい。七八年が二千七百人と世代別では最低だったのだが、九八年から急増して、二〇〇〇年には八千二百人、と二十二年間に三倍にもなった。ほかの世代にはみられない傾向である。いままでならば、五十代とは、企業のなかでようやく身分が安定し、あとは定年までのん年間を揺るぎなく過ごせる世代だったのだ。ところがいまはもっともリストラの対象となりやすい、哀れな世代である。

遺書によって確認されている自殺の動機で、もっとも多いのは「健康問題」である。この問題が六十代以上の年代の自殺者の動機として、半数以上にのぼっているのはうなずける。この国の福祉の薄さが、老齢者にたいして、将来と病気への不安を増幅させて自殺に追いこんでいるのだが、老人の自殺の多発は、北欧などの福祉国家にはみられない傾向である。

五十代に圧倒的に多い動機が、「経済・生活問題」である。この理由によって自殺したひとのほぼ半数が五十代で、そのつぎに多いのが四十代である。四十代、五十代、もっとも生活費のかかる世代が、生活上での不安をかかえている状況がよくわかる。それを職業別にみると、自営業（三五パーセント）と無職者（三〇パーセント）となっている。

これには資金繰りにゆきづまったり、債務の返済が困難になったり、倒産に追いこまれた零細企業の経営者が、保険金目当てに自殺するケースもふくまれていて、零細経営者や失業者などの不況における存在の不確かさをあらわしている。

「経済的な理由」によって自殺に追いこまれるのは、いままでの生活の崩壊、あるいは、崩壊の予感にたいして耐えられないからである。人間だれしも、生活の急激な変化にはなかなか対応できない。

生活の不安の重圧と将来展望のなさが、過労死や過労自殺をひきだしている。過労死は生活の現状維持のために、身体がボロボロになるまではたらかされた結果であって、過労自殺はその肉体の死のまえに精神的に耐えきれなくなって死に捉えられる状況である。

日本の企業は、死の一歩手前までストレスを与え、極限まで追い込む効率化によって、国際競争力をつくりだしてきた。その結果がバブル経済であり、昂進から崩壊に急転直下して、さらに自殺者を多く発生させた。

ひとびとにとって幸せの表現である、ささやかな平和な生活が、非人間的な労働によってしかもたらせられない、としたなら、それらの犠牲者を日常的につくりだす企業を中心に構成されている社会は、重大な欠陥があることを告げている。

この本は、過労死のなかでも、さらに労災として認定されにくい、「過労自殺」のいくつかのケースをあつかったものである。死に追いやった企業と同時に、それらの死を労災と認めたがらない厚生労働省をも批判の対象とした。

本来ならば、労働基準監督局は、労働法を徹底させ、法律違反の労働実態を是正していくべき官庁のはずだが、実際は労災保険をいかにして支払わないようにするかに腐心している、としてしかあらわれていない。

過労死や過労自殺が発生するのは、あくまでも企業の責任であるにしても、その多発を許している監督官庁の監督不行き届き、業務の不履行と怠慢は犯罪的なものだ。

めている。

それでも、「過労自殺・過労死１１０番全国ネットワーク」に参加している弁護士たちの献身的な運動によって、きわめて限定的ながらも、ようやく労災認定の門戸がひらかれはじめている。

二〇〇一年度の「過労死」の労災認定が、百四十三件と前年度にくらべて六八パーセントもふえたのは、過労死がふえたということばかりではなく、認定基準が緩和された、という結果によっている。

請求件数が、六百九十件と前年度よりも一二パーセントふえたことにも、遺族のあいだでの過労死にたいする認識がふかまり、認定への期待があらわれたことを示している。この拡大された「認定」の数字の六割が、五十代で占められている。

また、うつ病などの精神障害の労災認定も、七十件と倍増、過去最高となった。過労自殺の認定も、三十一件と倍にふえている。いままで、労働基準監督署に無視され、「不支給」として冷酷に切り捨てられた被害者たちが、いかに多かったかを想像させられる。

労災認定でも、事故の場合は、形となってあらわれるために認定されるのははやいが、腰痛やけい腕、けい肺などの業務に起因する「職業病」を認定させるには、かなりの時間と労力とが必要とされてきた。

さらにそれよりも捉えられにくい精神的疾患の認定にも、ようやく光があたえられ、すこしは人間的に緩和されるようになった。

これらのいわば遅すぎた認定基準の見直しによって、これまで「発症前一週間」に限定されていた、労働実態の評価期間が、それよりながく、六ヵ月前まで勘案して判断されるようになった。

この結果、大阪の雑誌編集会社に、アルバイトとして採用されていた二十一歳の若ものが、五十二日間という長期にわたる長時間労働のすえに死亡、「虚血性心疾患」と診断されたケースでも、いままで補償金の「不支給」とされていた労働基準監督署の処分が、大阪労働者災害保険審査官によって、「処分取り消し」と逆転判定された。いままでみられなかった判断がではじめている。

いまなお、無責任な企業の露骨なリストラや正社員のパート化やアルバイトへの切り替え、「成果主義」などによって社員にストレスをあたえる恐怖支配など、極限状況としての「合理化」がすすめられている。

国の政策も労働者を保護するようにはならず、小泉首相は「二、三年の期限つき雇用の拡大」を厚生労働省に指示している。身分不安定労働者を拡大させる政策である。

自殺は社会にたいする絶望の叫びだが、過労死と過労自殺は福祉のうすい国にたいする静かな抗議である。

自殺された遺族の手記『自殺って言えない』（あしなが育英会刊）には、夫や父親に自殺されたひとたちの悔恨の手記が掲載されている。

「僕はどんなに貧しい生活でも父と共にすごしたかった。優しかった父と一緒に過ごしていきたかったし、父とお酒を飲みたかった。しかし、そんな夢はもう叶わない」

父親だけがキリキリ舞いしているのは、家族にしてみればひとりよがりということかもしれない。家族を裏切っている行為ともいえる。

「男は黙って我慢する」という美学の押しつけは、この残酷な社会をいまのままで維持しようとする論理の強化でしかない。

二〇〇二年七月二十八日

鎌田　慧

解説　歩いて、虐げられた人の思いを伝える人

野田正彰

鎌田慧さんは、歩く人である。短気で苛立ちやすい人ではない。落着かないから歩いているのではない。むしろゆっくりと、現代日本社会の悪をみつめて、歩き続けている。歩いて、虐げられた人、抑圧された人、抗議する人の話を聞きとり、権力者や権力者に迎合した人々に、「なぜこんなことをするのか」と釈明を求める。虐げられた人々の話をまとめ、権力に荷担した人が釈明拒否する様を付け加え、私たちに何が起っているか、伝えてくれる。こうして歩き続けて四十数年になる。

私もまた歩く人であるが、鎌田さんほども歩いていない。鎌田さんより六歳若い私が、すでに五十歳すぎから歩くことに億劫になっている。もっと出掛けて取材しなくってはと反省しつつも、少し抑制がかかってしまう。

何故か。

おそらく私の方が、鎌田さんよりも短気だからではないか。調べ続けねばならない、書き続けねばならない、そう思いながらも、事態が改善せず、むしろ悪化していくことに私は虚しさを感じている。

『家族が自殺に追い込まれるとき』を読むと、いかに鎌田さんと私の問題意識が共通しているか、驚く。私は一九八七年に、国鉄解体によって切り捨てられる国鉄マンの自殺について、「国鉄マンよ、もう死ぬな」と題する長い論考を書いている。また、円高不況（一九八六年）と製造業の再編によって、解雇されていく労働者の怒りを報告している（共に、『生きがいシェアリング』、中央公論社、一九八八年所収）。

例えば、兵庫県相生の大造船所に勤めていた中年男性の鬱屈した思いを、私は次のように拾っている。

「とにかくショックで、面接に呼ばれた日はまったく眠れなかった。殺風景な寮の一室。妻に電話する以外は、相談する相手もいない。毎晩、酒を飲んで半泣きの状態だった。これは現実ではない、夢やろと思った。二九年間、天職だと思ってやってきて、日本の基幹産業を支えてきたという自負があった。マニュアルばかり作らされてきた。会社はそれによって仕事をしている。それが、いきなり要らないと言われ、騙されたと思った。今までの自分は何だったのか。自分は何をしてきたのか」

こうして彼は、通勤の帰りがけ「景色のいい所で、このまま車で海に飛び込んで死のうか」と何度か思い、同じころ、同じ会社で三六年勤務した五一歳のエンジン部門の技術者が入水自殺したことを想い浮かべるのだった（「企業社会で生きる幸せとは」、同書）。

彼の内向する怒りは、そのまま本書第一部の「恨むなら会社を恨め」の下中さんの心情に通じている。あるいは私が「国鉄マンよ、もう死ぬな」で分析した四七人の自殺と似る。自殺していった一人ひとりの葛藤は、そのまま本書第二部の「民営化の歪みをまともに受けて」の長浜一宏さんに通じる。

私たちは何をしてきたのだろうか。何をしているのだろうか。

その後、私は「過労死」についても、不況下での中高年男性の自殺急増についても、何度となく論文を書いてきた。例えば「文明転換のなかの過労死」（「季刊労働法」、一九八九年秋、私の評論集『国家とマロニエ』、新潮社、一九九三年所収）や、「中高年を追い詰める自殺文化」（「論座」、一九九九年八月）などである。

そして二〇〇一年は、教師への抑圧を連載した「させられる教育、途絶する教師」（「世界」十二月。『させられる教育』、岩波書店、二〇〇二年六月所収）において、広島県世羅高等学校の石川校長の自殺について分析を行った。

国旗国歌法の制定に向けて、虚偽の報告書（広島県教育委員会）に基づき利用されていった石川校長の自殺について、鎌田慧さんは本書第四部の「『君が代』と『人権教育』の狭間で」で取材している。——なお、石川校長の自殺は多くのマスコミが誤報した、君が代斉唱への実施努力と教職員組合や部落解放同盟による反対運動の狭間で、起きたのではない。あくまで君が代斉唱を強制する県教育委員会の一方的暴力によって、君が代斉唱に同意できない校長が死へ追い込まれたものであった。それ故、「『君が代』と『人権教育』の狭間で」という題は、やや不適当で誤解を与えるものと私は危惧する。

最終章の「官僚になりきれなかった環境庁局長」については、若い映画監督、是枝裕和さんと対談したとき、是枝さんの著作『官僚はなぜ死を選んだのか』（日本経済新聞社、日経ビジネス人文庫、二〇〇一年六月刊）を読み、よく知っていた。

これほども問題意識が重なっているので、ひとつひとつの事例について、鎌田さんと一緒に歩き、一緒に面談し、共に悲憤慷慨し、議論しているように思える。

それでは、鎌田さんと一緒に電車やバスで旅しながら、議論するとしたら、何を話しあうだろうか。

ひとつは、過労自殺した人の性格について、である。労災認定のため、過労自殺した人は業務による反応性うつ病になっており、うつ病になる人には執着性格やメランコリー親和型が多く、彼もまたそうであったと診断するのが、今日、通例となっている。

九州大学の下田光造教授が提唱した「執着性格」の特性は、熱中性、凝り性、徹底性、几帳面、責任感旺盛などである。ドイツ・ハイデルベルク大学のテレンバッハ教授が提唱したメランコリー親和型の特性では、職業生活において几帳面、堅実、綿密、勤勉、強い責任感として現れ、対人関係では、誠実、律儀、世話好き、権威と序列の尊重が見られ、道徳面では世俗的な良心性に敏感とされている。本書のなかで引用される医師の意見、例えば山内環境庁局長についての心療内科医の分析も、メランコリー気質だと述べている。

その診断を受けて、鎌田さんは「とすれば、これまでなんども書いてきたように、もっとも貴重な人材たちが、いまの社会の組織にあわなくなっていることになる。つまりは、現代の組織が日本人にあわなくなって、多くの犠牲者をだしつづけている、という警告になる」と結んでいる。

果してそうだろうか。下田が論文に書いているように、執着性格は旧日本軍人に模範とされた性格である。戦後の官庁も企業も執着性格あるいはメランコリー親和型の人を一方の軸に据えて造られてきたのではないか。そしてこのような性格の人が造った組織は、几帳面の果てに硬直し、生きるための柔らかさを失い、執着性の組織を支えてきた人びとの一部を押しつぶしているのではないか。私は過労死も過労自殺も、戦争を反省せずに、根本において人間を歯車のように使う文化をそのまま継承してきた、日本社会の病理の表われだと思う。

いつの日か、鎌田さんと話してみたい。

鎌田慧さんは、今日も日本のどこかを歩いているのだろう。私もまた鎌田さんに励まされ、歩き続けよう。右傾化する軽薄なジャーナリズムに抗して。鎌田さんの本は、そんなふうに私に語りかけてくる。

|著者|鎌田 慧　1938年青森県生まれ。早稲田大学文学部卒業。新聞、雑誌記者を経て、フリーとなる。開発・公害・教育・労働など、社会問題を追及する社会派ルポライターの第一人者。おもな著書に『自動車絶望工場』『教育工場の子どもたち』『反骨－鈴木東民の生涯』〈新田次郎文学賞〉『壊滅日本 17の致命傷』(以上講談社文庫)、『現代社会100面相－これだけは知ってほしい』『六ヶ所村の記録』〈毎日出版文化賞〉『空洞日本』『大災害！』『大杉 榮　自由への疾走』(以上岩波書店)、『津軽・斜陽の家』(祥伝社)、『忘れてはいけないことがある』(ダイヤモンド社)、『地方紙の研究』(潮出版社)、『ひとを大事にしない日本』(小学館)、『原発列島を行く』(集英社新書)などがある。

家族《かぞく》が自殺《じさつ》に追《お》い込《こ》まれるとき

鎌田《かまた》 慧《さとし》

講談社文庫

定価はカバーに
表示してあります

2002年8月15日第1刷発行

発行者――野間佐和子
発行所――株式会社 講談社
東京都文京区音羽2-12-21 〒112-8001
電話 出版部 (03) 5395-3510
販売部 (03) 5395-5817
業務部 (03) 5395-3615

デザイン―菊地信義
製版――大日本印刷株式会社
印刷――豊国印刷株式会社
製本――有限会社中澤製本所

Printed in Japan

落丁本・乱丁本は小社書籍業務部あてにお送りください。送料は小社負担にてお取替えします。なお、この本の内容についてのお問い合わせは文庫出版部あてにお願いいたします。

ISBN4-06-273495-8

講談社文庫刊行の辞

二十一世紀の到来を目睫に望みながら、われわれはいま、人類史上かつて例を見ない巨大な転換期をむかえようとしている。

世界も、日本も、激動の予兆に対する期待とおののきを内に蔵して、未知の時代に歩み入ろうとしている。このときにあたり、創業の人野間清治の「ナショナル・エデュケイター」への志を現代に甦らせようと意図して、われわれはここに古今の文芸作品はいうまでもなく、ひろく人文・社会・自然の諸科学から東西の名著を網羅する、新しい綜合文庫の発刊を決意した。

激動の転換期はまた断絶の時代である。われわれは戦後二十五年間の出版文化のありかたへの深い反省をこめて、この断絶の時代にあえて人間的な持続を求めようとする。いたずらに浮薄な商業主義のあだ花を追い求めることなく、長期にわたって良書に生命をあたえようとつとめるところにしか、今後の出版文化の真の繁栄はあり得ないと信じるからである。

同時にわれわれはこの綜合文庫の刊行を通じて、人文・社会・自然の諸科学が、結局人間の学にほかならないことを立証しようと願っている。かつて知識とは、「汝自身を知る」ことにつきていた。現代社会の瑣末な情報の氾濫のなかから、力強い知識の源泉を掘り起し、技術文明のただなかに、生きた人間の姿を復活させること。それこそわれわれの切なる希求である。

われわれは権威に盲従せず、俗流に媚びることなく、渾然一体となって日本の「草の根」をかたちづくる若く新しい世代の人々に、心をこめてこの新しい綜合文庫をおくり届けたい。それは知識の泉であるとともに感受性のふるさとであり、もっとも有機的に組織され、社会に開かれた万人のための大学をめざしている。大方の支援と協力を衷心より切望してやまない。

一九七一年七月

野間省一